中國佛教典籍選刊

宗鏡録校注

七

〔五代〕延壽 集
富世平 校注

中華書局

宗鏡録卷第五十八

慧日永明寺主智覺禪師延壽集

夫不定有四，「悔、眠、尋、伺，於善、染等皆不定故，非如觸等定徧心故，非如欲等定徧地故，立不定名」〔一〕。

一、惡作，謂於已作、未作善、不善事，若染、不染，悵怏追變爲體，能障奢摩他爲業〔二〕。又，識論稱「悔」，此即於果假立因名，先惡所作業，後方追悔故〔三〕。

二、睡眠，謂略攝於心，不自在轉爲體，能障毗鉢舍那爲業。

三、尋，謂或時由思於法造作，或時由慧於法推求，散行外境，令心麁轉爲體，障心内浄爲業。

四、伺，謂從阿頼耶識種子所生，依心所造，與心俱轉相應，於所尋法略行外境，令心細轉爲體，障心内浄爲業。

釋云：「尋即〔四〕淺推，伺即深度。尋於〔五〕麁發言，伺則細發語。」〔六〕

識論云：四不定者，於善、染等皆不定故〔七〕。釋云：「一解：顯不定義，此於界、性、識等皆不定故。二解：簡前信等、貪等，此通三性，性不定故。」〔八〕

校注

〔一〕見玄奘譯成唯識論卷七。

〔二〕按，以上釋「惡作」，出玄奘譯顯揚聖教論卷一。以下釋「睡眠」「尋」「伺」同。

〔三〕玄奘譯成唯識論卷七：「悔謂惡作。惡所作業，追悔爲性，障止爲業。此即於果假立因名，先惡所作業，後方追悔故。悔先不作，亦惡所攝。如追悔言：我先不作如是事業，是我惡作。」

〔四〕「即」，成唯識論述記作「則」。下一「即」同。

〔五〕「於」，成唯識論述記作「則」。

〔六〕見窺基撰成唯識論述記卷五。成唯識論卷四：「尋、伺俱依外門而轉，淺深推度，麁細發言。」

〔七〕玄奘譯成唯識論卷七：「悔、眠、尋、伺，於善、染等皆不定故。」

〔八〕見窺基撰成唯識論述記卷七。

如上根、隨煩惱，過患尤深，開惡趣門，障菩提道。如瑜伽論云：「煩惱差別者，多種差別應知，謂結、縛、隨眠、隨煩惱、纏、瀑流、扼、取、繫、蓋、株杌〔一〕、垢、常害、箭、所有、根、惡行、漏、匱、燒、惱、有諍、火、熾然、稠林、拘礙，如是等類，煩惱差別。

「當知此中，能和合苦，故名爲結；令於善行不隨所欲，故名爲縛；一切世間增上種子之所〔二〕隨逐，故名隨眠；倒染心故，名隨煩惱；數起現行，故名爲纏；深難渡故，順流漂故，名爲瀑流；邪行方便，故名爲扼；能取自身，相續不絶，故名爲取；難可解脱，故名爲繫；覆真實義，故名爲蓋；壞善稼田，故名株杌；自性染汙，故名爲垢；常能爲害，故名爲常害；不静相故，遠所隨故，名爲箭；能攝依事，故名所有；不善所依，故名爲根；邪行自性，故名惡行；流動其心，故名爲漏；能令受用，無有厭足，故名爲匱；能令所欲常有匱乏，故名爲燒；能〔三〕引衰損，故名爲惱；能爲鬭訟諍競之因，故名有諍；燒所積集諸善根薪，故名爲火；如大熱病，故名熾然；種種自身大樹聚集，故名稠林；能令衆生樂著種種妙欲塵故，能障證得出世法故，名爲拘礙。諸如是等，煩惱差別。

「乃至〔四〕煩惱過患者，當知諸煩惱有無量過患，謂煩惱起時，先惱亂其心，次於所緣發起顛倒，令諸隨眠皆得堅固，令等流行相續而轉，能引自害，能引他害，能引俱害，生現法罪，生後法罪，生俱法罪，令受彼生身心憂苦，能引生等種種大苦，能令相續遠涅槃樂，能令退失諸勝善法，能令資財衰損散失，能令入衆不得無畏、悚懼無威，能令鄙惡名稱流布十方，常爲智者所訶毁，令臨終時生大憂悔，令身壞已墮諸惡趣，生那落迦中，令不證得自勝義利。如是等過，無量無邊。」〔五〕

校注

〔一〕株杌：樹椿。慧琳一切經音義卷三：「株杌，上知榆反，考聲云：殺樹之餘也。說文：木根也，從木朱聲也。下五骨反。韻英云：樹無枝曰杌。」

〔二〕「所」，原作「行」，據諸校本及瑜伽師地論改。

〔三〕「能」，原作「無」，據諸校本及瑜伽師地論改。

〔四〕乃至：表示引文中間有删略。

〔五〕見玄奘譯瑜伽師地論卷八。

如上所作煩惱，生諸過患，皆從最初一念無明心起。何謂無明？以不知前境本空，妄生對待，唯是自心分別，以忿恨風，吹心識火，自燒自害，曾不覺知，不了唯心第一義諦，故曰無明。癡暗所纏，空生空死。

大智度論云：「復次，一切法性，皆空無所有。汝所瞋因緣，亦皆虛誑無定。汝云何以虛誑事故，瞋罵、加害乃至奪命？起此重罪業故，墮三惡道，受無量苦。汝莫以虛誑無實事故，而受大罪！如山中有一佛啚〔一〕，彼中有一別房，房中有鬼來恐惱道人〔二〕故，諸道人皆捨房而去。有一客僧來，維那〔三〕處分，令住此房而語之言：『此房中有鬼神，喜惱人，能住中者住。』客僧自以持戒力、多聞故，言：『小鬼何所能？我能伏之！』即入房住。暮，更有一僧來求住處，維那亦令在此房住，亦語有鬼惱人，其人亦言：『小鬼何所能？我當伏之！』先入者閉户，端坐待鬼。後來者夜暗，打門求入。先入者謂爲是鬼，不爲開户。後來者極力打門，在内道人以力拒之。外者得勝，排門得入。内者打之，外者亦極力熟打。至明旦相見，乃是故舊同學，各相愧謝。衆人雲集，笑而怪之。衆生亦如是，五衆無我、無人，空取相致鬭諍。若支解在地，但有骨肉，無人、無我。是故菩薩語衆生言：『汝莫於根本空中鬭諍作罪，鬭諍故，人身尚不可得，何况值佛！』」〔四〕

又云：「一切煩惱雖是過去業因緣，無明是根本。乃至〔五〕若知先一世無明業因緣，則億萬世可知。譬如現在火熱，過去、未來火亦如是。」〔六〕

「復次，菩薩求無明，體即是明。所謂諸法實相，名爲實際。觀諸法如幻如化，衆生顛倒因緣故，起諸煩惱，作惡罪業，輪轉五道，受生死苦。譬如蠶，出絲自裹縛，入沸湯火炙。凡夫衆生亦如是，初生時未有諸煩惱，後自生貪欲、瞋恚等諸煩惱，是煩惱因緣故，覆真智慧，轉身受地獄火燒湯煮。菩薩知是法本末皆空，但衆生顛倒錯故，受如是苦。菩薩於此衆生起大悲心，欲破是顛倒故，求於實法，行般若波羅蜜，通達實際。種種因緣教化衆生，令住實際，是故住實際無咎。」

校注

〔一〕佛啚：或作「浮屠」等。可洪新集藏經音義隨函録卷二八：「浮屠，音徒，亦作『浮圖』，亦云『佛圖』，即今佛塔是也。」

〔二〕道人：修行佛道者。大智度論卷三六：「如得道者，名爲道人；餘出家未得道者，亦名爲道人。」

〔三〕維那：寺中掌管僧衆雜事的僧職，又稱「悦衆」「授事」等。「維」爲漢語，綱維之義；「那」即「羯磨陀那」之略。十誦律卷三四：「佛在舍衛國。爾時，祇陀林中，僧坊中無比丘知時限、唱時，無人打揵稚，無人灑掃塗治講堂、食處，無人次第相續敷床榻，無人教浄果菜，無人看苦酒中蟲，飲食時無人行水，衆散亂時無人彈指，是事白佛，佛言：『應立維那。』（中略）作維那比丘，應知時限，知唱時，知打揵稚，知打掃塗治講堂、食處，知次第相續敷床榻，知教浄果菜，知看苦酒中蟲，知飲食時行水，衆散亂語時彈指。」義浄撰南海寄歸内法傳卷四灌沐尊儀：「授事者，梵云『羯磨陀那』，『陀那』是『授』，『羯磨』是『事』，意道以衆雜事指授於人。舊云『維那』者，非也。『維』是周語，意道綱維，『那』是梵音，略去『羯磨陀』字也。」

〔四〕見龍樹造、鳩摩羅什譯大智度論卷九一。

〔五〕乃至：表示引文中間有删略。

〔六〕見龍樹造、鳩摩羅什譯大智度論卷九〇。下一處引文同。

釋曰：如了今世無明業是心，則能通達過去、未來一切善、惡諸業，悉是自心。如一火性熱，則一切火皆熱。既實知已，終不更將手觸，懼燒手故。若如實知，今現在一塵一念悉是自心，終不更故起心貪取前境，慮失宗故。所以寶藏論云：「一切如幻，其幻不實。知幻是幻，守真抱一。」〔一〕如是則智燈常照，業海自枯，究竟住於無過咎真唯識性之實際。於實際中，不見有一法若生若滅，若合若散。

校注

〔一〕見寶藏論廣照空有品。

所以寂調音所問經云：「寂調音天子言：『文殊師利，爲有煩惱故調伏？爲無煩惱故調伏？』文殊師利言：『天子，喻如有夢爲毒虵所螫，此人爲苦所逼，即於夢中而服解藥。以服藥故，毒氣得除。天子，於意云何？此人實爲所螫不耶？』天子言：『不也。』文殊師利言：『彼毒實爲除不耶？』天子言：『文殊師利，如實不被螫，除亦如是。』文殊師利言：『天子，一切賢聖調伏，亦復如是。天子，汝作是言：爲有煩惱故調伏、無故調伏者，天子，如我與無我，有煩惱、無煩惱，亦復如是。乃至〔二〕一切法無我，以無主故；一切法無主，與虛空等故；一切法無來，無所依故；一切法無去，無窠窟故；一切法無住，無所安立故；一切法無安立，生即滅故；一切法無爲，以無漏故；一切法無受，究竟調伏故。』」

校注

〔一〕乃至：表示引文中間有删略。

大莊嚴法門經云：「文殊師利見此大衆於金色女無染心已，問金色女言：『汝今煩惱置在何處，令諸王子乃至居士等不生染心？』金色女言：『一切煩惱及衆生煩惱，皆住智慧解脱之岸、如如法界平等法中。彼諸煩惱非有生、非有滅，亦不安置。』」〔一〕

校注

〔一〕見大莊嚴法門經卷下。

如中觀論偈云：「染法染者一，一法云何合？染法染者異，異法云何合？」〔一〕古釋：煩惱爲能染，衆生是所染，一即能、所不成，異即如同水火，俱無合義。止觀云：「若一念煩惱心起，具十法界百法，不相妨礙。雖多不有，雖一不無。多不積，一不散。多不異，一不同。多即一，一即多。亦如初燈與暗共住，如是明暗，不相妨礙，亦不相破。」〔二〕

校　注

〔一〕見龍樹造、鳩摩羅什譯中論卷一觀染染者品。

〔二〕見智顗説、灌頂記摩訶止觀卷八上。

如是了達煩惱性空，則四種瀑流〔一〕，唯正法行日之能竭；七重慢阜〔二〕，因平等慧風之所摧。能害、所害俱消，自縛、他縛同解。逢緣猶蓮華上之水，歷事若虚空中之風。一切時中，常居宗鏡，見萬法無異，如太虚空。因分别識生，名色影現；分别不起，名色本虚。向性空地中，美惡平等。如大智度論云：「譬如除宫殿及諸陋廬，如燒栴檀及雜木，其處虚空無有異。色及薩婆若等諸法，求其實，皆如是。」〔三〕

校　注

〔一〕四種瀑流：欲瀑流、有瀑流、見瀑流、無明瀑流。瀑流，比喻煩惱。

〔二〕七重慢阜：即七慢。慢者，驕慢，恃己而淩他也。阜，土山，比喻慢。一、慢，二、過慢，三、慢過慢，四、我慢，五、增上慢，六、卑慢，七、邪慢。阿毗達磨俱舍論卷一九：「令心高舉，總立慢名。行轉不同，故分七種。於劣、於等，如其次第謂己爲勝，謂己爲等，令心高舉，總説爲慢。於等、於勝，如其次第謂勝、謂等，總名過慢。於勝謂勝，名慢過慢。於五取蘊，執我、我所，令心高舉，名爲我慢。於未證得殊勝德中，謂已證得，名增上慢。於多分勝，謂己少劣，名爲卑慢。於無德中，謂己有德，名爲邪慢。」

〔三〕見龍樹造、鳩摩羅什譯大智度論卷七〇。

故淨名疏云：「『但除其病，不除其法』〔一〕者，即是明其去取也。有師解言：如人眼病，見空中華，眼病差時，即無華可除。衆生亦尔，妄見諸法，但除妄惑。妄惑若滅，則無法可除。此是本無法義，何謂不除法也？今言一切衆生，悉具十法界法，無明不了，觸處病生。若有智慧，無礙自在，悉爲佛事。譬如火是燒法，若觸燒痛，謹慎不觸，即是除病，不可除火。若除此火，則失温身、照闇、成食之能。十二因緣三道之法亦尔，此有去取，法不同除也。又，火能燒人，得法術者出入無礙，不須除火也。故八萬四千煩惱，凡夫爲之受惱，諸佛、菩薩以爲佛事也。亦如治眼之法，去病不得損睛珠也。經言『爲斷病本而教導』者，此正明化物也。『病本』，即是一念無明取相故。華嚴經云：三界無別法，唯是一心作〔二〕。今謂唯是一念無明取相心作也，此即三界生死之病本也。若知無明，不起取有，即畢〔三〕故不造新，即是斷病本也。」〔四〕

校注

〔一〕見維摩詰所説經卷中文殊師利問疾品。下一處引文同。

〔二〕佛陀跋陀羅譯大方廣佛華嚴經卷二五：「三界虚妄，但是心作。」「但是心作」，據大正藏校記，宋、元、明諸本皆作「但是一心作」。智顗説妙法蓮華經玄義卷一上引云「釋論云」。澄觀大方廣佛華嚴經隨疏演義鈔卷六五：「如十地經説，三界虚妄，但是一心作。」十地經，又稱十住經。鳩摩羅什譯十住經卷三現前地第六：「三界虚妄，但是心作。」

〔三〕「畢」，磧砂藏、嘉興藏本作「異」。按，維摩經文疏作「畢」。「畢故不造新」，諸經中常見，意謂畢故業，斷諸惑，不造新業。如仁王般若波羅蜜經卷下受持品：「無三界業習生故，畢故不造新，以願力故，變化生一切浄土。」大般涅槃經卷三七：「若人能觀如是生死十二因緣，當知是人不造新業，能壞故業。」卷三九：「若人捨故不造新業，是人能知常與無常。」「壞故業」「捨故」，即同「畢故」。

〔四〕見智顗撰維摩經文疏卷二一。

是知一念之心，既名病本，亦是道原，執實成非，了空無過，悟在刹那，更無前後。如志公和尚道體不二科云：「衆生不解修道，便欲遣除煩惱，不知煩惱本空，將道更欲覓道。一念之心即是，何須別處追討！大道皎在目前，迷倒愚人不了。佛性天真自然，亦無因緣修造。不識三毒虚假，妄執沉淪生老。昔日迷時謂晚，今日始覺非早。」〔一〕

校注

〔一〕見署名誌公和尚十四科頌菩提煩惱不二。十四科頌，詳見本書卷一四注。

第三[一]、色法。色有十五種：

一、地，有二種：一、内，二、外。内，謂各别身内眼等五根及彼居處之所依止，堅硬所攝，有執受性。復有增上積集，所謂髮毛、爪齒、皮肉、筋骨等，是内地體，形段受用爲業。外，謂各别身外色等五境之所依止，堅硬所攝，非執受性。復有增上積集，所謂礫石、丘山等，是外地體，形段受用爲業。又，依持、資養爲業[二]。

二、水，亦二種：一、内，二、外。内，謂各别身内眼等五根及彼居處之所依止，濕潤所攝，有執受性。復有增上積集，所謂洟、淚、涎、汗等，是内水體，潤澤聚集受用爲業。外，謂[三]各别身外色等五境之所依止，濕潤所攝，非執受性。復有增上積集，所謂泉、源、谿、沼等，是外水體，依治受用、資養爲業[四]。

三、火，亦二：一、内，二、外。内，謂各别身内眼等五根及彼居處之所依止，煖熱所攝，有執受性。復有增上積集，所謂能令有情徧温增熱，又能消化飲噉，是内火體，成熟和合受用爲業。外，謂各别身外色等五境之所依止，煖熱所攝，非執受性。復有增上積集，所謂炎燎村城，或鑽木擊石，種種求之，是外火體，變壞受用、對治資養爲業[五]。

四、風，亦二種：一、内，二、外。内，謂各别身眼等五根及彼居處之所依止，輕動所攝，有執受性。復有增上積集，所謂上下横行、入出氣息等，是内風體，動作事受用爲業。外，謂各别身外色等五境之所依止，輕動所攝，非執受性。復有增上積集，所謂摧破山崖、偃拔林木等，彼既散壞，無依故静。若求風者，動衣摇扇，其不動摇，無緣故息。如是等，是外風體，依持受用、對治資養爲業〔六〕。

五、眼，謂一切種子阿賴耶識之所執受，四大所造色爲境界，緣色境識之所依止，净色爲體，色藴所攝，無見有對性〔七〕。

六、耳，七、鼻，八、舌，九、身，亦尔。此中差别者，謂各行自境，緣自境〔八〕之所依止。

十、色，謂眼所行境，眼識所緣，四大所造〔九〕，色藴所攝，有見有對性〔一〇〕。

十一、聲，謂耳所行境，耳識所緣，四大所造可聞音爲體，色藴所攝，無見有對性。

十二、香，謂鼻所行境，鼻識所緣，四大所造可齅物爲體，色藴所攝，無見有對性。

十三、味，謂舌所行境，舌識所緣，四大所造可嘗物爲體，色藴所攝，無見有對性。

十四、觸，謂身所行境，身識所緣，四大所造可觸物爲體，色藴所攝，無見有對性。

十五、法處所攝色，謂一切時意所行境，色藴所攝，無見無對性。

校注

〔一〕按，此云「第三」者，「第二」見上卷「此中第二、心所有法」。又，無著造、玄奘譯顯揚聖教論卷一：「色者有十五種，謂地、水、火、風、眼、耳、鼻、舌、身、色、聲、香、味、觸一分及法處所攝色。」後十五色法具體内容，皆出無著造、玄奘譯顯揚聖教論卷一。

〔二〕「依持、資養爲業」，顯揚聖教論卷一作「依持受用爲業，破壞受用爲業，對治資養爲業」。

〔三〕「謂」，原作「爲」，據顯揚聖教論卷一改。

〔四〕「依治受用、資養爲業」，顯揚聖教論卷一作「依持受用爲業，破壞受用爲業，對治資養爲業」。

〔五〕「變壞受用、對治資養爲業」，顯揚聖教論卷一作「變壞受用爲業，對治資養爲業」。

〔六〕「依持受用、對治資養爲業」，顯揚聖教論卷一作「依持受用爲業，變壞受用爲業，對治資養爲業」。

〔七〕有對性：即有障礙性。對，即障礙之意。礙有障礙、拘礙二種。五根、五境及心、心所等諸法，受障礙而不生，或被所取所緣之境所拘礙而不能轉他境，稱爲有對。清素、澄淨述瑜伽師地論義演卷七：「無見有對，無見之色，自他有障，名爲有對。非眼所取，名爲無見。即五根、境除色，九處以爲體也。」

〔八〕「自境」，顯揚聖教論作「自境識」。

〔九〕「四大所造」，顯揚聖教論卷一作「四大所造若顯色、若形色、若表色爲體」。

〔一〇〕清素、澄淨述瑜伽師地論義演卷七：「有見有對，謂顯形作用，作用即是諸有表色作業用也。安立顯等爲識所取，有所障隔，名有見有對。」

又，百法明色有十一種〔一〕，所謂五根、六境。五根者，阿毗達磨論云：以造色爲體，一、能造，即四大：地、水、火、風。二、所造，即四微：色、香、味、觸〔二〕。六境者：一、色，有三十一。顯色有十三：一、青，二、黄，三、赤，四、白，五、光，六、影，

七、明，八、暗，九、雲，十、煙，十一、塵，十二、霧，十三、空一顯色；形色有十：一、長，二、短，三、方，四、圓，五、麁，六、細，七、高，八、下，九、正，十、不正；表色有八：一、取，二、捨，三、屈，四、伸，五、行，六、住，七、坐，八、卧；法處色有五：一、極迥色，二、極略色，三、定自在所生色，四、受所引色，五、徧計所執色。五根色以能造爲體，法處境中以極迥、極略爲體。徧計所執、受所引色等四色，非是造色，無體性故，是假非實。又，除青、黄、赤、白四色是實，長、短二十七種皆是假，四實色上立故，以相形立故。

校　注

〔一〕天親造、玄奘譯大乘百法明門論：「第三、色法，略有十一種：一、眼，二、耳，三、鼻，四、舌，五、身，六、色，七、聲，八、香，九、味，十、觸，十一、法處所攝色。」

〔二〕義忠述大乘百法明門論疏卷下：「五根，即以造色爲體。造色有二：一者、能造，即地等四；二者、所造，即色等四。合此兩種，與根爲體。」

二、聲，有十一種：一、因執受大種聲。因者，假藉之義，即藉彼第八識，執受四大所發之聲，即血脉流注聲等是也，即内四大有情作聲，皆是執受故；二、因不執受大種聲，外四大聲是；三、因執受不執受大種聲，如外四大種親造彼聲，即手是。内四大種親造果聲，外四大種但爲助緣，共造一聲；四、世所共成聲，世間言教、書籍、陰陽等，名共成聲，仁、義、禮、智、信等；五、成所引聲，或成所作智，所引言教，即唯如來；六、可意聲，情所樂欲；七、不可意聲，情不樂欲；八、俱相違聲，非樂非不樂，名俱相違聲；九、徧計所執聲，謂外道所立言教；十、聖言量所攝聲；十一、非聖言量所攝聲。

三、香，有六：一、好，約情説，隨自識變，稱己心等，方名好香；二、惡；三、平等，非好非惡；四、俱生，沉檀等，與質俱起；五、和合，衆香等成一香；六、變異，未熟無香之時名變異。

四、味，有十二：一、苦；二、酸；三、甘；四、辛；五、鹹；六、淡；七、可意，謂稱情故；八、不可意，謂不稱情；九、俱相違，上二相反；十、俱生，與質同有；十一、和合，衆味聚集；十二、變異，成熟後，味異於前。

五、觸，有二十六：一、地，二、水，三、火，四、風，五、滑，六、澀，七、輕，八、重，九、軟，十、緩，十一、急，十二、冷，十三、飢，十四、渴，十五、飽，十六、力，十七、劣，十八、悶，十九、癢，二十、黏，二十一、病，二十二、老，二十三、死，二十四、疲，二十五、息，二十六、勇。前四地、水、火、風是實，餘二十二依四大差別建立，是假。

問：色法有幾義？

答：有四義。百法云：「一、識所依色，唯屬五根；二、識所緣色，唯屬六境；三、摠相而言，質礙名色；四、别相而言，略有二種：一者、有對，若准有宗，極微所成，大乘即用能造色成。二者、無對，非極微成，即法處所攝色。」〔一〕

校注

〔一〕見唐義忠大乘百法名門論疏卷上。

如上地、水、火、風一切色法，因緣似有，體用俱虚。何者？自體、他體，皆悉性空；能緣、所緣，俱無有力。以自因他立，他因自生，他是自他，自是他自，互成互奪，定性俱無。又，能因所成，所從能立，能無有力則入所，所無有力則入能，互攝互資，悉假施設。緣會似有，緣散還無，以唯識所持，終歸空性。

如大智度論云：「復次，地若常是堅相，不應捨其相，如凝酥、蠟蜜、樹膠，融則捨其堅相，墮濕相中。金、銀、銅、鐵等亦尔。如水爲濕相，寒則轉爲堅相。如是等種種，悉皆捨相。復次，諸論師輩有能令無，無能令有。諸賢聖人及坐禪人能令地作水、水作地。如是等諸法，皆可轉相。」〔二〕以無定體故，隨緣變現，不可執有執無，違於法性。

校注

〔一〕見龍樹造、鳩摩羅什譯大智度論卷一五。

第四、不相應行法，有二十四不相應行者。相應者，和順義，如心王、心所。得等非能緣故，不與心、心所相應，名不相應。又，得等非質礙義，不與色相應；又有生滅，不與無爲相應，爲揀四位〔一〕法，故名不相應。

校注

〔一〕四位：即心、心所、色、無爲。

一、得，謂諸行種子所攝、自在生起相續差別性〔一〕。又，雜集論云：「謂於善、不善、無記法，若增若減，假立獲得成就。善、不善、無記法者，顯依處。若增若減者，顯自體。何以故？由有增故，説名成就上品信等；由有減故，説名成就下品信等。」〔二〕

校注

〔一〕玄奘譯顯揚聖教論卷一：「得者，此復三種：一、諸行種子所攝相續差別性，二、自在生起相續差別性，三、自相生起相續差別性。」得者，獲得（未得或已失而今得）、成就（已得而至今相續不失）。大乘五蘊論：「云何爲得？謂若獲，若成就。此復三種，謂若種子、若自在、若現前，如其所應。」

〔二〕見玄奘譯大乘阿毗達磨雜集論卷二。又「上品信」「下品信」者，大乘莊嚴經論卷四明信品：「信種差別，亦有十三：一者、可奪信，謂下品信；二者、有間信，謂中品信；三者、無間信，謂上品信；四者、多信，謂大乘信；五者、少信，謂小乘信；六者、有覆信，謂有障信，由不能勝進故；七者、無覆信，謂無障信，由能勝進故；八者、相應信，謂熟修信，由恒行及恭敬行故；九者、不相應信，謂不熟修信，由離前二行故；十者、有聚信，謂有果信，由能得大菩提故；十一者、無聚信，謂無果信，由不能得大菩提故；十二者、極入信，謂功用信，從初地至七地故；十三者、遠入信，謂極浄信，從八地至佛地故。」

二、無想定，謂已離浄欲，未離上地欲，由於無想天，起出離想〔一〕。雜集論云：「於不恒行心、心所滅，假立無想定。」「不恒行者，轉識所攝。滅者，謂定心所引，不恒現行諸心、心所，暫時間滅。」〔二〕

校注

〔一〕玄奘譯顯揚聖教論卷一：「無想定者，謂已離遍浄欲，未離上地欲，觀想如病、如癰、如箭，唯無想天寂静微妙。由於無想天，起出離想，作意前方便故，不恒現行心、心法滅性。」

〔二〕見玄奘譯大乘阿毗達磨雜集論卷二。

三、滅盡定，謂已離無所有處欲，或入非想非非想處定〔一〕。又云：「欲超過有頂，作止息想，作意爲先故，於不恒行諸心、心所及恒行一分心、心所滅，假立滅盡定。此中所以不言未離上欲者，爲顯離有頂欲，阿羅漢等亦得此定故。一分恒行者，謂染汙意所攝。」〔二〕

校　注

〔一〕玄奘譯顯揚聖教論卷一：「滅盡定者，謂已離無所有處欲，或入非想非非想處定，或復上進，或入無想定，或復上進。由起暫息想作意前方便故，止息所緣，不恒現行諸心、心法及恒行一分諸心、心法滅性。」

〔二〕見玄奘譯大乘阿毗達磨雜集論卷二。

四、無想天，謂於此間得無想定，由此後生無想有情天中，於不恒行心、心所滅，假立無想異熟〔一〕。

校　注

〔一〕玄奘譯顯揚聖教論卷一：「無想天者，謂先於此間得無想定，由此後生無想有情天處，不恒現行諸心、心法滅性。」大乘阿毗達磨雜集論卷二：「無想異熟者，謂已生無想有情天，於不恒行心、心法滅，假立無想異熟。」

五、命根，謂於衆同分〔一〕先業所感，住時決定，假立壽命。衆同分者，於一生中諸蘊相續。住時決定者，劑尔所時，令衆同分常得安住，或經百年、千年等，由業所引功能差別，又依業所引第八識種，令色心不斷，名爲命根〔二〕。

校注

〔一〕衆同分：指有情衆生的共性或共因，即能令同類衆生有相似點的要素。

〔二〕按，此釋「命根」，出玄奘譯大乘阿毗達磨雜集論卷二。

六、衆同分，謂如是如是有情，於種種類、自體相似，假立衆同分〔一〕。

校注

〔一〕按，此釋「衆同分」，出玄奘譯大乘阿毗達磨雜集論卷二。又，大乘阿毗達磨雜集論卷二：「於種種類者，於人天等種類差別；於自體相似者，於一種類性。」玄奘譯顯揚聖教論卷一：「命根者，謂先業所引異熟六處住時決定性。衆同分者，謂諸有情互相似性。」

七、異生性，謂行自相發起性，又由二障種，各趣差別〔一〕。

校注

〔一〕玄奘譯顯揚聖教論卷一：「異生性者，此有二種：一、愚夫異生性，二、無聞異生性。愚夫異生性者，謂無始世來有情身中愚夫之性。無聞異生性者，謂如來法外諸邪道性。」大乘阿毗達磨雜集論卷二：「異生性者，謂於聖法不得，假立異生性。」

八、生，謂於衆同分諸行本無今有性，假立爲生。

九、異，謂於衆同分諸行相續變異性，假立爲異。亦名爲老。

十、住，謂於衆同分諸行相續不變壞性，假立爲住。

十一、無常，謂於衆同分諸行自相生後滅壞性，假立無常〔一〕。

十二、名身，謂於諸法自性增言〔二〕，假立名身。

十三、句身，謂於諸法差別增言〔三〕，假立句身。

十四、文身，謂於彼前二名〔四〕、句所依諸字，假立文身。

十五、流轉，謂於因果相續不斷，假立流轉〔五〕。

十六、定異，謂於因果種種差别，假立定異〔六〕。

校注

〔一〕「常」下，原本有「相」字，據大乘阿毗達磨雜集論删。大乘阿毗達磨雜集論卷二：「無常者，謂於衆同分諸行相續變壞性，假立無常。『相續變壞』者，謂捨壽時，當知此中依相續位建立生等，不依刹那。」「相」顯屬後「相續變壞」，故改。

〔二〕大乘阿毗達磨雜集論卷二：「自性增言者，謂説天人眼、耳等事。」

〔三〕大乘阿毗達磨雜集論卷二：「差别增言者，謂説諸行無常、一切有情當死等義。」

〔四〕「名」，原作「文」，據大乘阿毗達磨雜集論改。大乘阿毗達磨雜集論卷二：「文身者，謂於彼二所依諸字，假立文身。彼二所依諸字者，謂自性、差别增言。所依諸字，如哀壹鄔等。又自性、差别及此二言，總攝一切。如是一切，由此三種之所詮表，是故建立此三，爲名、句、文身。此言文者，能彰彼二故。」故「彼前二」者，當指「名」「句」。又，玄應一切經音義卷二三：「哀壹鄔等，烏可反，烏古反，此等諸字，要藉助緣，聲方圓滿，无别目故，總謂无義之文也。」

〔五〕大乘阿毗達磨雜集論卷二：「所以唯於相續不斷立流轉者，於一刹那或於間斷，無此言故。」

〔六〕大乘阿毗達磨雜集論卷二：「因果種種差别者，謂可愛果妙行爲因，不可愛果惡行爲因。諸如是等種種因果，展轉差别。」按，以上釋「生」「異」等，皆出玄奘譯大乘阿毗達磨雜集論卷二。玄奘譯顯揚聖教論卷一：「生者，謂諸行自相發起性。老者，謂諸行前後變異性。住者，謂諸行生時相續不斷性。無常者，謂諸行自相生後滅壞性。名身者，謂詮諸行等法自體想，號假立性。句身者，謂聚集諸名，顯染淨義，言説所依性。文身者，謂前二所依字性。流轉者，謂諸行因果相續不斷性。定異者，謂諸行因果各異性。」

十七、相應，謂諸行因果相稱性〔一〕。
十八、勢速，謂諸行流轉迅疾性〔二〕。
十九、次第，謂諸行一一次第流轉性〔三〕。
二十、時，謂諸行展轉新新生滅性〔四〕。
二十一、方，謂諸色行徧分劑性〔五〕。
二十二、數，謂諸行等各别相續，體相流轉性〔六〕。
二十三、和合，謂諸行緣會性〔七〕。
二十四、不和合，謂諸行緣乖性〔八〕。

校注

〔一〕大乘阿毗達磨雜集論卷二：「因果相稱者，雖復異類，因果相順，亦名相稱，由如布施感富財等。」
〔二〕勢速：指變化或動作迅速。
〔三〕大乘阿毗達磨雜集論卷二：「次第者，謂於因果一一流轉，假立次第。因果一一流轉者，謂不俱轉。」
〔四〕大乘阿毗達磨雜集論卷二：「時者，謂於因果相續流轉，假立爲時。何以故？由有因果相續轉故。若此因果已生已滅，立過去時；此若未生，立未來時；已生未滅，立現在時。」
〔五〕大乘阿毗達磨雜集論卷二：「方者，謂即於東、西、南、北、四維、上、下因果差别，假立爲方。何以故？

即於十方因果遍滿假説方故。當知此中唯説色法所攝因果，無色之法遍布處所無功能故。」

〔六〕大乘阿毗達磨雜集論卷二：「數者，謂於諸行一一差別，假立爲數。一一差別者，於一無別，二三等數不應理故。」

〔七〕大乘阿毗達磨雜集論卷二：「因果衆緣集會者，且如識法因果相續，必假衆緣和會。謂根不壞，境界現前，能生此識，作意正起。如是於餘一切，如理應知。」

〔八〕按，以上釋「相應」「勢速」「次第」等，皆出玄奘譯顯揚聖教論卷一。

此不相應行，雖不與心王、心所、色法、無爲等四位相應，然皆是心之分位，亦不離心變及出唯識真性，約一期行相分別故尔。如廣百論云：「自心分別所見境界，即是自心但隨衆緣諸行種熟，自心變作種種分位。自心所變，無實體相。何爲精勤，安立異法？但應信受，諸法唯心。」〔一〕

校注

〔一〕見玄奘譯大乘廣百論釋論卷四。

問：一心妙旨，八識真原。有爲門中，已明王所。無爲法内，如何指陳？

答：此中第五、無爲法。有爲、無爲，皆一心變起故，又不出一心性故。

問：有爲、無爲，各有幾種？一一行相，如何分別？

答：有爲略有三種，無爲略有六種。

初、有爲極成之法，不過三種。識論云：「一、現所知法，如色、心等；二、現受用法，如瓶、衣等。如是二法，世共知有，不待因成。三、有作用法，如眼、耳等，由彼彼用，證知是有。」〔一〕

釋云：「如色、心等」者，即是五識身、他心智境，謂色等五塵及心、心所。此約揔聚，不別分別。此何識境？現量所知，非境所知。「如瓶、衣等」者，此雖現見受用，而非現量所緣，是假法故，但是現世而受用物。問：此中緣瓶等心，是何量攝？答：非量收，不親緣得法自體故，非比度故，非量所收。「如眼、耳等」者，此五色根，非現量得，亦非現世人所有知。此眼、耳等，各由彼彼有發識用，比知是有。言「證知」者，證成道理也，以現見果，比有因故。果謂所生心、心所法，比量知有諸淨色根，此非現量他心智知。然今大乘第八識境亦現量得，佛智緣時亦現量得，除佛已外〔二〕，共許爲論，非世共悉，是故但言比〔三〕知是有〔四〕。

校注

〔一〕見玄奘譯成唯識論卷二。

〔二〕「除佛已外」，成唯識論述記作「今就他部除佛以外」，於意更爲顯豁。
〔三〕「比」，原作「此」，據成唯識論述記改。
〔四〕「釋云」至此，詳見窺基撰成唯識論述記卷二。

次、約諸經論，有六種無爲。百法云〔一〕：

一、虚空無爲者，離一切色心諸法障礙所顯真理，名爲虚空無爲〔二〕。虚空有三：一、識變虚空，即第六識上作解心，變起虚空相分故；二、法性虚空，即真如體有離諸障礙故，名爲虚空；三、事虚空，即所見頑空是也。

二、擇滅無爲〔三〕，由無漏智起簡擇，滅諸障染，所顯真如理故。

三、非擇滅無爲〔四〕，有法不由擇力，起無漏智簡擇而本性淨，即自性清淨涅槃是也。即真如本性，離諸障染，不由起智斷惑，本體淨故。

四、不動無爲〔五〕，第四禪離八患、三災〔六〕，證得不動無爲。

五、想受滅無爲〔七〕，從第四禪已上，至無所有處已來，捨受不行，并麁想亦無，顯得真如，名想受滅無爲。

六、真如無爲〔八〕，有二：一、約對得名，謂真如理，對事得名；二、簡法者，即真如簡徧計，離於生滅也。出體者，大乘但約心變相分，假説有虚空故，非是離心外有空也。若説本質無爲者，即不離於識變有也。

校注

〔一〕天親造、玄奘譯大乘百法明門論：「第五、無爲法者，略有六種：一、虚空無爲，二、擇滅無爲，三、非擇滅無爲，四、不動滅無爲，五、想受滅無爲，六、真如無爲。」按，今本大乘百法明門論，「題云大乘百法明門論，本事分中，略録名數」（開元釋教録卷一九），並没有具體的闡釋内容。窺基解、普泰增修大乘百法明門論解卷下：「言無爲者，是前四位真實之性，故云識實性也。以六位心所則識之相應，十一色法乃識之所緣，不相應行即識之分位，識是其體，是故總云識實性也，而有六種。謂之無爲者，爲，作也。以前九十四種乃生滅之法，皆有造作，故屬有爲。今此六法，寂寞沖虚，湛然常住，無所造作，故曰無爲。」

〔二〕窺基解、普泰增修大乘百法明門論解卷下：「言虚空無爲者，謂於真諦，離諸障礙，猶如虚空，豁虚離礙，從喻得名。」

〔三〕窺基解、普泰增修大乘百法明門論解卷下：「擇滅者，擇謂揀擇，滅謂斷滅，由無漏智，斷諸障染，所顯真理，立斯名焉。」

〔四〕窺基解、普泰增修大乘百法明門論解卷下：「非擇滅者，一真法界，本性清净，不由擇力，斷滅所顯；或有爲法，緣闕不生，所顯真理。以上二義，故立此名。」

〔五〕窺基解、普泰增修大乘百法明門論解卷下：「不動者，以第四禪離前三定，出於三災、八患，無喜樂等動搖身心所顯真理，此從能顯顯彰名，故曰不動。」

〔六〕八患：即八難，指不得遇佛、無法聽聞教法的八種障難，即地獄、畜生、餓鬼、長壽天、邊地、盲聾瘖啞、世智辯聰、佛前佛後。　　三災：劫末所起的火、水、風三種災害。

〔七〕窺基解、普泰增修大乘百法明門論解卷下：「想受滅者，無所有處想受不行所顯真理，立此名爾。」

〔八〕窺基解、普泰增修大乘百法明門論解卷下：「真如者，理非妄倒，故名真如，真簡於妄，如簡於倒，遍計、依他，如次應知。又曰：真如者，顯實常義，真即是如，如即無爲。」

問：若説識變相分説是無爲者，即是相狀之相，隨識而爲，何成無爲耶？

答：此説是識變，假説是無爲，其實非是無爲，無爲是常住法故。今此依無爲體者，但取隨識獨影相分爲體，以前後相似，無有變而〔一〕唯有一類空等相故，假説無爲。此六無爲，地前菩薩〔二〕識變，即是有漏。若地上〔三〕後得智變，即無漏。若依法性出體者，五種無爲，皆是真如。真如體外，更無别出。六種無爲，各皆依真如實德也。

校　注

〔一〕「而」，清藏本作「易」。

〔二〕地前菩薩：修行過程中十地以前的菩薩，亦即十住、十行、十迴向位的菩薩。已斷見、思惑，尚有塵沙無明惑在，未入十地聖位，故稱地前。

〔三〕地上：指初地（歡喜地）以上。菩薩經一大阿僧祇劫修行，初成斷惑證理之一分，心多生歡喜，故稱歡喜地；初地以上有十地，若滿二大阿僧祇劫之修行，則可至佛果。故初地以上，稱爲地上。初地以前，稱爲地前。地上者，稱爲法身菩薩；地前者，稱爲凡夫菩薩。

問：如何聖教説真如實耶？

答：今言有者，不是真如名實有但説有，即是遣惡取空故説有。體是妙有真空故，言非空非有。

問：如何聖教説真空爲空耶？

答：謂破執真如心外實有，故説爲空，即空其情執，即不空其真如空也。

又，識論云：「然諸契經説有虚空等諸無爲法，略有二種：一、依識變假施設有，謂曾聞説虚空等名，隨分别有虚空等相，數習力故，心等生時，似虚空等無爲相現，此所現相，前後相似，無有變易，假説爲常。二、依法性假施設有，謂空、無我所顯真如，有、無俱非，心言路絶，與一切法非一、異等，是法真理，故名法性。離諸障礙，故名虚空。由簡擇力，滅諸雜染，究竟證會，故名擇滅。不由擇力，本性清浄，或緣闕所顯，故名非擇滅。苦、樂受滅，故

名不動。想、受不行，名想受滅。此五皆依真如假立，真如亦是假施設名。」〔一〕

釋云：「一、依識變，假施設有」者，此無本質，唯心所變，如極微等。變似空等相現，此皆變境而緣故也。「真如亦是假施設」者，真如約詮而詮體是一。此五無爲，依真如上假名空等，而真如體非如非不如，故真如名亦是假立。如食油蟲等，不稱彼體，唯言顯故〔二〕。譬如有蟲，名曰食油，實非食油，假名食油，不稱體故〔三〕。真如亦尒。

校　注

〔一〕見玄奘譯成唯識論卷二。

〔二〕「釋云」至此，詳見窺基撰成唯識論述記卷二。

〔三〕大般涅槃經卷二三：「如坻羅婆夷，名爲食油，實不食油，强爲立名，名爲食油。是名無因，强立名字。」

又，釋摩訶衍論云：「無爲有四：一、真如無爲，二、本覺無爲，三、始覺無爲，四、虚空無爲。有爲法有五種：一者、根本無明有爲，二者、生相有爲，三者、住相有爲，四者、異相有爲，五者、滅相有爲，是名爲五。且四無爲者，以何爲體？有何等用？頌曰：依各有二種，所謂通及別，如體用亦尒，隨釋應觀察。「論云：真如無爲，有二所依：一者、通所依，非有爲、非無爲，一心本法以爲體故；二者，别所依，生滅門内，寂静理法以爲體故。本覺無爲，有二所依：一者、通所依，非有爲、非無爲，一心本法以爲體故；二者、别所依，生滅門内，自然本智以爲體故。始覺無爲，有二所依：一者、通所依，非有爲、非無爲，一心本法以爲體故；二者、别所依，生滅門内，隨他起智以爲體故。虚空無爲，有二所依：一者、通所依，非有爲、非無爲，一心本法以爲體故；二者、别所依，生滅門内，無所有事以爲體故。

「復次，真如無爲，有二種用：一者、通用，一切諸法令出生故；二者、别用，平等之性令不失故。本覺無爲，有二種用：一者、通用，不守自性故；二者、别用，不轉變故。始覺無爲，有二種用：一者、通用，隨妄轉故；二者、别用，對治自過故。虚空無爲，有二種用：一者、通用，欲有令有故；二者、别用，空無之性令不失故，是名二用。此中所説，通謂他義，别謂自義。

「五種有爲，以何爲體？有何等用？頌曰：依各有二種，所謂通及别。如體用亦尔，隨釋應觀察。

「論曰：根本無明，有二種依：一者、通所依，非有爲，非無爲，一心本法以爲體故；二者、别所依，生滅門内，大力住地〔一〕以爲體故。生相有爲，有二種依：一者、通所依，非有爲〔二〕，非無爲，一心本法以爲體故；二者、别所依，生滅門内，細分染法以爲體故。住相有二種依：一者、通所依，非有爲，非無爲，一心本法以爲體故；二者、别所依，生滅門内，麁分染法以爲體故。異相、滅相二種通依、别依，如前住相有爲所説，無别。

「復次，根本無明有爲，有二種用：一者、通用，能生一切諸染法故；二者、别用，隨所至處作礙事故。生相有爲，有二種用：一者、通用，於上下中〔三〕與其力故；二者、别用，隨所至處作礙事故。如説生相，住異亦尔。滅相有爲，有二種用：一者、通用，於上及自與其力故；二者、别用，能作礙事故。是名二用。

「以何義故，作如是説：有爲、無爲一切諸法，通以一心而爲其體？於道智契經〔四〕中，作如是説：尔時，文殊師利白佛言：『世尊，阿賴耶識具一切法，過於恒沙。過於恒沙如是諸法，以誰爲本？生於何處？』佛言：『如是有爲、無爲一切諸法，生處殊勝，不可思議。何以故？於非有爲非無爲處，是有爲是無爲法而能生故。』文殊又白佛言：『世尊，云何名爲非有爲非無爲處？』佛言：『非有爲非無爲處者，所謂一心本法非有爲故，能作有爲；非無爲故，能作無爲。是故我言生處殊勝，不可思議。復次，善男子，譬如庶子，有二所依：一者、大王，二者、父母。有爲無爲一切諸法，亦復如是，各有二依：謂通達依及支分依。復次，善男子，譬如一切草木，有二所依：一者、大地，二者、種子。有爲無爲一切諸法，亦復如是，各有二依：謂通達依及支分依。』乃至廣説。

「『不生不滅，與生滅和合』者，即是開示能熏、所熏之差別故。云何開示？所謂顯示染淨諸法、有力無力互有勝劣故。今當作二門，分明顯說：一者、下轉門，二者、上轉門。生滅門中，不出此二。如是二門，云何差別？頌曰：諸染法有力，諸淨法無力，背本下下轉，名爲下轉門。諸淨法有力，諸染法無力，向原上上轉，名爲上轉門。

「論曰：由染淨諸法互有勝劣故，二種轉門得成而已。今當先說初下轉門。根本無明，以何等法而爲所熏？於何時中而作熏事？頌曰：所熏有五種，謂〔五〕一法界心，及四種無爲，非初非中後，取前中後故，如契經明〔六〕說。

「論曰：根本無明，以五種法而爲所熏，謂一法界及四無爲，熏一法界。其相云何？頌曰：一種法界心，有二種自在，謂有爲無爲，是根本無明，依於初自在，而能作熏事。

「論曰：一法界心，有二種自在：一者、有爲自在，能爲有爲法而作依止故；二者、無爲自在，能爲無爲法而作依止故。根本無明，依初自在能作熏事，非後自在。中實契經〔七〕中，作如是說：根本無明〔八〕，熏自所依分際之量，非他所依故，熏真如法。其相云何？頌曰：真如無爲法，有二種作用，所謂通及別，如前決擇說。是根本無明，依於初作用，而能作熏事，餘無爲亦尒。

「論曰：真如無爲，有二種用，謂通及別。如前所說，根本無明，依初作用，能作熏事，非後作用。如説真如，餘三無爲亦復如是，皆依初作用，非後用故。作熏時量，非初亦非中後，取前中後故。本智契經〔九〕中，作如是説：大力無明作熏事時，初及中後一時俱取，而非別取故。此中所説能熏、所熏，以何義故名言熏？謂能引彼法而合自體，不相捨離，俱行俱轉，故名能熏。又，能與彼法不作障礙，若隨若順，不違逆故，名爲所熏。謂五種有爲，能熏四種無爲法及一法界心，所熏五法隨來而與五能熏共會和合，同事俱轉，是故説言：『不生不滅，與生滅和合。』如大無明，一心本法爲通依故，依初自在作熏習事，四相有爲，應如是知。如大無明，依四無爲，通達作用，能作熏事，四相有爲，應如是知。」〔一〇〕

校注

〔一〕大力住地：又稱大力無明，即根本無明。根本無明具有大力，能生起一切染法而爲大地萬物之所依住，故稱大力住地。

〔二〕「爲」，原無，據磧砂藏、嘉興藏本及釋摩訶衍論補。

〔三〕「上下中」，嘉興藏本作「上中下」。按，釋摩訶衍論作「上下中」。

〔四〕筏提摩多譯釋摩訶衍論卷一：「摩訶衍論別所依經，總有一百。（中略）七十八者，道智經。」

〔五〕「謂」，原作「爲」，據釋摩訶衍論改。

〔六〕「明」，原作「分明」，據釋摩訶衍論删。

〔七〕筏提摩多譯釋摩訶衍論卷一：「摩訶衍論別所依經，總有一百。（中略）二十一者，中實經。」

〔八〕「明」下，原衍「依初自在，能作熏事，非後自在。中實契經中，作如是説：根本無明」，據清藏本及釋摩訶衍論删。

〔九〕筏提摩多譯釋摩訶衍論卷一：「摩訶衍論别所依經，總有一百。（中略）五十九者，如如本智慧經。」此本智經，當即如如本智慧經。

〔一〇〕見筏提摩多譯釋摩訶衍論卷二。

音義

悵，丑亮反。　怏，於亮反。　扼，於革反，持也。　株，陟輸反。　杌，五忽反。　匱，求位反，竭也。　稼，古訝反。　悚，息栱反。　螫，呼各反，又音釋。　窠，苦和反，窟也。　窟，苦骨反。　阜，扶九反，陵阜也。　陋，盧候反，踈惡也。　廬，力居反。　硬，五更反，堅也。　筋，舉欣反。　洟，他計反。　涎，叙連反，口液也。　噉，徒敢反，食噉也。　燎，力照反。　蠟，盧盍反。　膠，古肴反。

戊申歲分司大藏都監開板

宗鏡録卷第五十九

慧日永明寺主智覺禪師延壽集

夫有爲、無爲二門，爲當是一？是異？

答：非一非異，非泯非存。何者？若是一者，仁王經不應云諸菩薩等「有爲功德、無爲功德悉皆成就」〔一〕。又，維摩經云菩薩「不盡有爲，不住無爲」〔二〕等，二義雙明，豈是一耶？若是異者，般若經佛告善現：不得離有爲說無爲，不得離無爲說有爲〔三〕。豈成異耶？若云俱泯者，華嚴經云：於有爲界示無爲之理，不滅有爲之相；於無爲界示有爲之法，不壞無爲之性〔四〕。則有無性相，無礙俱存。若言俱存者，如前論云：「一、依法性假施設有，謂空、無我所顯真如，有、無俱非，心言路絶。」〔五〕則百非〔六〕莫能惑，四句〔七〕不能詮，非可以情謂有無，唯應智超言像，方達有爲、無爲唯識之真性矣。

校注

〔一〕見不空譯仁王護國般若波羅蜜多經卷上序品。

〔二〕見維摩詰所説經卷下菩薩行品。

〔三〕大般若波羅蜜多經卷三六:「善現,非離有爲施設無爲,非離無爲施設有爲故。」

〔四〕實叉難陀譯大方廣佛華嚴經卷二四:「於有爲界示無爲法,而不滅壞有爲之相;於無爲界示有爲法,而不分別無爲之相。」

〔五〕見玄奘譯成唯識論卷二。

〔六〕百非:百種否定。詳見本書卷一注。

〔七〕四句:所謂有、無、亦有亦無、非有非無。

如大智度論:「復次,夫生滅法者,若先有心、後有生,則心不待生。何以故?先已有心故。若先有生,則生無所生。又,生、滅性相違,生則不應有滅,滅時不應有生。以是故,一時不可得,異亦不可得,是則無生。若無生,則無住、滅。若無生、住、滅,則無心數法,則無心不相應諸行。色、無〔一〕色法無故,無爲法亦無故。何以故?因有爲故有無爲,若無有爲則亦無無爲。」〔二〕是故不應言諸法有。

校注

〔一〕「無」,原作「法」,據大智度論改。

〔二〕見龍樹造、鳩摩羅什譯大智度論卷一五。

又，勝思惟梵天所問經云：「有爲、無爲之法，文字言説有差别耳。」〔一〕

校注

〔一〕見菩提流支譯勝思惟梵天所問經卷五。按，此後勝思惟梵天所問經有云：「何以故？文字言説，即是有爲、是無爲故。若求有爲、無爲法相，則無差别，以彼法相無分别故。」

持世經云：「有爲法如實相，即是無爲。」〔二〕

校注

〔二〕見持世經卷四有爲無爲法品。

問：心所具幾義，立心所之門？

答：古德釋云：心所義有三：一、恒依心起，二、與心相應，三、繫屬於心。心王緣揔相，如畫師作模。心所通緣揔、别相，如弟子於揔相模中，填衆多彩色〔一〕。即心所於心王揔〔二〕青，如眼識心王，緣青色境時是揔相，更不作多般行解。心所緣别相者，如五心所〔三〕中作意〔四〕以警心、引心爲〔五〕别相等，上便領納、想像、造作種種行相，是通緣揔、别相〔六〕。

校注

〔一〕玄奘譯成唯識論卷五：「恒依心起，與心相應，繫屬於心，故名心所，如屬我物立我所名，心於所緣唯取總相，心所於彼亦取別相，助成心事，得心所名。如畫師、資作模填彩。」窺基撰成唯識論述記卷五：「略以三義，解心所總名：一、恒依心起。心若無，心所不生，要心爲依，方得生故。若爾，心望遍行，應名心所。二、與心相應。彼五説與心相應故，心不與心相應故，又時、依、緣、事四義具故，説名相應。由此色等亦非心所，既爾心具五義，與五相應，應名心所。三、繫屬於心。以心爲主，所繫屬之心，有自在非所以是義故，繫屬於心。有此三義，故名心所。」「助成心事，名心所故。師謂博士，資謂弟子。如師作模，畫形況已；弟子填綵，綵於模填，不離模故，如取總相。著綵色時，令媚好出，如亦取別相。心、心所法，取境亦爾。」

〔二〕「於心王揔」，清藏本作「與心王緣」。

〔三〕五心所：謂觸、作意、受、想、思。詳見本書卷四七。

〔四〕玄奘譯成唯識論卷三：「作意，謂能驚心爲性，於所緣境引心爲業。謂此警覺應起心種，引令趣境，故名作意。」

〔五〕「爲」，清藏本作「於」。

〔六〕按，此處釋「心所緣別相」後，徑直云「通緣總、別相」，疑有脱訛，「上便」前或應補「心所於心王總青境」等。從芳百法論顯幽鈔卷二末：「疏云：『心王、心所，緣總別相，如次應知。』意云：即合上喻，將師爲心王，資爲心所也。師作模，如心王緣總相；弟子填彩，如心所緣別相也。問曰：心王、心所緣總、別相者，行相如何？答曰：此有三解。一云：心王緣總、别相，心所亦緣總、别相，如眼識，緣青色時是總相，即青色中有多種青色故，即青依青草、青天等是别相也。心所隨心王青境處緣，是他心王總想。於五心所中，各各行相别，故名别相也。（中略）第二解云：心王唯緣總相，心所唯緣别相。如眼識，心所緣青時，是總相，但緣總青，更不作多解，即緣總想相青也。心所緣别相者，即五心所作意引心、驚心爲别相，觸以調和爲行相，是别相，即諸心所各各緣境行相别，故名緣别相也。（中略）第三解云：心王唯緣總相，心所通緣總、别相也。心王緣總相，如總相作模也。心所緣别總别相者，如弟子於總相模中填色也。即心所於心王總青境上，作領納、相像、造作種種行相，即是通緣别相也。（中略）以前二解各引一邊，道理不圓，應總取論文，道理方是，即心所别相亦不離總相中緣也。如資不離模中填種種色也，即心王、心所緣總别相也。即第三解爲善也。」

問：心王與心所，爲同？爲别？

答：約俗則似同似别，論真則非即非離。識論云：「如是六位心所法，爲離心體有别自性？爲即是心分位差别？設尔何失？二俱有過。若離心體有别自性，如何聖教説唯有識？又如何説心遠、獨行，染、浄由心，士夫六界？莊嚴論説復云何通？如彼頌言：許心似二現，如是似貪等，或似於信等，無别染、善法[一]。若即是心分位差别，如何聖教説心相應？他性相應，非自性故。又如何説心與心所俱時而起，如日與光？瑜伽論説心所非即心故〔二〕，應説離心有別自性，以心勝故説唯識等，心所依心勢力生，故説似彼現，非彼即心。又識心言亦攝心所，恒相應故。唯識等言及現似彼皆無有失，此依世俗。若依勝義，心所與心非即非離，諸識相望應知亦然，是謂大乘真俗妙理。」〔三〕

校注

〔一〕波羅頗蜜多羅譯大乘莊嚴經論卷五：「能取及所取，此二唯心光，貪光及信光，二光無二法。釋曰：『能取及所取，此二唯心光』者，求唯識人應知，能取所取，此之二種唯是心光。『貪光及信光，二光無二法』者，如是貪等煩惱光及信等善法光。如是二光，亦無染、淨二法。何以故？不離心光别有貪等、信等染、淨法故，是故二光亦無二相。」

〔二〕「瑜伽論説心所非即心故」，成唯識論卷七作：「瑜伽論説復云何通？彼説心所非即心故，如彼頌言：『五種性不成，分位差過失，因緣無別故，與聖教相違。』」瑜伽論云者，見瑜伽師地論卷五六。

〔三〕見玄奘譯成唯識論卷七。

攝論頌云：「遠行及獨行，無身寐於窟，調其難調心，是名真梵志。」〔一〕

校注

〔一〕玄奘譯攝大乘論本卷中所知相分：「若遠行、獨行，無身寐於窟，調此難調心，我説真梵志。」世親造、玄奘譯攝大乘論釋卷四：「『若遠行』者，能緣一切所緣境故。言『獨行』者，無第二故。言『無身』者，遠離身故。『寐於窟』者，於身窟中而居止故。言『調此』者，作自在故。『難調心』者，性暴惡故。」

百法釋云：如來依意根處，說遠行及獨行也。隨無明意識，徧緣一切境也，故名遠行；又諸心相續一一轉故，無實主宰，名獨行。「無身」者，即心無形質故。「寐於窟」者，即依附諸根，潛轉身内，名爲「寐於窟」也〔一〕。寐者，藏也，即心之所藴在身中。此偈意謂破外道執有實我也。世尊云，但是心獨行〔二〕，無別主宰，故言獨行也。又，無始遊歷六塵境，故名遠行。無別心所，故名獨行，明知無別心所也。

校注

〔一〕玄奘譯瑜伽師地論卷五七：「問：世尊依何根處，說如是言：『遠行及獨行，無身寢於窟』耶？答：依意根處。由於前際無始時故，遍緣一切所知境故，名爲遠行。諸心相續一一轉故，無主宰故，名爲獨行。無色無見，亦無對故，名爲無身。依止色故，名寢於窟。」

〔二〕玄奘譯成實論卷四根塵合離品：「經中說是心獨行遠逝，寢藏無形。」維祇難等譯法句經卷上心意品：「獨行遠逝，寢藏無形，損意近道，魔繫乃解。」

「士夫六界」者，瑜伽云：佛說皆云四大、空、識能成有情，色、動、心三法最勝爲所依〔一〕。色所依者，即四大也；動所依者，空即是也，謂内空界不取外者，由内身中有此空界故，所以有動，故爲動依；心所依者，識是也，即説六界能成有情，不言心所界也〔二〕。

校注

〔一〕玄奘譯瑜伽師地論卷五六：「雖復經言如是六界，説名士夫，然密意説，故無過失。問：此中有何密意？答：唯欲顯説色、動、心法最勝所依，當知是名此經密意。」成唯識論述記卷七：「四大、空、識能成有情，不言心所成有情故。五十六説：此密意説，唯色、動、心所三法最勝所依，故唯説六。處處經説，通大、小乘有。」六界者，亦稱六大，周徧一切法界而造作有情的六種根本原素：地、水、火、風、空、識。

〔二〕窺基瑜伽師地論略纂卷六：「『有六種最極清淨等』者，即六恒住，謂四大種、空界、識界者，色所依謂大種，非色所依謂識界，行動所依謂空界，故唯説六以成有情。由此初言，是諸色根及所依處，隨其所應之所依止。」

釋云：「許心似二現」者，此中「似」，言似心外所計實二分等法，故名爲似。「無別染、善法」者，謂唯心變似見、相二分，二分離心，無別有法。復言心變似貪、信等故，貪、信等離心之外，無別染、善法，體即心也，如二分故。「應説離心有別自性，以心勝故説唯識等」者，既説離心有所，何故説唯識「心遠、獨行，染、淨由心」？六界之中唯説心者，以心勝故，説此唯識等。如何勝？揔有四義：一、能爲主，二、能爲依，三、行相揔，四、恒決定，非如心所等，有時不定〔一〕。

校注

〔一〕「釋云」至此，詳見窺基撰成唯識論述記卷七。

又，若依第一體用顯現諦，即心王爲體，心所爲用，即體用不即不離也。若依勝義，即是因果差別諦，即王、所互爲因果，法尔非離也。若依第三證得勝義諦，即依詮顯者，若依能詮，依他起性説，非即；若依所詮，二無我理説，即王、所非離。若第四勝義勝義諦，廢詮談旨，亦不言即離也。即一真法界，離言絶相，即王、所道理同歸一真如故〔一〕。

校注

〔一〕窺基撰大乘法苑義林章卷二二諦義：「勝義諦四名者，一、世間勝義諦，亦名體用顯現諦；二、道理勝義諦，亦名因果差別諦；三、證得勝義諦，亦名依門顯實諦；四、勝義勝義諦，亦名廢詮談旨諦。前之三種，名安立勝義。第四一種，非安立勝義。」又成唯識論述記卷一：「勝義四者：一、體用顯現諦，謂蘊、界等有實體性，過初世俗，故名勝義。隨事差別，説名蘊等，故名顯現。二、因果差別諦，謂苦、集等，知、斷、證、修因果差別，過俗道理，故名勝義。三、依門顯實諦，謂二空理，過俗證得，故名勝義。依空能證以顯於實，故名依門。四、廢詮談旨諦，謂一實如體妙離言，已名勝義，過俗勝義，復名勝義。俗諦中，初都無實體，假名安立，無可勝過，故不名真，但名爲俗。第四勝義不可施設，不可名俗，但名爲真。由斯二諦，四句料簡：有俗非真，謂最初俗；有真非俗，謂最後真；有亦真亦俗，謂真前三，俗後三諦。其第四句，翻上應知。」

問：心王、心所，云何名〔一〕假實？

答：從種生者名實，依他立者名假。心法唯是實有，心所之中偏行、别境唯是實有。其餘諸法，或假或實。真如無爲，雖非自從種起，亦名爲實，不依他故；或諸法名義俱假，唯真如無爲一種，名假體實，離言詮故。

問：識論云但説識即攝心所者〔二〕，真如與識，非如心所，何故不説？

答：識實性故，識俱有故，不離識故，非我法依故，但説識，不説真如〔三〕。故知真如即識，識即真如。

校　注

〔一〕「名」，原作「明」，據嘉興藏本改。

校注

〔一〕玄奘譯成唯識論卷一：「『識』謂了別，此中識言亦攝心所，定相應故。」

〔二〕「問：識論云但説識即攝心所者」至此，見窺基撰成唯識論述記卷一。

問：真如即識，識即真如，且真如非識之所變現，何成唯識？

答：雖非識變，識實性故，亦名唯識。真如離言，與能計識非一非異，非如色等可依起執，故非執依，此中不説。若遠望疎言，亦可依執。法〔一〕末學者，依起執故。又，真如既非識所轉變，應非唯識，不以變故名爲唯識，不離識故正〔二〕名唯識〔三〕。

校注

〔一〕「法」，成唯識論述記作「諸」。

〔二〕「正」，成唯識論述記作「亦」。

〔三〕「問：真如即識」至此，詳見窺基撰成唯識論述記卷一。

問：一百法中，凡、聖揔具不？

答：若凡夫位，通約三界九地種子，皆具一百法。若諸佛果位，唯具六十六法，除根本煩惱六、隨煩惱二十、不定四、不相應行中四，共除三十四法。

問：心攝一切，云何但標五位百法之門？

答：雖標百法以爲綱要，此中五位次第已攝，無盡法門不出於此。何者？百法云：一、明心法，謂此八種心王〔一〕，有爲法中此最勝故，世、出世間，無不由心造。二、明心所有法，與此心王常相應故，名相應法。望前心王，此即是劣，先勝後劣，所以次明。三、色法，心王等之所現影，謂此色法不能自起，要藉前二心王、心所之變現故。變不親緣，故致影言。或通本質，前二能變，此爲所變，先能後所，所以次明。四、不相應行，謂此得等二十四法不能自起，藉前三位差別假立。前三是實，此即是假，先實後假，所以次明。五、無爲法，體性甚深，若不約法以明無爲，無由得顯，故藉前四斷染成淨之所顯示。前四有爲，此即無爲，先〔二〕有後無，所以後明〔三〕。

校注

〔一〕八種心王：即八識心王。玄奘譯大乘百法明門論：「心法略有八種：一、眼識，二、耳識，三、鼻識，四、舌識，五、身識，六、意識，七、末那識，八、阿賴耶識。」

〔二〕「先」，原作「坐」，據諸校本改。

〔三〕窺基注、普泰增修大乘百法明門論注解卷上：「一者、最勝故，二、與此相應故，三、所現影故，四、分位差别故，五、所顯示故。言初心法八種，造善造惡，五趣輪轉，乃至成佛，皆此心也。有爲法中此最勝故，所以先言。言與此相應故者，謂此心所與其心王常相應故，望於心王，此即爲劣，先勝後劣，所以次明。所現影故者，即前色法，謂此色法不能自起，要藉前二所變現故；自證雖變，不能親緣故。置影言簡，其見分亦自證變，則非是影。或與自證通爲本質故，或簡受所引色非識變影。第六緣時以彼爲質，質從影攝，前二能變，此爲所變，先能後所，故次言之。分位差别者，言此不相應行不能自起，藉前三位差别，假立前三是實，此一爲假，所以第四明之。言所顯示者，此第五無爲之法，乃有六種，謂此無爲體性甚深，若不約事以明，無由彰顯，故藉前四斷染成淨之所顯示。前四有爲，此即無爲，先有後無，所以最後明也。」

又，鈔〔一〕中廣釋。第一、心法最勝故者〔二〕，華嚴經頌云「心如工畫師，能畫諸世間，一切世間中，無法而不造」〔三〕者，此八識心王最勝，由如畫師，能畫一切人、天五趣形像，乃至佛、菩薩等形像。然經中舉喻，佛但取少分，以畫師只畫得色蘊，餘四蘊即不能畫。法中若是八識，即能通造得五蘊。且如第六識，相應不共無明及餘分别、俱生惑等，若造得地獄揔别報業，即自畫得地獄五蘊，乃至若造得人天揔别報業，即自畫得人天形像。若具修萬行，獲得二轉依果，即自畫得佛果形像。故知一切世、出世間五蘊，皆是自第六識畫得，不簡依報、正報，皆是心變，所以心法獨稱最勝。

第二、心所有法與此相應故者〔四〕，瑜伽論五義略辯相應：一、時者，所謂王、所同時起；二、依者，即王、所同一所依根；三、緣者，即王、所同一所緣境；四、行者，所謂王、所三量，行相俱同；五、事者，即王、所各有自證分體事。

第三、色法，二所現影故〔五〕。現者，變也，爲十一種色皆是心、心所所變現故。影，謂影像，是相似流類之義，即此十一種色相分是本質之流類，似於本質。若無質者，即似内心，故言影也。變不親緣，故置影言者，爲八識皆有變相分緣義。且如前五識緣五塵境時，須變影像緣。第六緣十八界法，亦變相分緣。第七緣第八見分爲我時，亦變相分緣。若第八緣他人扶塵及定果色并界器時，亦變相分緣。相分望八識，即親所緣緣；本質望八識，即疎所緣緣。此上所説，且望有質影者説。若唯有相分無本質者，即第八緣自三境，定意識緣自定果色是。

第四、分位差别故者〔六〕，此得等二十四法，即依他前三位種現上假立。

第五、顯示實性故〔七〕，即五無爲，如前已釋。

又，第一、八種心王，是最勝能緣門；第二、心所有法，與心相應，是共勝同緣門；第三、色法，心之影像，是所緣境界門；第四、不相應法，是分位建立門；第五、無爲法，是顯示實性門〔八〕。

如上勝、劣顯現，能、所互成，假、實詮量，有、無隱顯等，能彰無盡法門。無盡法門，不出五位百法。五位百法，不出色、心二法。攝末歸本，不出唯心一法矣。

校注

〔一〕按，此鈔已佚，據後引文，似爲進一步解釋窺基大乘百法明門論疏的著作，或爲義忠所撰。宋高僧傳卷四唐京兆大慈恩寺義忠傳：「釋義忠，姓尹氏，潞府襄垣人也。（中略）聞長安基師新造疏章，門生填委，聲振天下，乃師資相將，同就基之講肆。未極五年，又通二經五論，則法華、無垢稱及百法、因明、俱舍、成唯識、唯識道等也。（中略）著成唯識論纂要、成唯識論鈔三十卷、法華經鈔二十卷、無垢稱經鈔二十卷。百法論疏最爲要當。」其百法論疏中未見此説，或出其成唯識論鈔。

〔二〕玄奘譯大乘百法明門論：「一切法無我。何等一切法？云何爲無我？一切法者，略有五種：一者心法，二者心所有法，三者色法，四者心不相應行法，五者無爲法。一切最勝故，與此相應故，二所現影故，三分位差别故，四所顯示故，如是次第。」窺基大乘百法明門論疏卷上：「論云『一切最勝故』者，（中略）一切法中，心法最勝，是故經言：『心浄故衆生浄，心染故衆生染。』由此心故，或著生死、或證涅槃，以勝用强，是故第一明其心法。」

〔三〕按，佛陀跋陀羅譯大方廣佛華嚴經卷一〇：「心如工畫師，畫種種五陰，一切世界中，無法而不造。」實叉難陀譯大方廣佛華嚴經卷一九：「心如工畫師，能畫諸世間，五蘊悉從生，無法而不造。」此引文似撮合兩者而成。

〔四〕窺基大乘百法明門論疏卷上：「論云『與此相應故』者，（中略）謂此心法常與心王同依、同緣及與同時；若約小乘，更有同行，今依大乘，心法與王不同其行。所以者何？由心法等與王行相各各不同，如緣青色，心王自變，心法自變，是故不同。此之心法與其心王各緣諸境，一時相應，心起即起，心無即無，如王左右不離於王，心數相應亦復如是。」

〔五〕窺基大乘百法明門論疏卷上：「論云『二所現影故』者，解云：何故第三明其色法？謂此色法不能别起，依心及所數之所變生，是彼二法所現影故，是故第三明其色法。」

〔六〕窺基大乘百法明門論疏卷上：「論云『三位差别故』者，解云：何故第四明心不相應？謂不相應無别有體，總是假立，於前色、心及心所有法三法之上分位差别，假施設有，是故第四明心不相應。」

〔七〕窺基大乘百法明門論疏卷上：「論云『四所顯示故』等，解云：何故第五明其無爲？無爲之法，相難了知，若不約法以明，何能顯示？故能依色、心、心所有法、不相應行四法之上顯示無爲，是故第五明無爲法。」

〔八〕義忠述大乘百法明門論疏卷上：「大門有五：一、最勝能緣門，二、共勝同緣門，三、所緣境界門，四、分位建立門，五、顯示實性門。」

問：八識真原，萬法栖止，約其體性，都有幾種？

答：經論通辯，有三種性，約能所、染浄分别，隨事説三，縱有卷舒，皆不離識性。合則一體無異，開則三相不同。三相不同，約用而行布；一體無異，就性以圓融。行布乃隨義以施爲，圓融則順性而冥寂。若無行布，無可圓融。如無妄情，不立真智。染、浄既失，二諦不成。是以因妄辯真，在行相而須悉；尋迹得本，假因緣以發明。斯三性法門，收凡、聖境界，事無不盡，理無不窮。

今言三性者，約經論共立：一、徧計所執性，二、依他起性，三、圓成實性。

徧計所執性者，謂愚夫周徧計度所執藴等實我、實法，名爲徧計性。有二：一、自性，揔執諸法實有自性；二、差別，別執取常、無常等實有自體。或依名徧計義，如未識牛，聞牛名便推度：因何道理，名之爲牛？或依義徧計名，或見物體，不知其名，便妄推度：此物名何？如未識牛，共推度云：爲鬼耶？爲獸耶？此諸徧計，約體不出人、法二體，約執不出名、義二種。

又，一、有徧非計，如無漏諸心、有漏善識，能徧廣緣而非計執。無漏諸心，即諸聖人無漏智慧，了諸法空，即無法不徧，都無計執，名爲非計，唯後得智。有漏善識，即地前菩薩雖有漏心中，能作無我觀故，亦能觀一切皆無有我，亦是徧而非計。二、有計非徧，如有漏第七識，恒緣第八見分，起我、法二執，從第六識入生空觀時，第七識中猶尚緣第八見分起於法執，故知計而非徧。三、亦徧亦計，即衆生染心。四、非徧非計，即有漏五識及第八賴耶各了自分境界，不徧；無計度、隨念分別，故非計也。賴耶唯緣種子、根身、器世間三種境故，尚不能緣前七現行故，非徧非計。有漏種子能持能緣，無漏種子即持而不緣，況餘境耶？

又，古德云：衆生染心，於依他起自性中，當知有二種徧計所執自性執：一者、隨覺，即現行執；二者、慣習習氣隨眠，即執種子〔一〕。

校注

〔一〕玄奘譯瑜伽師地論卷七四：「於依他起自性中，當知有二種遍計所執自性執：一者、隨覺，二者、串習習氣隨眠。」「串習」，同「慣習」。慧琳一切經音義卷八：「慣習，關患反。爾雅：慣，習也。言久習於事曰慣，從心貫聲也。左傳作『貫』，説文從辵作『遺』，同。經作『串』，俗字也。」又卷五〇：「串習，上關患反。説文：串，猶習也。或從心作『慣』，亦從辵作『遺』，並同用也。」

依他起性者，依他衆緣和合生起，猶如幻事，名依他性。

圓成實性者，一味真如圓滿成就。

問：如何是能徧計自性之理？

答：准護法云：「第六、第七心品執我、法者，是能徧計，唯説意識能徧計故。」〔一〕

校注

〔一〕見護法等造、玄奘譯成唯識論卷八。窺基撰成唯識論述記卷九：「全非五、八識，亦非一切心，執我、法者方能計故。」

問：如何是所偏計自性之理？

答：准攝論云，是依他起，偏計心等所緣緣故〔一〕。慈恩云：「三性之中，是依他起，言所緣緣〔二〕必是有法，偏計心等以此爲緣。親相分者，必依他故，不以圓成而爲境也，謂不相似故。」〔三〕

校注

〔一〕玄奘譯攝大乘論釋卷四：「又依他起自性名所遍計。」玄奘譯成唯識論卷八：「次所遍計，自性云何？攝大乘説是依他起，遍計心等所緣緣故。」

〔二〕「緣」，原無，據成唯識論述記補。

〔三〕見窺基撰成唯識論述記卷九。慈恩，即窺基。

問：三性中，偏計是妄想即無。依他屬因緣是有不？

答：此二性，能、所相生，俱無自體。何者？因妄想故立名相，因名相故立因緣。若妄想不生，名相何有？名相不有，因緣即空，以萬法不出名故。

楞伽頌云：「譬如修行事，於一種種現，於彼無種種，妄想相如是。」〔一〕釋云：此破妄想徧計性也。如二乘修諸觀行，若作青想觀時，天地萬物，莫不皆青也。以無青處見青，由心變故，於一色境，種種不同。譬如〔二〕凡夫妄見生死，亦是無生死處妄見生死也。

又，經頌云：「譬如種種翳，妄想衆色現，翳無色非色，緣起不覺然。」此破因緣依他起性也。如目翳所見，差別不同，彼實非有緣所起法，斯則妄想體空，因緣無性，即是圓成究竟一法。如明眼人見淨虚空，況一真心，更無所有。

校注

〔一〕見楞伽阿跋多羅寶經卷二。下一處引文同。

〔二〕「如」，原無，據冥樞會要卷中補。

問：此三性中，幾法是假？幾法是實？

答：識論云：「偏計所執妄安立故，可説爲假。無體相故，非假非實。依他起性有實有假，聚集、相續、分位性故，説爲假有，心、心所、色從緣生故，説爲實有。若無實法，假法亦無，假法依實因而施設故。圓成實性唯是實有，不依他緣而施設故。」〔一〕

釋云：徧計，有名無體，妄情安立，可説爲假。談其法體，既無有相，非假非實，非兔角等，可説假、實，必依有體揔別法上立爲假、實故。依他，假有三種：一、聚集假者，如瓶、盆、有情等，是聚集法，多法一時所集成故，能成雖實，所成是假。二、相續假者，如過、未等世，唯有因果是相續性，多法多時上立一假法。如佛説言「昔者鹿王，今我身是」〔二〕。所依五蘊刹那滅者，雖體是實，於此多法相續假立一有情，至今猶在故。三、分位假者，如不相應行是分位性，故皆是假，一時一法上立。如一色上，名有漏、可見、有對，亦名色等，並是於一法上假施設故。若彼實者，應有多體，其忿、恨等，皆此假攝。心、心所、色從因緣種生，故説爲實〔三〕。

校注

〔一〕見玄奘譯成唯識論卷八。

〔二〕見根本説一切有部毗奈耶破僧事卷一五。

〔三〕「釋云」至此，詳見窺基撰成唯識論述記卷九。

又，三性者，即是一性，一性即無性。何者？徧計無相，依他無生，圓成無性。解深密經云：瞖眼人如徧計，現青、黄如依他，浄眼如圓成〔一〕。攝論云：分别性如虵，依他性如藤。若人緣四塵相分析此藤，但見四相，不見别藤，但是色、香、味、觸相故，藤非實有，以離四塵外，無别有藤〔二〕。所以論偈云：「於藤起虵知，見藤則無境。若知藤分已，藤知如虵知。」〔三〕

校　注

〔一〕解深密經卷二一切法相品：「如眩瞖人眼中所有眩瞖過患，遍計所執相，當知亦爾。如眩瞖人眩瞖衆相，或髮毛、輪、蜂蠅、巨勝，或復青、黄、赤、白等相差别現前，依他起相，當知亦爾。如浄眼人遠離眼中眩瞖過患，即此浄眼本性所行無亂境界，圓成實相，當知亦爾。」

〔二〕詳見世親釋、真諦譯攝大乘論釋卷七入資糧章。

〔三〕見真諦譯解捲論。

若知藤之性分是空，則例如藤上妄生虵想。攝論云：菩薩不見外塵，但見意言分别，即了依他性。云何了别？此法若離因緣，自不得生。根塵爲因緣，根塵既不成，此法無因緣，云何得生？依初真觀，入依他性。由第二真觀除依他性，則唯識想息。意言分别顯現，似所聞思一切義乃至似唯有識想，皆不得生。生緣有二，謂分別性及依他性。分別性已滅，依他性又不得生，既無二境，故一切義乃至似唯識想皆不得生。唯識想尚不得起，何況餘意言分別而當得生！菩薩住何處？唯住無分別，一切名義中，平等平等。又，依二種平等，謂能緣、所緣。能緣即無分別智，以智無分別故稱平等；所緣即真如境，境亦無分別故稱平等。又此境智，不住能取、所取義中，譬如虛空，故説平等平等。由此義故，菩薩得入真實性。此位不可言説，以自所詮故，證時離覺觀思惟分別故〔一〕。

校注

〔一〕詳見真諦譯攝大乘論釋卷七入資糧章。

古德問云：我見所緣影像若是依他有者，應有依他性實我？

答：此相仗因緣生，但是依他性幻有之法，而非是我。由彼妄執爲我，故名妄執。此有兩重相，約此相從因緣生，有力能生心，此乃是有，名依他性法。於此不稱所執法義邊，名偏計所執，乃名爲無。如人昏冥，執石爲牛，石體不無，我見所緣緣依他相有，如石本非牛，妄心執爲牛，此所執牛，其體全無。如相分本非我，妄心執爲我，此所執，其體全無，但有能執心而無所執我，謂於此石處，有所緣石而無所執牛；於此相分上，有所緣法而無所執我。又況云：如南方人不識駞毛，曾於一處聞説龜毛，後忽見駞毛，由不識故，妄謂駞毛以爲龜毛。此所見駞毛是有故，如依他性法。其駞毛上無龜毛，妄心謂爲龜毛，如所執實我法。故論云：「有義一切心〔一〕及心所法由熏習力所變二分從緣生故，名〔二〕依他起。偏計依斯妄執定實有無、一異、俱不俱等，此二名偏計所執性。」〔三〕

校注

〔一〕「心」，原無，據成唯識論補。
〔二〕「名」，成唯識論作「亦」。
〔三〕見玄奘譯成唯識論卷八。

問：三性中，幾性不可滅？幾性可滅耶？

答：准佛性論云：「二性不可滅，一性可得滅。何以故？分別性本來是無，故不可滅。真實性本來是真，故不可滅。依他性雖有不真實，是故可滅。」〔一〕所以分別中邊論云：「分別性者，謂是六塵，永不可得，猶如空華。依他性者，謂唯亂識，有非實故，猶如幻物。真實性者，謂能取、所取，二無所有，真實有無故，猶如虛空。」〔二〕

校注

〔一〕見佛性論卷中顯體分第三中三性品第二。

〔二〕「虚空」，原作「虚寂」，據諸校本及中邊分別論改。見真諦譯中邊分別論卷上相品。

問：依他起相但是自心妄分別有，理、事雙寂，名、體俱虚，云何有憂、喜所行境界？

答：譬如夜行，見杌爲鬼，疑繩作虵，虵之與鬼，名體都無，性相恒寂，雖不可得而生怖心，以體虚而成事故。

清涼疏云：「若依攝論説喻，皆喻依他起性，然並爲遣疑〔一〕。所疑不同故，所喻亦異：一、以外人聞依他起相但是妄分別有，非真實義，遂即生疑云：若無實義，何有所行境界？故説如幻，謂幻者幻作，所緣六處豈有實耶？二疑云：若無實，何有心、心法轉？故説如燄飄動，非水似水，妄有心轉。三疑云：若無實，何有愛、非愛受用？故説如夢中，實無男女，而有愛、非愛受用，覺時亦尔。四疑云：若無實，何有戲論言説？故説如響，實無有聲，聽者謂有。五疑云：若無實，何有善惡業果？故説如影，謂如鏡影像，故亦非實。六疑云：若無實，何以菩薩作利樂事？故説如化，謂變化者，雖知不實，而作化事，菩薩亦尔。」〔二〕

是以萬法雖空，體虚成事；一真非有，無性隨緣。則湛尔堅凝，常隨物化；紛然起作，不動真如。

校注

〔一〕無著造、玄奘譯攝大乘論本卷中所知相分：「復次，何緣如經所説，於依他起自性説幻等喻？於依他起自性，爲除他虚妄疑故。他復云何於依他起自性有虚妄疑？由他於此有如是疑：云何實無有義而成所行境界？爲除此疑，説幻事喻；云何無義心、心法轉？爲除此疑，説陽炎喻；云何無義有愛、非愛受用差别？爲除此疑，説所夢喻；云何無義浄不浄業、愛非愛果差别而生？爲除此疑，説影像喻；云何無義種種識轉？爲除此疑，説光影喻；云何無義種種戲論言説而轉？爲除此疑，説谷響喻；云何無義而有實取諸三摩地所行境轉？爲除此疑，説水月喻；云何無義有諸菩薩無顛倒心，爲辦有情諸利樂事，故思受生？爲除此疑，説變化喻。」

〔二〕見澄觀撰大方廣佛華嚴經疏卷四六。

音義

縱，子用反。　獸，舒救反。　慣，古患反。　駞，徒何反。　繩，食陵反。
湛，徒減反。　紛，撫文反，繽紛。

戊申歲分司大藏都監開板

宗鏡録卷第六十

慧日永明寺主智覺禪師延壽集

夫此三性法，爲當是一？是異？若道是一，不合云依、圓是有，偏計是無；若道是異，又云皆同一性，所謂無性。

答：此三性法門，是諸佛密意所説，諸識起處，教網根由。若即之取之，皆落凡常之見；若離之捨之，俱失聖智之門。

所以藏法師〔一〕依華嚴宗，釋三性同異義：一、圓成真如有二義：一、不變，二、隨緣；二、依他二義：一、似有，二、無性；三、偏計所執二義：一、情有，二、理無。由真如不變、依他無性、所執理無，由此三義，故三性一際；又約真如隨緣、依他似有、所執情有，由此三義，亦無異也。是故真該妄末，妄〔二〕徹真原，性相融通，無障無閡。

問：依他似有等，豈同所執是情有耶？

答：由二義故，無異也：一、以彼所執，執似爲實，故無異法；二、若離所執，似無起故。真中隨緣亦尔，以無所執，無隨緣故。又以三性各有二義不相違故，無異性。且如圓成，雖復隨緣成於染、浄，而恒不失自性清浄，只由不失自性清浄故，能隨緣成染、浄也。猶如明鏡現於染、浄而恒不失鏡之明浄，只由不失鏡明浄故，方能現染、浄之相。以現染、浄，知鏡明浄；以鏡明浄，知現染、浄。是故二義唯是一性，雖現浄法，不增鏡明；雖現染法，不汙鏡浄。非直不汙，亦乃由此反現鏡之明浄。真如亦尔，非直不動性浄成於染、浄，亦乃由成染、浄方現性浄；非直不壞染、浄明於性浄，亦乃由性浄故方成染、浄。是故二義全體相收，一性無二，豈相違也？由依他無性，得成似有；由成似有，是故無性。此即無性即因緣，因緣即無性，是不二法門也。所執性中，雖復當情稱執現有，然於道理畢竟是無，以於無處橫計有故。如於杌橫計有鬼，今既横計，明知理無，是故無二，唯一性也。

問：真如是有耶？

答：不也，隨緣不變故，空，真如離妄念故。

問：真如是無耶？

答：不也，不變隨緣故，不空故，聖智所行處故。

問：真如是亦有亦無耶？

答：不也，無二性故，離相違故。

問：真如是非有非無耶？

答：具法故，離戲論故。

問：依他是有耶？

答：不也，緣起無性故，約觀遣故，異圓成故。

問：依他是無耶？

答：不也，無性緣起故，能現無生故，異徧計故，是智境故。

問：依他是亦有亦無耶？

答：不也，無二性故，離相違故。

問：依他是非有非無耶？

答：不也，有多義門故，離戲論故。

問：徧計是有耶？

答：不也，理無故，無體相故。

問：徧計是無耶？

答：不也，情有故，無相觀境故，能翳真故。

問：徧計是亦有亦無耶？

答：不也，無二性故。

問：徧計是非有非無耶？

答：不也，所執性成故。

已上護執竟，今執成過者。若計真如一向是有者，有二失：一、不隨緣，二、不待了因故〔三〕。

問：教云真如爲凝然常〔四〕，既不隨緣，豈是過耶？

答：聖説真如爲凝然者，此是隨緣成染、浄時，恒作染、浄而不失自體，即是不異無常之常，名不思議常，非謂不作諸法，如情所謂之凝然也。不異無常之常，出於情外，故名真如常。經云不染而染，明常作無常；染而不染，明作無常時不失常也〔五〕。又，不異常之無常故，説真如爲無常。經云：「如來藏受苦樂與因俱，若生若滅。」〔六〕又，依他是生滅法，亦得有不異常之無常、不異無常之常，以諸緣起無常之法，即無自性，方成緣起。是故不異常性而得無常，故云不生不滅，是無常義，此即不異於常成無常也。又，諸緣起即是無性，非滅緣起，方説無性，即是不異無常之常也。經云：「色即是空，非色滅空。」〔七〕又，「衆生即涅槃」〔八〕，不更滅也。此與真如二義同，即真俗雙融，二而無二故。論云「智障甚盲闇，謂真俗別執」〔九〕故也。又，真如若不隨緣成於染、浄，染、浄等法即無所依，無所依有法又墮常也。又，真如若有者，即不隨染、浄。染、浄諸法既無自體，真又不隨，不得有法，亦是斷也〔一〇〕。乃至執非有非無等四句，皆墮斷、常也〔一一〕。

若依他執有者，謂已有體不藉緣故，無緣有法即是常也；又由執有即不藉緣，不藉緣故，不得有法，即是斷也。問：依他性是有義便有失者，何故攝論云依他性以爲有耶？答：此即不異空之有，從緣無體故，一一緣中無作者故，由緣無作，方得緣起。是故非有之有，爲依他有，即是不動真際，建立諸法。若謂依他如言有者，即緣起有性。緣若有性，即不相藉。不相藉故，即壞依他。壞依他者，良由執有。汝恐墮空立有〔一二〕，不謂不達緣所起法無自性故，即壞緣起，便墮空無。

又，若依他執無者，亦二失：謂依他是無法者，即緣無所起，不得有法，即是斷也。問：若説緣生爲空無即墮斷者，何故中論廣説緣生爲畢竟空〔一三〕耶？答：聖説緣生以爲空者，此即不異有之空也，此即不動緣生説實相法也。若謂緣生如言空者，即無緣生。緣生無故，即無空理。無空理者，良由執空。是故汝恐墮有立空〔一四〕，不謂不達無性緣生故，失性空故，還墮情中惡取空也〔一五〕。故清辯爲成有故破於有，護法爲成空故破於空也。如情執無，即是斷過。若説無法爲依他者，無法非緣，非緣之法即常也。乃至執非有非無，皆成斷、常二患〔一六〕。

若偏計性中，計所執爲有者，聖智所照，理應不空，即是常也；若妄執偏計於理有〔一七〕者，即失情有，故是斷也。乃至非有非無，皆具上失〔一八〕。

上已護過，今當顯德者。真如是有義，何者？迷悟所依故，不空故，不壞故；真如是空義，隨緣故，對染故；真如是亦有亦無義，具德故，違順自在故，鎔融故；真如是非有非無義，二不二故，定取不得故。

依他是有義，無性緣成故；依他是無義，緣成無性故；依他是亦有亦無義，緣成故，無性故；依他是非有非無義，隨取一不得故。

偏計是有義，約情故；偏計是無義，約理故；偏計是亦有亦無義，由是所執故；偏計是非有非無義，由所執故。

校注

〔一〕藏法師：即法藏。按，「依華嚴宗，釋三性同異義」後，皆出法藏華嚴一乘教義分齊章卷四。

〔二〕「妄」，原作「末」，據嘉興藏本及華嚴一乘教義分齊章改。法藏述修華嚴奧旨妄盡還源觀：「真該妄末，行無不修；妄徹真源，相無不寂。」澄觀述大方廣佛華嚴經隨疏演義鈔卷一：「言交徹者，謂真該妄末，妄徹真源，故云交徹。」

〔三〕按，「計真如一向是有」，即「執有」。據法藏華嚴一乘教義分齊章卷四，「二過失」爲「常過」「斷過」。

「常過謂不隨緣故，在染非隱故，不待了因故，即墮常過。」「斷過者，如情之有，即非真有，非真有故，即斷有也。又若有者，即不隨染、淨，染、淨諸法既無自體，真又不隨，不得有法，亦是斷也。」

〔四〕凝然常：「凝然常住」之義，又稱自性常、本性常，即自性常住的真如法性。

〔五〕金剛三昧經論卷中入實際品：「自性淨者，如寶性論引經説言：『善心念念滅不住，非煩惱所染；不善心念念滅不住，非煩惱所染。煩惱不觸心，心不觸煩惱。云何不觸法，而能得染心？』乃至廣説故，即是染而不染門也。隨他染者，夫人經言：『自性清淨心難可了知，彼心爲煩惱所染，亦難可了知。』即是不染而染門也。」勝鬘師子吼一乘大方便方廣經自性清淨章：「剎那善心非煩惱所染，剎那不善心亦非煩惱所染。煩惱不觸心，心不觸煩惱，云何不觸法，而能得染心？世尊，然有煩惱，有煩惱染心，自性清淨心而有染者，難可了知。（中略）有二法難可了知，謂自性清淨心難可了知，彼心爲煩惱所染亦難了知。」

〔六〕楞伽阿跋多羅寶經卷四：「七識不流轉，不受苦樂，非涅槃因。大慧，如來藏者，受苦樂與因俱，若生若滅。」

〔七〕見維摩詰所説經卷中入不二法門品。

〔八〕見不退轉法輪經卷二聲聞辟支佛品。

〔九〕見真諦譯攝大乘論釋卷一釋依止勝相中衆名品第一。

〔一〇〕按，此前即「執有」墮「常」「斷」二過。

〔一一〕「乃至執非有非無等四句，皆墮斷、常也」者，此處乃略「計真如」之「執無」「執亦有亦無」「執非有非無」

而言也。法藏華嚴一乘教義分齊章卷四：「第二、執無者，亦有二過失：一、常過者，謂無真如，生死無依，無依有法，即是常也；又無真如，聖智無因，亦即常也。又無所依，不得有法，即是斷也；又執真如是無，亦即斷也。第三、執亦有亦無者，具上諸失，謂真如無二而雙計有無，以所計有無非稱於真，失彼真理，故是斷也；若謂如彼所計以爲真者，以無理有真，是即常也。第四、非有非無者，戲論於真，是妄情故，失於真理，即是斷也；戲論有真，而謂爲真者，理無有真，故是常也。」

〔一二〕「墮空立有」，華嚴一乘教義分齊章卷四作「墮空斷，勵力立有」。

〔一三〕鳩摩羅什譯中論卷一觀因緣品：「爲已習行有大心堪受深法者，以大乘法説因緣相，所謂一切法不生不滅、不一不異等，畢竟空無所有。」

〔一四〕「墮有立空」，華嚴一乘教義分齊章卷四作「墮有見，猛勵立空」。

〔一五〕道亭述華嚴一乘分齊章義苑疏卷八：「生滅去來，本如來藏。『若謂緣生如言空者』，則言生理喪情執之空也。故次云：『即無空理。』既失真空，故不能達法，遂防有見。督志於空，不知此空卻成斷滅，故云『情中惡趣空也』。」

〔一六〕「乃至執非有非無，皆成斷、常二患」，此處乃略於依他起性「執亦有亦無」「執非有非無」而言也。法藏華嚴一乘教義分齊章卷四：「第三、亦有亦無者，具上諸失，可以準之。問：若據上來所説，依他起性有無偏取，此應不可。雙取有無，應契道理，如何亦有具上失耶？答：依他起性中，雖具彼有無之理，然全體交徹，空有俱融，而如所計亦有亦無者，即成相違，具上失也。第四、非有非無者，戲論緣起，亦非理也。何者？以其執者於有無中所計不成故，即以情謂非有非無爲道理也。此既非理，亦具上失，思以準之。」

〔一七〕「有」，原作「無」，據華嚴一乘教義分齊章卷四改。按，此論徧計所執性中「若計所執爲有者」之「二過失」，故作「有」是。善熹述華嚴一乘教義分齊章復古記卷三之上：「徧計之法，妄情謂有，道理是無。今言有者，即墮常過；徧計於理實有者，則非情有，失情有者，即墮斷過。」

〔一八〕「乃至非有非無，皆具上失」，此處乃略於徧計所執性「執無」「執亦有亦無」「執非有非無」而言也。法藏華嚴一乘教義分齊章卷四：「二、若執遍計爲情無者，即凡夫迷倒，不異於聖，即是常也。亦即無凡，故是斷也。又，既無迷，亦即無悟，亦無悟故，即無聖人，亦是斷也。三、亦有亦無者，性既無二而謂有無，即相違故，具上失也。四、非有非無者，戲論遍計，亦具上失，準以知之。」

故知執則爲斷、常二患，不執成性德之門，但除妄情，非遣法也。是以不離有以談真，見有之本際；匪存無而觀法，了無之真原。則不出有無，不在有無，何取捨之干懷、斷常之所惑乎？是則三性一性，情有而即是真空；一性三性，真如而能成緣起。終日有而不有，有徹空原；終日空而不空，空該有際。自然一心無寄，萬法俱閑，境智相應，理行融即，方入宗鏡，瑩淨無瑕，照破古今，光吞萬彙矣。

問：若不立三性，有何等過？

答：若無三性，凡、聖不成，失大因緣，成斷常過。

攝論云：「於世間中離分別、依他二法，更無餘法。阿賴耶識是依他性，餘一切法是分別性。此二法攝一切法皆盡，三界唯有識故。」〔一〕

校注

〔一〕見真諦譯攝大乘論釋卷二更互爲因果章。

阿毗達磨經説三性法者，染汙分、清淨分、彼二分。於依他性説，分別性是染汙分，真實性是清淨分。譬如金土藏，有三種可見，謂一地界，二土，三金。於地界中，土非有而可見，金實有而不可見。若以火燒，土則不現，金則顯現。復次，於地界中，土相現時，是虚妄體現；金體現時，是清淨體現。是故地界有二分，如是如是。此識性未爲無分別智火所燒時，於識性中虚妄分別性顯現，清淨性不現。此識性若爲無分別智火所燒，於識性中實有清淨性顯現，虚妄分別性不顯現。故知妄依真起而能覆真，真因妄顯而能奪妄，真妄無體，皆依識性，如土與金，俱依地界〔一〕。

校注

〔一〕無著造、玄奘譯攝大乘論本卷二所知相分第三：「阿毗達磨大乘經中薄伽梵説：法有三種：一、雜染分，二、清淨分，三、彼二分。依何密意，作如是説？於依他起自性中，遍計所執自性是雜染分，圓成實自性是清浄分，即依他起是彼二分。依此密意，作如是説。於此義中，以何喻顯？以金土藏爲喻顯示。譬如世間金土藏中，三法可得：一、地界，二、土，三、金。於地界中，土非實有而現可得，金是實有而不可得。火燒鍊時，土相不現，金相顯現。又此地界，土顯現時，虚妄顯現；金顯現時，真實顯現。是故地界是彼二分。識亦如是，無分别智火未燒時，於此識中，所有虚妄遍計所執自性顯現，所有真實圓成實自性不顯現。此識若爲無分别智火所燒時，於此識中，所有真實圓成實自性顯現，所有虚妄遍計所執自性不顯現。是故此虚妄分别識依他起自性有彼二分，如金土藏中所有地界。」

攝論問：云何一識成一切種種識相貌，八識、十一識等？答：欲顯依他性具有三性：一識從種子生，是依他；有種種識相貌，是分別；分別實無所有，是真實性。一識謂一本識，本識變異爲諸識故〔一〕。

校注

〔一〕世親釋、真諦譯攝大乘論釋卷五差別章第二：「論曰：復有何義，由此一識成一切種種識相貌？釋曰：此更問復以何道理，唯是一識或成八識？或成十一識？故言一切。於一一識中，如眼識分別青、黄等差別，有種種識相貌。唯是一識，復是何識？（中略）欲顯依他性具有三性：一識從種子生，是依他；有種種識相貌，是分別；分別實無所有，是真實性。論曰：本識識。釋曰：一識謂一本識，本識變異爲諸識，故言識識。今不論變異爲根塵，故但言識識。」

問：三性行相，有假有實，義理可分，云何復説三無性〔一〕及云一切法皆無自性？

答：論頌云：「即依此三性，立彼三無性，故佛密意説，一切法無性。初即相無性，次無自然性，後由遠離前，所執我、法性。此諸法勝義，亦即是真如，常如其性故，即唯識實性。」

「即依此前所説三性，立彼後説三種無性，謂即相、生、勝義無性。故佛密意説，一切法皆無自性，非性全無。説密意言顯非了義，謂後二性雖體非無，而有愚夫於彼增益妄執實有我、法自性，此即名爲偏計所執。爲除此執，故佛世尊於有及無揔説無性。云何依此而立彼三？謂依此初偏計所執立相無性，由此體性畢竟無有，如空華故。次依他立生無性，此如幻事託衆緣生，無〔二〕如妄執自然性故，假説無性，非性全無。依後圓成實立勝義無性，謂即勝義，由遠離前偏計所執我、法性故，假説無性，非性全無，如太虚空雖偏衆色，而是衆色無性所顯。乃至〔三〕契經中説無性言非極了義，諸有智者，不應依之揔撥諸法都無自性。」〔四〕

校　注

〔一〕三無性：相無性、生無性和勝意無性。針對偏計所執性而立相無性，認爲我、法諸相畢竟非有；針對依他起性而立生無性，萬事萬物皆因緣而生，非由身生，故無自然性；針對圓成實性而立勝意無性，遠離妄執而達到真如。

〔二〕「無」，原無，據清藏本及成唯識論補。

〔三〕乃至：表示引文中間有删略。

〔四〕見玄奘譯成唯識論卷九。

解深密經偈云：「相、生、勝義無自性，如是我皆已顯示。若不知佛此密意，失壞正道不能往。」〔一〕相者，是偏計；生者，是依他；勝義，是圓成。無自性者，於此三性上皆無妄執我、法偏計自然之自性故。若人不知佛密意，於三性上説三無性，破外道小乘我執，便撥菩提、涅槃、依、圓皆無者，即此人失壞正道，不能往至也。此言三性三無性，不是依、圓體亦無，但無偏計妄執之我、法，故名無性也。

校注

〔一〕見解深密經卷二無自性相品。

是以三性無際，隨一全收；真妄互融，性相無礙。如來一代時教，恒沙義門，密意揔在三性門中，真俗本末，一時收盡，以顯唯識正理，更無異轍。以依他性是唯識體，從依他起分別，即是徧計；從依他悟真實，即是圓成。由分別故，一分成生死；由真實故，一分成涅槃。了分別性空，即生死成涅槃；迷真實性有，即涅槃成生死。都是一法隨情，顯義成三，三非三而一理圓，一非一而三性具，卷舒不失，隱顯常如。非一非三，泯性相於實地；而三而一，耀行布於義天。撮要所歸，莫先斯旨。

問：三能變相，已細披陳，所變之相，如何開演？

答：三能變，謂異熟、思量及了別境識〔一〕，此是能變自體。所變者，即見、相二分，是自體分之所變故，是自體分之用故，説自體是二分所依〔二〕。

校　注

〔一〕玄奘譯成唯識論卷一：「由假説我法，有種種相轉，彼依識所變。此能變唯三，謂異熟、思量，及了別境識。」

〔二〕「所變者」至此，見窺基撰成唯識論述記卷七。

識論云：「云何應知依識所變，假説我、法，非別實有，由斯一切唯有識耶？頌曰：是諸識轉變，分別、所分別。由此彼皆無，故一切唯識。

「是諸識者，謂前所説三能變識及彼心所，皆能變似見、相二分，立轉變名。所變見分，説名分别，能取相故。所變相分，名所分别，見所取故。由此正理，彼實我、法，離識所變，皆定非有，離能、所取無别物故，非有實物離二相故。是故一切有爲、無爲，若實若假，皆不離識。『唯』言爲遮離識實物，非〔一〕不離識心所法等。或轉變者，謂諸内識，轉似我、法外境相現。此能轉變，即名分别，虚妄分别爲自性故，謂即三界心及心所。此所執境名所分别，即所妄執實我、法性。由此分别，變似外境，假我、法相，彼所分别實我、法性，決定皆無，前引教理已廣破故。是故一切皆唯有識，虚妄分别有極成故。『唯』既不遮不離識法，故真如等亦是有性。由斯遠離增、減二邊，唯識義成，契會中道。」〔二〕

校注

〔一〕「非」，原作「非無」，據成唯識論删。明釋廣伸唯識論考訂卷七：「『非不離識心所法等』者，非爲遮止不離識法，言亦有心所法等也。」

〔二〕見玄奘譯成唯識論卷七。

釋云：「『是諸識轉變』者，轉變是改轉義，謂一識體，改轉爲二相起，異於自體，即見分有能取之用，相分有質礙之用，由識自體轉起能取及有礙故。『所變見分，説名分别，能取相故』者，前所變中，以所變見分名爲分别，是依他性。能取於所變，依他相分故，起種種徧計所執分別，此是〔一〕識體所變用能分別，故名分別〔二〕。其識體所變，依他性相分，似所執相分者，名所分別，是前能分別見分之所取相故，非謂識〔三〕自體能緣名爲分別。起分別見者，識之用也，相、見俱依自證起故。「唯既不遮不離識法，故真如等亦是有性」者，「唯」言不遮不離識法。真如及心所者，亦不離識，故體皆有。今此位但遮離識所分別有，不遮不離識真如等有，如理應知。此意既有能變分別識及所變境依他相分，所分別心外實法等決定皆無，唯有真如、心所等法，皆不離識，亦是實有。「遠離增、減二邊」者，無心外法故，除增益邊；有虚妄心等故，離損減邊。離損減邊故，除撥無如空，清辯等説；離增益邊故，除心外有法，諸小乘執。「唯識義成，契會中道」，無偏執故〔四〕。

校注

〔一〕「此是」，原作「是此」，據成唯識論述記改。

〔二〕如理成唯識論疏義演卷八：「『分別，此是識體所變用能分別，故名分別』者，此解分別也，然分別即是自體上所變見分作用也。意説自體分變起見、相二分，是依他起。於中妄計分別爲實有者，方是遍計所執也。」

〔三〕「識」，成唯識論述記作「我識」。如理成唯識論疏義演卷八：「『非謂我識自體能緣名爲分別』者，即是依他起緣見分等名相分，非謂別有實識體能起分別也。有言『我』者，護法自指爲我，謂對安慧故自稱我。」

〔四〕「釋云」至此，詳見窺基撰成唯識論述記卷七。此後有云：「言『中道』者，正智也。理順正智，名『契會中道』。」

又，諸師所明，揔有四分義：一、相分，二、見分，三、自證分，四、證自證分。

相分有四：一、實相名相，體即真如，是真實相故；二、境相名相，爲能與根、心〔一〕而爲境故；三、相狀名相，此唯有爲法有相狀故，通影及質，唯是識之所變；四、義相名相，即能詮下所詮義。相分是於上四種相中，唯取後三相而爲相分相。又，相分有二：一、識所頓變，即是本質；二、識等緣境，唯變影緣，不得本質〔二〕。

二、見分者，唯識論云：「於自所緣，有了別用。」〔三〕此見分有五類：一、證見名見，即三根本智〔四〕見分是；二、照燭名見，此通根、心，俱有照燭義故；三、能緣名見，即通內三分〔五〕，俱能緣故；四、念解名見，以念解所詮義故；五、推度名見，即比量心推度一切境故。於此五種見中，除五色根及內二分〔六〕，餘皆見分所攝。

三、自證分，爲能親證自見分，緣相分不謬，能作證故。

四、證自證分，謂能親證第三自證分，緣見分不謬故，從所證處得名。

此四分義揔以鏡喻：鏡，如自證分；鏡明，如見分；鏡像，如相分；鏡後弝，如證自證分。

校　注

〔一〕根、心：即眼、耳等六根、六識。

〔二〕「相分有二」至此，見澄觀述大方廣佛華嚴經隨疏演義鈔卷六五。

〔三〕見玄奘譯成唯識論卷二。

〔四〕三根本智：即根本智。世親造、玄奘譯攝大乘論釋卷五：「論曰：根本無分別智亦有三種，謂喜足、無顛倒、無戲論無分別差別故。釋曰：此中喜足無分別者，應知已到聞思究竟，由喜足故不復分別故，名喜足無分別智。謂諸菩薩住異生地，若得聞思覺慧究竟，便生喜足，作是念言：凡所聞思，極至於此。以是義故，説名喜足無分別智。復有餘義，應知世間亦有喜足無分別智，謂諸有情至第一有見爲涅槃，便生喜足，作是念言：過此更無所應至處故，名喜足無分別智。無顛倒無分別者，謂聲聞等，應知彼等通達真如，得無常等四無倒智，無常等四顛倒分別，名無顛倒無分別智。無戲論無分別者，謂諸菩薩，應知菩薩於一切法乃至菩提，皆無戲論，應知此智所證真如，過名言路超世智境，由是名言不能宣説，諸世間智不能了知。」

〔五〕內三分：即見分、自證分、證自證分。清智素成唯識論音響補遺卷二：「第三能緣名見之見，即通見分、自證分、證自證分，三俱能緣性。」

〔六〕五色根：即五根。　內二分：即自證分、證自證分。

此四分有四師立義〔一〕：

第一、安慧菩薩立一分自證分。識論云：「此自證分，從緣所生，是依他起故，故説爲有。見、相二分，不從緣生，因偏計心妄執而有。如是二分，情有理無。唯自證分是依他起性，有種子生，是實有故。見、相二分是無，更變起我、法二執又是無，以無似無。」〔二〕若准護法菩薩，即是以有似無，見、相二分是有體，變起我、法二執是無體。故安慧引楞伽經云：「三界有漏心、心所，皆是虚妄分別，爲自性故。故知八識見、相二分，皆是偏計妄執有故，唯有自證一分，是依他起性，是實有故。」密嚴經偈云：「愚夫所分別，外境實皆無。習氣擾濁心，故似彼而轉。」〔三〕

故知但是愚夫依實自證分上，起偏計妄情，變似無體二〔四〕分現故，理實二分，無其實體，但是愚夫不了，妄執爲實故。所以論云：「凡夫執有，聖者達無。」〔五〕

問：若言相、見二分是假者，且如大地山河是相分收，現見是實，如何言假耶？

答：雖見山河等是實，元是妄執有外山河大地等，理實而論，皆不離自證分故。所以楞伽經偈云：「由自心執著，心似外境轉，彼所見非有，是故説唯心。」〔六〕故知離自證分外，無實見、相二分。

校注

〔一〕澄觀述大方廣佛華嚴經隨疏演義鈔卷三三：「安慧唯立一自證分；難陀立二，謂相、見二分；陳那立三，加自證分；護法立四，於前三上加證自證分。依彼論宗，即以四分而爲正義。」按，後文相應之處，校注亦引大方廣佛華嚴經隨疏演義鈔中之釋，以便理解四師所立義。
〔二〕見玄奘譯成唯識論卷七。
〔三〕按，本偈實出實叉難陀譯大乘入楞伽經卷五，「密嚴經偈云」者，誤。成唯識論卷二引云「契經伽他中説」。
〔四〕「二二」，諸校本作「一二」。
〔五〕見玄奘譯成唯識論卷八。
〔六〕大乘入楞伽經卷六偈頌品：「執著自心現，令心而得起，所見實非外，是故説唯心。」此處引文，和成唯識論卷二引文字相同。

第二、難陀論師立二分成唯識者〔一〕。

初標宗者，即一切心生，皆有見、相二分，見、相二分是能、所二緣也。若無相分牽心，心法無由得生。若無能緣見分，誰知有所緣相分耶？即有境有心，等成唯識也。見分爲能變，相分是所變，能、所得成，須具二分。見分、相分，是依他起性。有時緣獨影境，即同種生；有時緣帶質境，即别種生。從種生故，非徧計也。若不許者，諸佛不應現身、土等種種影像也。

安慧卻難：汝若立相分，豈不心外有境？何名唯識？

難陀言：見分是能緣，相分是所緣，攝所從能，還是唯識。又，汝若言無相分，則所立一分唯識不成。何以故？安慧執相分是妄情有，即第八所緣識中相分種子，是相分攝，即種子是能生自證現行親因緣法〔二〕。若種子相分是妄情者，何妨所生現行自證分亦是妄情？不違種子識義也。若不許自證分是妄情者，即能生種子亦是實有，即因果皆實，證相分亦是實有。既有相分，即有見分，能、所既成，即二分成立唯識也。又，五根是第八識相分，若相分是徧計，豈有徧計根能發生五識也？

安慧云：不假五根發生五識，五識俱自從種子生也。

問：若不假根發生，但從種子生者，汝許五識種子是第八相分不？

答：許是第八相分。

難：既尔，即種子是徧計，能生五識亦是徧計也。

安慧救云：種子但是第八識上氣分，有生現行功能故，假名種子，但是習氣之異名，非實也。

難：諸聖教從種子生者名實，依他立者名假，豈有假種子生實現行？若是假種子者，如何親報自果耶？若種子是假法者，即因中第八識因緣變義不成。若非因緣變者，即違一切。

安慧絶救：既有能、所二緣者，皆是實依他起性者，即知見、相是實。

引證者，密嚴經云：「一切唯有覺，所覺義皆無。能覺、所覺分，各自然而轉。」〔三〕釋云：「一切唯有覺」者，即唯識也。「所覺義皆無」者，即心外妄執實境是無。「能覺、所覺分」者，能覺是依他實見分，所覺是依他實相分。「各自然而轉」者，見分從心種子生，相分從相分種子生起，故知須立二分，唯識方成。會相違者，安慧難云：若尒，前來密嚴、楞伽二文，如何通會？正會者，前來經文不是證一分，但遮執心外實有我、法等，亦不遮相分不離心。

校　注

〔一〕澄觀述大方廣佛華嚴經隨疏演義鈔卷三三：「初立二分。論云：『然有漏識自體生時，皆似所緣、能緣相現，彼相應法應知亦爾。似所緣相説名相分，似能緣相説名見分。』釋曰：謂依他二分似遍計所執二分，又以小乘相分名行相，能取所緣故；見分名事，是心、心所自體相故。今似其心外之境，名似所緣，是心外法，此中無故，所變相分爲所緣耳。若明相分，未是顛倒，向心外取方爲倒耳。又言見者，是能緣境，義通心、心所，非推求義。推求義者，唯慧能故。次破安慧唯立自證分。論云：『若心、心所無所緣相，應不能緣自所緣境。』釋曰：謂緣色之心，應不能緣色。論：『或應一一能緣一切。』釋曰：謂隨一識等，能緣一切境。以眼識無所緣而能緣於色，餘識無色緣，亦應能緣色。既餘不能緣一切，明知無所緣者，是義不然。此中正義緣自境時，心上必有帶境之相，如鏡面上似面相生。次破無能緣。論云：『若心、心所無能緣相，應不能緣，如虛空等。』釋曰：同於虛空，不能緣故。論云：『或虛空等，亦是能緣。』釋曰：此反難云：謂心、心所法無能緣而能緣所緣，此虛空等無能緣亦應緣所緣。論云：『故心、心所必有二相。如契經説：一切唯有覺，所覺義皆無。能覺、所覺分，各自然而轉。』釋曰：此即厚嚴經。上半明無外境，下半明有見、相二分。各各自從因緣所生，名自然而轉。下結正義。論云：『達無離識所緣境者，則所變相分是所緣，見分名行相，相、見所依自體名事，即自證分。』釋曰：此中雖是立二分家義，已有三故。次論云：『若無此者，應不自憶心、心所法，如不曾更境，必不能憶故。』釋曰：此明有自證分，意云相離於見，無別自體，但二功能故，應別有一所依體。若無自證，應不自憶心、心所法。如不曾更境，必不能憶，謂如見分不更相分之境，則不能憶，要曾更之，方能憶之。若無自證，已滅心、心所則不能憶，以曾不爲自證緣故。則如見分不曾更境，則不能憶，今能憶之，明先有自證已曾緣故，如於見分憶曾更境故。」

〔二〕親因緣：謂能親生自果之因，也就是能生起有爲諸法之直接原因。成唯識論卷二：「一切種相應更分別，此中何法名爲種子？謂本識中親生自果功能差別。」本識，即第八阿賴耶識。成唯識論述記卷二：

「言『本識』者，顯種所在，簡經部師色、心等持種。『親生自果』，簡異熟因，望所生果非種子故，要望自品能親生故。『功能差别』，簡現行七轉識等，望所生種雖是因緣，亦親生果，是現法故，非名功能，故以功能顯種子相。」

〔三〕見地婆訶羅譯大乘密嚴經卷中妙身生品第二之餘。

第三、陳那菩薩立三分非前師〔一〕：安慧立一分，即但有體而無用；難陁立見、相二分，但有用而無體，皆互不足。立理者，謂立量果義。論云：「能量、所量、量果别故，相、見必有所依體故。」〔二〕相分爲所量，見分爲能量，即要自證分爲證者，是量果也。喻如尺量絹時，絹爲所量，尺、人爲能量，記數之智名爲量果。今見分緣相分不錯，皆由自證分爲作果故。今眼識見分緣青時，定不緣黄也。如見分緣不曾見境，忽然緣黄境時，即定不緣青。若無自證分，即見分不能自記憶。故知須立三分，若無自證分，即相、見亦無。若言有二分者，即須定有自證分。自證分喻如牛頭，二角喻相、見二分。集量論頌云：「似境相所量，能取相自證。」〔三〕

釋云：「『似境相所量』者，即相分似外境現。『能取相自證』者，能取相者，即是見分能取相分故，自證即是體也。

校注

〔一〕澄觀述大方廣佛華嚴經隨疏演義鈔卷三三：「次下立三分。論云：『然心、心所一一生時，以理推徵各有三分，所量、能量、量果别故，相、見必有所依體故。』釋曰：所量是相分，能量是見分，量果是自證分，自證分與相見爲所依故。如集量論伽陀中説：『似境相所量。』一、能取相，二、自證，三、即能量及果，此三體無别。釋曰：所量如絹，能量如尺，量果如解數智。果是何義？成滿因義。言無别體者，同一識故，則離心無境。」

〔二〕見玄奘譯成唯識論卷二。

〔三〕見玄奘譯成唯識論卷二引。成唯識論校釋卷二云：集量論「爲佛教因明著作，古印度陳那著。唐義淨曾於景雲二年（公元七一一年）譯爲漢文，四卷。梵漢皆佚，現存金鎧、信慧與寳持護、獅子勝兩種藏譯本」。

第四、護法菩薩立四分。

立宗者，心、心所若細分别，應有四分。

立理者，若無第四分，將何法與第三分爲量果耶？汝陳那立三分者，爲見分有能量了境用故，即將自證分爲量果，汝自證分亦有能量照境故，即將何法與能量自證分爲量果耶？即須將第四證自證分爲第三分量果也。

引證，密嚴經偈云：「衆生心二性，内、外一切分。所取、能取纏，見種種差別。」〔一〕「心二性」者，即是内二分爲一性，見、相二分爲第二性，即心境内、外二性。「能取纏」者，即是能緣麁動，是能緣見分。「所取纏」者，即是相縛，所緣縛也。「見種種差别」者，見分通三量，有此義故，言「見種種差別」。前二師，皆非全不正。第三師陳那三分似有體用，若成量者，於中道理猶未足，即須更立第四分。相分爲所量，見分爲能量，即將自證分爲量果。若將見分爲所量，自證分爲能量，即更將何法爲量果？故知將證自證分爲量果，方足也。

見分外緣虛疎，通比、非二量故，即不取見分爲自證量果。内二分唯現量故，互爲果無失。夫爲量果者，須是現量，方爲量果，比、非定非量果。喻如作保證人，須是敦直者方爲證，若略虛人，不能堪爲保證。又，前五識與第八見分雖是現量，以外緣，即非量果。夫量果者，須内緣故，方爲量果。又，第七識雖是内緣，是非量也，亦不可爲量果。夫爲量果者，具二義：一、現量，二、内緣。又，果中後得見分雖是現量，内緣時變影緣，故非量果，即須具三義。又，果中根本智見分雖親證真如，不變影故，是心用故，非量果，即須具心體，須具四義：一、現量，二、内緣，三、不變影，四是心體，方爲量果。

又，論云：「如是四分，或攝爲三，第四攝入自證分故。或攝爲二，後三俱是能緣性故，皆見分攝，此言見者，是能緣義。或攝爲一，體無別故，如入楞伽經云：由自心執著，心似外境轉，彼所見非有，是故説唯心〔二〕。如是處處説唯一心，此一心言亦攝心所故。」〔三〕

釋云：「如是處處唯一心」者，外境無故，唯有一心，内執著故，似外境轉，定無外境許有自心，不離心故，揔名一識。心所與心相應，色法心之所變，真如識之實性，又皆不離識故，並名唯識〔四〕。

又，清涼記引論釋第四證自證分：「『若無此者，誰證第三？心分既同，應皆證故。』〔五〕釋曰：見分是心分，須有自證分。自證是心分，應有第四證。論又云：『自證分應無有果，諸能量者皆有果故。』釋曰：見分是能量，須有自證果。自證量見分，須有第四果。恐彼救云『卻用見分爲第三果』，故次論云：『不應見分是第三果，見分或時非量攝故，由此見分不證第三，證自體者必現量故。』又，意明見分通於三量。三量者，謂現量、比量、非量。即明見緣相時，或是非量，不可非量法爲現量果。或見緣相，是於比量及緣自證復是現量。故自證是心體，得與比量、非量而爲果。見分非心體，不得與自證而爲其量果故，不得見分證於第三，證自體者必現量故。第三、四分既是現量，故得相證，無無窮失。意云：若以見分爲能量，但用三分亦得足矣。若以見分爲所量，必須第四爲量果。若通作喻者，絹如所量，尺如能量，智爲量果，即自證分。若尺爲所使，智爲能使，何物用智？即是於人如證自證分，人能用智，智能使人，故能更證。亦如明鏡，鏡像爲相，鏡明爲見，鏡面如自證，鏡背如證自證。面依於背，背復依面，故得互證。亦可以銅爲證自證，鏡依於銅，銅依於鏡。」〔六〕

校注

〔一〕見佛地經卷三，成唯識論卷二引。

〔二〕大乘入楞伽經卷六偈頌品：「執著自心現，令心而得起，所見實非外，是故説唯心。」

〔三〕見玄奘譯成唯識論卷二。

〔四〕「釋云」至此，詳見窺基撰成唯識論述記卷三。

〔五〕見玄奘譯成唯識論卷二。下引「論又云」「論云」同。

〔六〕見澄觀述大方廣佛華嚴經隨疏演義鈔卷三三。

音義

該，古哀反，備也，咸也。　瑩，烏定反。　瑕，胡加反。　彙，爲貴反，類也。

誡，古拜反，言警也。　撥，比末反。　耀，弋笑反，光耀。　撮，倉括反。　謬，靡幼反，誤也，差也。　弝，必駕反，弓弝。　敦，都昆反，迫也。

戊申歲分司大藏都監開板

宗鏡録卷第六十一

慧日永明寺主智覺禪師延壽集

夫四分義以何爲體性？

答：相分，所變色、心爲體性。若内三分，即用現行心所爲體。

問：果位之中，親〔一〕證真如無有境界。若四智〔二〕緣境之時，爲具四分不？

答：定有見分照前境故，有自證分通照見分，亦有證自證分照自證分故。相分者，佛地論云：「如是所説四智相應心品〔三〕，爲有相分、見分等耶？若無，應無所緣，應不名智。答〔四〕：無漏心品無障礙故，親照前境，無逐心變似前境相，以無漏心説名無相，無分別故，又説緣境不思議故。有義，真實無漏心品亦有相分，諸心、心法，法爾似境，顯現名緣，非如鉗等，動作取物；非如燈等，舒光照物。如明鏡等，現影照物。由似境現，分明照了，名無障礙。不執不計，説名無相，亦無分明，妙用難測，名不思議，非不現影。若言無相，則無相分；言無分別，應無見分。都〔五〕無相、見，應如虛空兔角等，應不名智。無執計故，言無能取、所取等相，非無似境、緣照義用。若無漏心，全無相分，諸佛不應現身、土等種種影像。乃至〔六〕如是分別，但就世諦言説道理。若就勝義，離言絶慮，既無相、見，不可言心及心法等，離諸戲論，不可思議。」〔七〕有義，無分別智無分別故，所緣真如不離體故，如照自體，無別相分。此無分別，若變相分於真如境，便非親證。若後得智有分別故，所緣境界或離體故，如有漏心，似境相現，分明緣照，名緣前境〔八〕。是故此後得智定有相分。

校注

〔一〕「親」，諸校本作「現」。

〔二〕四智：大圓鏡智（一切種智）、平等性智、妙觀察智和成所作智。

〔三〕四智相應心品：大圓鏡智相應心品、平等性智相應心品、妙觀察智相應心品、成所作智相應心品。詳見本書卷五二注。

〔四〕「若無」至此，佛地經論作「定有見分照所照境，有自證分通照見分、證自證分，證自證分照自證分故亦定有。若無，如是三分差別，應無所緣，應不名智。相分不定。有義，真實」。

〔五〕「都」，原作「覩」，據佛地經論改。

〔六〕乃至：表示引文中間有删略。

〔七〕見玄奘譯佛地經論卷三。

〔八〕玄奘譯佛地經論卷三：「有義，無漏無分別智相應心品無分别故，所緣真如不離體故，如照自體，無別相分。若後得智相應心品有分別故，所緣境界或離體故，如有漏心，似境相現，分明緣照。若無漏心緣離體境，無似彼相而得緣者，觀所緣論不應説言五識上無似極微相故非所緣。如是境相，同無漏心，無漏種起，雖有相似有漏法者，然非有漏。如有漏心似無漏相，非無漏故，且止廣論。」按，佛地經論中，此段在上引文「如是分別」之前，即是「乃至」删略部分中的一段。

問：只如安慧説一分，不立見、相等，今護法攝四歸一分時，亦不別立見、相等，義勢既同，何故言非安慧等諸師知見耶？

答：乍看似同，細詳理別。且如安慧立一自證分，全不説證自證分，雖説見、相二分，然一向判爲偏計所執性。此乃四分中一分，全〔一〕無二分，有名無體，亦是其無，唯立一依他自證分。今護法雖攝四歸一，然不名自證分，但摠名一心。雖摠説一心分，而不失自證等四分義，但以與心無決定相離義，摠名一分，與彼別立自證分義別。乃至攝四歸三時，内之二分雖互相緣，其用各別，然其所緣不失自體故，但名自證。雖摠名自證，而互相緣二分之義不失，不同陳那自證，但有證自見分之自證，即無證自證之自證。由此義故，非諸師之知見。

校注

〔一〕「全」，原作「分」，據清藏本改。

問：所變中是相分色，云何諸師説現識名爲色識？

答：古師云現識名爲色識者，此言色識，是從境爲名。見分識變似色故，名爲色識。體實是識，由能變色，故名色識。此取見分識爲體，由能緣色，或能變色，故名色識。又，相分色不離識故，名爲色識。此即取相分色爲體，相分之色實非識，由從識變，不離識故，名爲色識。或相分名色，見分名識。此雙取識、境二法爲體，以見、相同種故。此許前念相分爲後念識所緣緣義，謂前念識之相分，爲後念識之境，即本識中生似〔一〕自果功能令〔二〕起，即前念識相爲後念識境之所緣〔三〕。謂因前念所緣故，還熏得種，由種故生，令念歷轉，推功歸本，乃是前念所緣爲今識緣。自果者，相分現行也。功能者，種子也。謂由前念識相分爲能熏故，熏引得生自種子在本識中，能生後念識相分色等，與後念識爲境。由前念相熏種，生後念境相，説前念相分爲後識所緣緣也〔四〕。

校注

〔一〕「似」，原作「以」，據觀所緣緣論、成唯識論述記等改。參後注。

〔二〕「令」，原作「念」，據觀所緣緣論、成唯識論述記等改。陳那造、玄奘譯觀所緣緣論：「境相與識定相隨故，雖俱時起，亦作識緣。因明者説，若此與彼有無相隨，雖俱時生，而亦得有因果相故。或前識相爲後識緣，引本識中生似自果功能令起，不違理故。」如理集成唯識論疏義演卷四：「有意説前念識相，引生本識中色識中功能令起，而生色識也。似自者，似色也；果者，現行色識也；功能者，種子也。即前念識相，引本識中出似自果之功能令起而生現識，理無違也。」似色者，指相分色。內色如外，非實外色，名似色也。

〔三〕「緣」，原作「以」，據嘉興藏本改。

〔四〕窺基撰成唯識論述記卷四：「彼觀所緣頌中，意説第八識上，有生眼等色識種子，不須分別見分、相分，但總説言由現行識變似色塵等，故説此識名爲色識。即此種子名眼等根，能生現識故。生色識故，名色功能。言內色根，非體是色，故説現識名爲色識。又，見分識變似色故，名爲色識。或相分色不離識故，名爲色識。或相分名色，見分名識，此二同種，故名色識種子。然前解者，見、相別種，如彼論説，有二境色：一、俱時見分識所變者，二、前念識相爲後識境，『引本識中生似自果功能令起，不違理故』，即是前念相分所熏之種，生今現行之色識故，説前相是今識境，不用前識爲今所緣。如親相分能生見分，有體影生名所緣者，前相亦然，有體爲緣，生今識相，名爲行相，故望今識亦爲所緣，故頌中言『功能與境色』。境色，即前色也。」

問：前相種如何生今識？

答：由見、相同種故。

問：既爾，何不即説種爲緣？

答：種是因緣，非所緣緣。

又，古德問：如第六識緣龜毛、兔角等時，此所緣境，爲有？爲無？若言有者，聖教不應指此喻於徧計所執性是無。若言無者，無法無體，非所緣緣，緣此意識闕所緣緣，如何得起？若言此心無所緣緣者，云何論言「親所緣緣能緣皆有」〔一〕？若龜本無毛、兔本無角，約此本無，喻所執性，由所執我及所執法皆本無故。其能緣心，將緣此等無法之時，由無始來熏習力故，依種生時，從識自證分上，變起龜毛等相分及緣此龜毛見分，此相、見分，與識自證分同一種生。既依種生，是依他性，非體全無，不同本來無體龜毛，故得成所緣緣。是故緣此之心，亦得説從四緣而生。乃至如離蘊計有實我、實法等，亦復如是。離蘊性外，都無實我，亦無決定實法，但是有情虚妄執有，以理推徵，都無有體，故如本來無體龜毛。然我法執心緣執此時，亦由無始虚妄熏習力故，變起假我法相，此相與見等同種，亦依他起，成所緣緣。是故論云：「如是我執，自心外蘊，或有或無。自心内蘊，一切皆有。」〔二〕自心内蘊者，即相分也。若言獨影境是徧計性者，其體即無，猶如龜毛等。即此一分相分無，何得論言「自心内蘊，一切皆有」耶？

校　注

〔一〕見玄奘譯成唯識論卷七。

〔二〕見玄奘譯成唯識論卷一。

已上並護法義。若安慧見、相二分，是偏計所執性，其體是無。今相承多云「獨影是偏計所執性，非所緣緣」者，此即安慧宗。護法一切四分，皆依他起，於中妄執爲決定實者，方名偏計所執。乃至於圓成性及五塵性境，若堅執爲實者，亦名偏計所執。然本來無體，龜毛、兔角等，不對執心，即非偏計性。今亦多有妄認龜毛等爲偏計性者，非也。

又，立況解自證分見、相二分者，且如自證分起見、相二分，更執二分爲我、法。如結巾成兔，手巾是有，喻自證分；結手巾爲兔頭，手巾上本無兔頭，今結出之，是故名無。如自證分上，本無見、相二分，由不證實故，似二分起，是故名無。如所結手巾爲兔頭，已是一重假，更結出二耳，又是一重假。如從自證分變起見、相二分，已是一重假，更執二分爲我、法，又是一重假，則見、相二分雖假似有，從種生故；其我、法二執非有，是偏計妄執故。

問：唯心之旨，一分尚無，云何廣説四分？

答：四分成心，千聖同稟，只爲安慧菩薩唯執自證心體一分，尚不識心，爲難陁菩薩所破。乃至陳那菩薩執有三分，體、用雖具，猶闕量果第四證自證分。唯護法菩薩唯識義圓，四分具足，因製唯識論十卷，西天此土，正義大行。製此論終，尋當坐蜕，乃有空中神人告衆曰：「護法菩薩是賢劫千佛之中一數。」〔一〕故知非十方大覺，何以圓證此心？若不達四分成心者，斯皆但念名言，罔知成心實義。體用既失，量果全無，終被心境緣拘，無由解脱。今時學者，全寡見聞，恃我解而不近明師，執己見而罔披寶藏，故兹徧録，以示後賢，莫踵前非，免有後悔。

校注

〔一〕窺基撰成唯識論述記卷一：「梵云『達磨波羅』，唐言『護法』。此大論師，南印度境達羅毗荼國建至城中帝王之子，學乃泉於海濬，解又朗於曦明，内教窮於大小，聲論光於真俗。外道、小乘咸議之曰：『大乘有此人也，既猶日月之麗天，皎皎而垂彩；亦如溟渤之紀地，浩浩而無竭。天親以後，一人而已！』製作破斥，具如别傳。年三十二而卒於大菩提寺。臨終之日，天樂霄迎，悲聲慟城，空中響報婆羅門曰：『此是賢劫之一佛也。』故諸神異，難以備言。」

問答章第二

夫一心妙門，唯識正理，能變、所變，内、外皆通，舉一例諸，收無不盡。如衆星列宿，匪離於空；萬木群萌，咸歸於地：則可以拔疑根而開信户，朗智照而洗情塵。若機思遲迴，未成勝解，須憑問答，漸入圓通。真金尚假鍛鍊而成，美玉猶仗琢磨而出。華嚴私記〔一〕

云：正念思惟甚深法門者，有二種人，能枯十二因緣大樹：一者、温故不忘，二者、諮受新法〔二〕，此之謂也。

校注

〔一〕按，日圓珍福州温州台州求得經律論疏記外書等目録，著録「華嚴經私記兩卷」，子注曰：「上、下，牛頭。」牛頭，即法融，傳見續高僧傳卷二一唐潤州牛頭沙門釋法融傳。詳見本書卷一九注。

〔二〕大般涅槃經卷二六：「世有二人，甚爲希有，如優曇花：一者不行惡法，二者有罪能悔，如是之人，甚爲希有。復有二人：一者作恩，二者念恩。復有二人：一者諮受新法，二者温故不忘。復有二人：一者造新，二者修故。復有二人：一樂聞法，二樂説法。復有二人：一善問難，二善能答。善問難者，汝身是也；善能答者，謂如來也。善男子，因是善問，即得轉于無上法輪，能枯十二因緣大樹，能度無邊生死大河，能與魔王波旬共戰，能摧波旬所立勝幢。」

問：心法不可思議，離言自性，云何廣興問答，横剖義宗？

答：然理唯一心，事收萬法。若不細〔一〕窮旨趣，何以得至覺原？今時不到之者，皆是謬解麁浮，正信力薄。玄關綿密，豈情識之能通？大旨希夷，非一期之所入。若乃未到如來之地，焉能頓悟衆生之心？今因自力未到之人，少爲開示，全憑佛語，以印凡心。憑佛語以契同，渺然無際；印凡心而不異，豁爾歸宗。又有二義須説：一、若不言説，則不能爲他説一切法離言自性；二、即説無説，説與不説，性無二故。

校注

〔一〕「細」，諸校本作「初」。

又，此宗但論見性親證，非在文詮，爲破情塵，助生正信。若隨語生見，執解依通，則實語是虛妄，生語見故；若因教照心，唯在得意，則虛妄是實語，除邪執故。起信論云：「當知一切諸法，從本已來，非色、非心，非智、非識，非無、非有，畢竟皆是不可説相。所〔一〕有言説示教之者，皆是如來善巧方便，假以言語，引導衆生，令捨文字，入於真實。若隨言執義，增妄分別，不生實智，不得涅槃。」〔二〕又，若文字顯揔持，因言而悟道，但依義而不依語，得意而不徇文，則與正理不違，何關語默？故大般若經云：「若順文字，不違正理，常無諍論，名護正法。」〔三〕

校注

〔一〕「所」，大乘起信論作「而」。

〔二〕見實叉難陀譯大乘起信論卷下。

〔三〕見大般若波羅蜜多經卷五七二第六分現化品第十二。

問：楞伽經偈云：「從其所立宗，則有衆雜義，等觀自心量，言說不可得。」〔一〕既達唯心，何須演說？如大般若經云：「佛告善現：如是！如是！諸菩薩摩訶薩，雖多處學而無所學。所以者何？實無有法可令菩薩摩訶薩衆於中修學。」〔二〕又云：「無句義是菩薩句義，譬如空中實無鳥跡。」〔三〕

答：若了自心，則成佛慧，終不心外有法可說，有事可立，只爲不迴光自省之人，一向但徇文詮，著其外境，以無名相中，假名相說；即彼虛妄，以顯真實。既不著文字，亦不離文字。

校注

〔一〕見楞伽阿跋多羅寶經卷四。

〔二〕見大般若波羅密多經卷四六一第二分巧便品第六十八之二。

〔三〕見大般若波羅密多經卷四五初分菩薩品。

所以天王般若經偈云：「摠持無文字，文字顯摠持，大悲方便力，離言文字說。」〔一〕

校注

〔一〕見勝天王般若波羅蜜經卷六陀羅尼品。

楞伽經云：「佛告大慧：我等諸佛及諸菩薩不説一字。所以者何？法離文字故，非不饒益義説。言説者，衆生妄想故。大慧，若不説一切法者，教法則壞。教法壞者，則無諸佛、菩薩、緣覺、聲聞。若無者，誰説爲誰？是故大慧，菩薩摩訶薩莫著言説，隨宜方便，廣説經法。」〔一〕

校注

〔一〕見楞伽阿跋多羅寶經卷四。

净名經云：「夫説法者，當如法説。乃至〔一〕法順空，隨無相，應無作。法離好醜，法無增損，法無生滅，法無所歸。法過眼、耳、鼻、舌、身、心，法無高下，法常住不動，法離一切觀行。唯，大目連，法相如是，豈可説乎？夫説法者，無説無示；其聽法者，無聞無得。譬如幻士爲幻人説法，當建是意而爲説法，當了衆生根有利鈍，善於知見，無所罣礙，以大悲心讚于大乘，念報佛恩，不斷三寶，然後説法。」〔二〕

校注

〔一〕乃至：表示引文中間有删略。

〔二〕見維摩詰所説經卷上弟子品。

故知非是不許説法，但説時無著，説即無咎。如思益經云：汝等比丘當行二事：一、聖説法，二、聖默然〔一〕。但正説時，了不可得，即是默然，不是杜口無説。故昔人云〔二〕：幻人説法幻人聽，由來兩箇摠無情。説時無説從君説，聽處無聽一任聽。

校注

〔一〕思益梵天所問經卷三論寂品：「如佛所説：『汝等集會當行二事，若説法、若聖默然。』何謂説法？何謂聖默然？答言：若説法，不違佛、不違法、不違僧，是名説法；若知法即是佛，離相即是法，無爲即是僧，是名聖默然。又，善男子，因四念處有所説，名爲説法；於一切法無所憶念，名聖默然。因四正勤有所説，名爲説法；以諸法等，不作等、不作不等，名聖默然。因四如意足有所説，名爲説法；若不起身、心，名聖默然。因五根、五力有所説，名爲説法；若不隨他語有所信，爲不取不捨故分別諸法，一心安住，無念念中解一切法，常定性斷一切戲論慧，名聖默然。因七菩提分有所説，名爲説法；若常行捨心，無所分別，無增無減，名聖默然。因八聖道分有所説，名爲説法；若知説法相如栰喻，不依法、不依非法，名聖默然。善男子，於是三十七助道法若能開解、演説，名爲説法；若身證是法，亦不離身見法，亦不離法見身，於是觀中不見二相、不見不二相，如是現前知見而亦不見，名聖默然。又，善男子，若不妄想著我，不妄想著彼，不妄想著法有所説，名爲説法；若至不可説相，能離一切言説音聲，得不動處，入離相心，名聖默然。又，善男子，若知一切衆生諸根利鈍而教誨之，名爲説法；常入於定心不散亂，名聖默然。」吉藏撰法華義疏卷二：「佛敕弟子常行二事：一、聖説法，二、聖默然。聖説法者，從實相觀出，説實相法也；聖默然者，說實相竟，還入實相觀也。故動静語默，皆應實相，實相即一道清浄。」

〔二〕按，此「昔人云」他處未見。

修無性故。

又，若以四實性〔一〕自得法、本住法，約真諦中，即不可說。若以四悉檀，隨他意語，斷深疑，生正信，有因緣故，則亦可得說。又，不可說即可說，真理普徧故；可說即不可說，緣

校注

〔一〕實性：「真如」之異名。仁王護國般若波羅蜜多經卷上觀如來品：「諸法實性，清浄平等，非有非無。」良賁疏曰：「諸法實性者，即諸法性也。清浄者，非塵染也。言平等者，無高下也。」於自性、他性、共性和離性（無因性）等四性之相皆不執著，爲四實性。御録宗鏡大綱卷一三：「自生、他生、共生、無因生，名四執性。破此四執，名四實性。」

如楞伽經云：「大慧復白佛言：『如世尊所說，我從某夜得最正覺，乃至某夜入般涅槃，於其中間不說一字，亦不已說、當說，不說是佛說。』大慧白佛言：『世尊，如來應正等覺，何因說言不說是佛說？』佛告大慧：『我因二法，故作是說。云何二法？謂緣自得法

及本住法，是名二法。因此二法故，我作如是説。云何緣自得法？若彼如來所得，我亦得之，無增無減，緣自得法究竟境界，離言説妄想、離文字二趣。云何本住法？謂古先聖道，如金銀等性，法界常住，若如來出世、若不出世，法界常住。如趣彼城道，譬如士夫行曠野中，見向古城平坦正道，即隨入城，受如意樂。』」〔一〕偈云：「我某夜得〔二〕道，至某夜涅槃，於此二中間，我都無所説。緣自、本住故〔三〕，我作如是説，彼佛及與我，悉無有差別。」〔四〕

校注

〔一〕見楞伽阿跋多羅寶經卷三。宗泐、如玘楞伽阿跋多羅寶經注解卷三：「『謂古先聖道』者，即先佛所證性德之法也。『如金銀等性』者，喻本住法性。如金之堅剛，非鍛鍊所得，法界常住，亦復如是，所謂有佛、無佛，性相常住。又言『法界常住』者，結本住法也。又曰『如趣彼城道』等，此兼喻自得、本住二法，歸乎一致：所謂『平坦正道』者，本住法也；『士夫入城受樂』者，自得法也。以其本有正道，故得隨之而入，入已安之，皆非外物。言此二法本有之性，非言思所及，所以五十年中，一大藏教不説一字者，非曰不説，蓋以言遣言，三世諸佛，其歸一揆也。」

〔二〕「得」，楞伽阿跋多羅寶經作「成」。按，大方廣佛華嚴經隨疏演義鈔卷九轉引作「得」。

〔三〕「緣自、本住故」，楞伽阿跋多羅寶經作「緣自得法住」，此處當據澄觀述大方廣佛華嚴經隨疏演義鈔卷九轉引。「緣自得法住」，楞嚴經集注卷三：「注云：『緣自得』者，頌上緣自得法，不是言説也；『法住』者，頌上法界常住，亦不是言説，以明不説。」

〔四〕見楞伽阿跋多羅寶經卷三。又，「如楞伽經云」至此，見澄觀述大方廣佛華嚴經隨疏演義鈔卷九。

釋云：此有二因：一即緣自得法，自所得法，即是證道，證法在己，離過顯德；二即緣本住法，本住即古先聖道，傳古非作〔一〕。

此上是據理約證云不說。若但是自心聞，則佛常不説。如寶性論偈云：「譬如諸響聲，依地而得起，自然無分別，非内非外住。如來聲亦爾，依心地而起，自然無分別，非内非外住。」〔二〕

是以既非内外所生，亦不從四句而起。此約實智，應須玄會。若約權門，亦不絶方便。

校注

〔一〕澄觀述大方廣佛華嚴經隨疏演義鈔卷九：「有云佛無色聲，總有五義：一、遮過顯德，二、真俗二諦，三、傳古非作，四、悲願所成，五、本質影像。初者爲遮過患，故云不説；約顯實德，故説非無。（中略）二、真俗二諦者，真諦離相，故明無説；俗諦隨機，故非無説。（中略）三、傳古非作者，謂佛所説，但是傳述古佛之教，非自製作。（中略）四、悲願所成者，謂佛所有無盡三業應衆生者，皆是曠劫悲願，爲因順衆生感，非自所有，故説佛果無有色聲，然則以他爲自，故亦有説。（中略）五、本質影像者，謂佛三業平等普應，無彼差别影像色聲，故説非有，然即與彼差别聞見爲增上緣，因質有影，故説非無。（中略）由上五義，會諸聖教，説默無礙，皆悉有理。（中略）初一即緣自得法，自所得法，即是證道，證法在己，離過顯德。次三即緣本住法，本住即古先聖道。二即所證，三、四即教道。傳古非作，即古先聖道。悲願所成，即兼因果耳。其本質影像，但通相説，本質無者，順自所證故；影像有者，順古聖人，即體妙用故。」

〔三〕見究竟一乘寳性論卷一自然不休息佛業品。

如止觀云：「若言智由心生，自能照境，諦智不相由藉；若言智不自智，由境故智；境不自境，由智故境，如長短相待。若言境智因緣故有，此是共合得名。若言皆不如上三種〔一〕，但自然爾，即無因，皆有四取之過，皆不可説。隨四悉因緣，亦可得説，但有名字，名字無性。無性之字，是字不住，亦不不住，是爲不可思議。經云不可思議智境、不可思議智照〔二〕，即此義也。若破四性境智，此名實慧。若四悉赴緣説四境智，此名權慧〔三〕。」則權、實雙行，自、他兼利，方冥佛旨，免墮已愚。

校注

〔一〕湛然述止觀輔行傳弘決卷三之三：「『皆不如上三種』者，如云不由智故境，亦不由境故境，亦不由境智因緣故境。智亦如是。亦應譬云不由短故而有於長，不由長故而有於長，不由長短得有於長。短亦如是。」

〔二〕金光明經卷三散脂鬼神品：「世尊，我現見不可思議智光、不可思議智炬、不可思議智行、不可思議智聚、不可思議智境。」

〔三〕「如止觀云」至此，詳見智顗説、灌頂記摩訶止觀卷三下。

問：山河、大地，一一皆宗；五性、三乘，人人是佛，何須宗鏡强立異端？

答：諸佛凡敷教跡，不爲已知者言；祖師直指人心，只爲未明者説。今之所録，但示初機，令頓悟圓宗，不迂小徑。若不得宗鏡之廣照，何由鑒自性之幽深？匪因智慧之光，豈破愚癡之闇？如臨古鏡，妍醜自分；若遇斯宗，真僞可鑒。豈有日出而不照、燃燈而不明者乎？

故華嚴記中述十種法明，「法即是境，明即是心。以智慧明，照二諦法，故云法明」〔一〕。雖然法無成破，此屬第一義門中，且教自有開遮，寧無善巧方便？如大涅槃經中〔二〕高貴德王菩薩品，因瑠璃光菩薩欲來放光，佛問於文殊，文殊初入第一義，答云：「世尊，如是光明，名爲智慧。智慧者，即常住之法〔三〕。常住之法，無有因緣，云何佛問何因緣故有是光明？」廣説無因緣竟，末後云：「世尊，亦有因緣，因滅無明，則得熾然阿耨多羅三藐三菩提燈。」〔四〕是知因教明宗，非無所以；從緣入道，終不唐捐。方便之門，不可暫廢。

校　注

〔一〕澄觀述大方廣佛華嚴經隨疏演義鈔卷三一：「約法理釋，亦是約教義説，謂問即是教，釋有往復，故明即法，明是義所攝，謂十甚深爲十種法明。就此法明，又約心境，法即是境，明即是心。以智慧明，照二諦法，故云法明。」十甚深者，大方廣佛華嚴經疏卷一四：「一、緣起甚深，二、教化甚深，三、業果甚深，四、説法甚深，五、福田甚深，六、正教甚深，七、正行甚深，八、正助甚深，九、一道甚深，十、佛境甚深。」

〔二〕「中」，原作「云」，據清藏本改。

〔三〕「常住之法」，大般涅槃經、大方廣佛華嚴經隨疏演義鈔作「是常住」。

〔四〕詳見大般涅槃經卷二一光明遍照高貴德王菩薩品，南本見卷一九。又，「如大涅槃經中」至此，見澄觀述大方廣佛華嚴經隨疏演義鈔卷二〇。

又，夫宗鏡中，纔説一字，便是談宗，更無前後，以説時有異，理且無差。如智度論云：「先分別諸法，後説畢竟空。」〔一〕然但説之前後，法乃同時，文不頓書，空非漸次。

校　注

〔一〕見龍樹造、鳩摩羅什譯大智度論卷二六。

問：但云方便，説則無妨，若約正宗，有言傷旨？

答：我此圓宗，情解不及，豈同執方便教人，空、有不融通，體、用兩分，理、事成隔，説常住則成常見，説無常則歸斷滅，斥邊則成邊執，存中則著中理？今〔一〕此圓融之旨、無礙之宗，説常則無常之常，説無常則常之無常；言空則不空之空，言有則幻有之有；談邊則即中之邊，談中則不偏〔二〕之中；立理則成事之理，立事則顯理之事。是以卷舒在我，隱顯同時，説不乖於無説，無説不乖於説。

校注

〔一〕「今」，原作「之」，據諸校本及冥樞會要改。

〔二〕「偏」，原作「但」，據清藏本及冥樞會要改。

寶藏論云：「常空不有，常有不空，兩不相待，句句皆宗。是以聖人隨有説有，隨空道空，空不乖有，有不乖空，兩語無病，二義雙通。乃至説我，亦不乖無我；乃至無説，事亦不宗〔一〕。何以故？不爲言語所轉也。」〔二〕

釋曰：「常空不有」者，常空則不因有而空，若因有而空，則成對待，以他爲體，自無力故，不自在故，不得稱常；「常有不空」者，亦不因空而有，則一空一切空，一有一切有，以絶待故，乃得句句皆宗也。空、有既爾，法法皆然，可謂宗無不通，道無不現，云何簡法取塵、自生差別？「不爲言語之所轉」者，以知宗故，無一事而不隨實地，無一法而不順無生。祖師云：「承言須會宗，勿自立規矩。」〔三〕何者？若立規矩，則落限量，纔成限量，便違本宗，但隨言語之所轉也。所以一切衆生不知真實者，皆爲言語之所覆。

校注

〔一〕「乃至無説，事亦不宗」，寶藏論作「乃至説事，亦不乖無事」，御録宗鏡大綱卷一三作「説事，亦不乖無事」。

〔二〕見寶藏論廣照空有品。

〔三〕按，據景德傳燈録卷三〇、明覺禪師語録卷四、佛祖歷代通載卷一四等，此説出石頭希遷參同契。石頭希遷，傳見宋高僧傳卷九唐南嶽石頭山希遷傳。

大寶積經云：「音聲語言中，若得不隨轉，於義乃隨行，是名求義者。何者名爲義？應知秘密説。」〔一〕「秘密説」者，即宗鏡旨矣，唯佛智之所知，非情見之能解。

校注

〔一〕見大寶積經卷一一三。

如勝天王般若經云：「爾時，衆中有一菩薩摩訶薩名須真胝，白勝天王言：『如來爲大王受記乎？』勝天王答善思惟菩薩言：『善男子，我受記如夢相。』又問：『大王，如此受記，當得何法？』答曰：『善男子，佛授我記，竟無所得。』又問：『無所得者，爲是何法？』答曰：『不得衆生、壽者、我、人、養育、陰、界、入悉無所得。若善、不善，若染、若浄，若有漏、若無漏，若世間、若出世間，若有爲、若無爲，若生死、若涅槃，悉無所得。』又問：『若無所得，用受記爲？』答曰：『善男子，無所得故，則得授記。』又問：『若如大王所説義者，則有二智：一、無所得，二、得授記。』答曰：『若有二者，則無授記。何以故？佛智無二，諸佛世尊以不二智授菩薩記。』又問：『若智不二，云何而有授記、得記？』答曰：『得記、授記，其際不二。』又問：『不二際者，云何有記？』答曰：『通達不二際，即是授記。』又問：『大王，住何際中，而得授記？』答曰：『住我際得授記，住衆生際、壽命際、人際得授記。』又問：『我際當於何求？』答曰：『當於如來解脱際求。』又問：『如來解脱際，復於何求？』答曰：『當於無明有愛際求。』又問：『無明有愛，當於何求？』答曰：『當於畢竟不生際求。』又問：『畢竟不生際，當於何求？』答曰：『當於無知際求。』又問：『無知者，爲無所知，云何於此際求？』答曰：『若有所知，求不可得，以無知故於此際求。』又問：『此際無言，云何可求？』答曰：『以言語斷，是故可求。』又問：『云何言語斷？』答曰：『諸法依義不依語。』又問：『云何依義？』答曰：『不見義相。』又問：『云何不見？』答曰：『不生分別義是可依，我爲能依。無此二事，故名通達。』又問：『若不見義，此何所求？』答曰：『不見不取，故名爲求。』又問：『若法可求，即是有求？』答曰：『不爾，夫求法者，是無所求。何以故？若是可求，則爲非法。』又問：『何者是法？』答曰：『法無文字，亦離言語。』又問：『離文言中，何者是法？』答曰：『文言性離，心行處滅，是名爲法。一切諸法皆不可說，其不可說亦不可說。善男子，若有所說，即是虚妄，中無實法。』又問：『諸佛、菩薩常有言説，皆虚妄乎？』答曰：『諸佛、菩薩從始至終不説一字，云何虚妄？』又問：『若有所説，云何過咎？』答曰：『謂言語過。』又問：『言語何咎？』答曰：『謂思量過。』又問：『何法無咎？』答曰：『無説有説，不見二相，是即無咎。』又問：『過何爲本？』答曰：『能執爲本。』又問：『執何爲本？』答曰：『著心爲本。』又問：『著何爲本？』答曰：『虚妄分别。』又問：『虚妄分别，以何爲本？』答曰：『攀緣爲本。』又問：『何所攀緣？』答曰：『緣色、聲、香、味、觸、法。』又問：『云何不緣？』答曰：『若離愛、取，則無所緣。以是義故，如來常説諸法平等。』」〔一〕

校注

〔一〕見勝天王般若波羅蜜經卷五無所得品。

是以法平等故，説無差別，此方説法，十刹皆然，即一處徧一切處故。所以同證同宣，互爲主伴。

如華嚴指歸問云：如忉利天説十住時，既徧虚空，未知夜摩天等處，亦説十住不？設爾何失？二俱有過。若彼不説，則説處不徧；若彼亦説，何故經中唯言「忉利説十住法門、夜摩説十行」等？

答：此説十住忉利天處，盡徧十方一切塵道，是故夜摩等處皆有忉利，即於如此徧夜摩等忉利天處説十住法。是故忉利無不普徧，仍非夜摩。夜摩等處説十行等，皆亦徧於忉利等處，仍非忉利。當知餘位亦爾，若約十住與十行等，全位相攝，即彼此互無，各徧法界。若約諸位相資，即此彼互有，同徧法界。

又問：餘佛説處與舍那説處，爲相見不？設爾何失？二俱有過。謂若相見，即乖相徧；若不相見，不成主伴。

答：互爲主伴。若性徧法界，彼此互無，故不相見；若相徧法界，此彼互有，故無不相見。如舍那爲主，證處爲伴，無有主而不具伴。是故舍那與證處同徧法界，謂於東方證法來處，彼有舍那，還有東方而來作證，一一遠近，皆同徧法界，一切塵道，無障無礙，思之可見〔一〕。

校　注

〔一〕「如華嚴指歸問云」至此，詳見法藏述華嚴經旨歸説經處第一。

問：既稱觀心自悟，不假外緣，云何廣讚佛恩、稱揚經教？

答：若不因教所指，何由得識自心？設不因教發明，亦須憑教印可。若不然者，皆成自然外道、闇證禪師〔一〕，直饒生而知之，亦是多生聞經熏種，或乃諸聖本願冥加。所以台教云：「夫一向無生觀人，但信心益，不信外佛威加益，此墮自性癡。又一向信外佛加，不內心求益，此墮他性癡。共癡、無因癡，亦可解。自性癡人，眼見世間牽重不前者，傍力助進。云何不信罪垢重者，佛威建立，令觀慧得益？又汝從何處得是無生內觀？從師耶？從經耶？從自悟耶？師與經即是汝之外緣。若自悟者，必被冥加，汝不知恩，如樹木不識日月風雨等恩。經云：非內非外，而內而外〔二〕。而內故，諸佛解脱，於心行中求；而外故，諸佛護念。云何不信外益也？」〔三〕

校　注

〔一〕自然外道：外道之一，主張一切萬物不依因緣，而是自然所生者。　闇證禪師：指執著於修習禪定而不知教相文理的禪徒。或稱暗禪者、盲禪者。亦即本書卷三二「闇證禪伯」。

〔二〕大般涅槃經卷三五：「佛性非内、非外，亦名内外，是名中道。」

〔三〕見智顗説妙法蓮華經玄義卷七上。

又，若論至理，無佛無衆生，豈云感應？若於佛事門中，機應非一，若無衆生機，諸佛則不應，豈可執自執他、論内論外而生邊見耶？

如法華玄義：「問云：衆生機，聖人應，爲一？爲異？若一，則非機應；若異，何相交關而論機應？

「答：不一不異。理論則同如，是故不異；事論有機感，是故不一。譬如父子天性相關，骨肉遺體，異則不可。若同者，父即子，子即父，同又不可。只不一不異，而論父子也。衆生理性，與佛不殊，是故不異；而衆生隱，如來顯，是故不一。不一不異，而論機應也。又，同是非事非理故不異；衆生得事，聖人得理，又聖人得事，凡夫有理，故論異。

「問：爲用法身應？用應身應？若應身，應身無本，何能應？若用法身應，應則非法。

「答：至論諸法，非去來今，非應非不應而能有應，亦可言法應，亦可言應應。法應則冥益，應應則顯益。分別冥顯有四義〔一〕，如後説。

「明機應相者，約善惡明機相，約慈悲論應相。若善惡爲機，爲單？爲共？解者不同。

或言單惡爲機，承經云：我爲斷一切衆生瘡疣、重病〔二〕。又云：如有七子，然於病者，心則偏重。如來亦爾，於諸衆生非不平等，然於罪者，心則偏重〔三〕。又云：如來不爲無爲衆生而住於世〔四〕。又無記是無明，終屬惡攝，此即單以惡爲機。或單以善爲機，承大涅槃經云：我觀衆生，不觀老少中年、貧富貴賤，善心者即便慈念〔五〕。此則單善爲機。或云善惡不得獨爲機。何者？如金剛後心即是佛，衆善普會，善惡無過，此何得爲機耶？雖云佛佛相念，此是通語，而無拔無與，故知單善不得爲機。單惡不得爲機者，如闡提極惡，不能感佛。大涅槃經云：唯有一髮不能勝身〔六〕。即是性得理善。此是通機，終不成感也。或取善惡相帶爲機者，從闡提起改悔心，上至等覺，皆有善惡相帶，故得爲機。是故約此善惡明其相也。

「次約慈以明應相者，或單以慈應，經云：慈善根力，象見師子〔七〕。廣説如涅槃經。或單以悲爲應，如請觀音經云：『或遊戲地獄，大悲代受苦。』或合用慈、悲爲應。何者？良以悲心熏於智慧，能拔他苦；慈心熏於禪定，能與他樂。經云：『定慧力莊嚴，以此度衆生。』〔八〕論云：『水銀和真金，能塗諸色像。功德和法身，處處應現往。』〔九〕豈是水銀真金單能度色像耶？當知慈悲和合論應也。

「問：衆生善惡有三世，何世爲機？聖法亦有三世，何世爲應？過去已謝，現在不住，未來未至，悉不得爲機，亦不得爲應，云何論機應耶？

「答：若就至理窮覈，三世皆不可得，故無應。故經言：非謂菩提有去、來、今，但以世俗文字數故，説有三世〔一〇〕。以四悉檀力，隨順衆生説。或用過去善爲機，故言『我等宿福慶，今得值世尊』〔一一〕。又如五方便人〔一二〕，過去集方便者，發真則易，不集則難，是故以過去善爲機。或可以現在善爲機，故言『即生此念時，佛於空中現』〔一三〕。或可以未來善爲機，未生善法，爲令生故。又如無漏無集因，而能感佛也。故智度論云：譬如蓮華在水，有已生、始生、未生者，若不得日光，翳死不疑。三世善若不值佛，無由得成〔一四〕。惡亦如是，或以過去之罪，今悉懺悔。現造衆罪，今亦懺悔。未來之罪，斷相續心，遮未來故，名之爲救。何者？過去造惡，障現善不得起，爲除此惡，是故請佛。又現在果苦報，逼迫衆生而求救護。又未來之惡，與時相值，遮令不起，故通用三世惡爲機。應亦如是，或用過去慈悲爲應，故云我本立誓願，欲令得此〔一五〕。或用現在慈悲爲應者，一切天人阿脩羅，皆應至此，爲聽法故，未度令度也。又用未來爲應者，即是壽量中，未來世益物也〔一六〕。亦如安樂品中云：我得三菩提時引之，令得住是法中〔一七〕。若通論，三世善惡皆爲機；别論，但取未來善惡爲正機也。

「問：若未來爲正機者，四懃意云何？何者？過去已謝，現在已定，只爲拔未來惡，生未來善耳。

「答：此以屬通意。今更別答者，只爲過去惡遮未來善，故勤斷過去惡，只爲過去善不得增長。增長者，即未來善也。是故四正勤中，言雖過去，意實未來。

「問：未來有善惡，佛云何照？

「答：如來智鑒，能如是知，非下地知，仰信而已，何可分別？

「問：爲是衆生自能感？由佛故感？如來自能應？由衆生故應？

「答：此應作四句：自、他、共、無因。破是性義悉不可，無此四句故，則無性。無性故，但以世間名字，四悉檀中而論感應能所等，無能應屬佛〔一八〕。若更番疊作諸語言，名字則亂，不可分別。雖作如此名字，是不住，是字無所有，故如夢幻。

「問：既善惡俱爲機者，誰無善惡？此皆應得益耶？

「答：如世病者延〔一九〕醫，而有差不差。機亦如是，如有熟不熟，則應有遠有近。

「明機感不同者，但衆生根性百千，諸佛巧應無量，隨其種種，得度不同。故經云：名色各異，種類若干，如上、中、下，根、莖、葉等，隨其種性，各得生長〔二〇〕。即是機、應不同意也。

「今略言爲四：一者、冥機〔二一〕冥應，二者、冥機顯應〔二二〕，三者、顯機顯應，四者、顯機冥應。其相云何？若修三業，現在未運身口，藉往善力，此名爲冥機也。雖不相見靈應，而密爲法身所益，不見不聞，而覺而知，是爲冥益也。二、冥機顯益者，過去殖[二三]善而冥機已成，便得值佛聞法，現前獲利，是爲顯益。如佛最初得度之人，現在何嘗修善？諸佛照其宿機，自往度之，即其義也。三、顯機顯應者，現在身口精勤不懈而能感降，如須達長跪，佛往祇洹[二四]；月蓋曲躬，聖居門閫[二五]。如即行人道場禮懺，能感靈瑞，即是顯機顯應也。四者、顯機冥應者，如雖一世勤苦，現善濃積而不顯感，冥有其利，此是顯機冥益。若解四意，一切低頭舉手，福不虚棄，終日無感，終日無悔。若見喜殺壽長，好施貧乏，不生邪見。若不解此者，謂其徒功喪計，憂悔失理。釋論云：今我病苦，皆由[二六]過去。今生修福，報在當來。正念無僻，得此四意也。」[二七]

校注

〔一〕按，四義者，一者、冥機冥應，二者、冥機顯應，三者、顯機顯應，四者、顯機冥應。詳見後文引。

〔二〕大般涅槃經卷二〇：「如香山中有一泉水，名阿那婆踏多，其泉具足八味之水，有人飲之，無諸病苦。金剛三昧亦復如是，具八正道，菩薩修習，斷諸煩惱、瘡疣重病。」

〔三〕大般涅槃經卷二〇：「譬如一人而有七子，是七子中一子遇病，父母之心，非不平等，然於病子，心則偏多。大王，如來亦爾，於諸衆生，非不平等，然於罪者，心則偏重。於放逸者，佛則慈念；不放逸者，心則放捨。」

〔四〕大般涅槃經卷二〇：「又復爲者，即是一切有爲衆生，我終不爲無爲衆生而住於世。」

〔五〕參見大般涅槃經卷二〇。

〔六〕大般涅槃經卷三三：「善男子，斷有二種：一者、現在滅，二者、現在障於未來。一闡提輩具是二斷，是故我言斷諸善根。善男子，譬如有人没圊厠中，唯有一髮毛頭未没，雖復一髮毛頭未没，而一毛頭不能勝身。一闡提輩亦復如是，雖未來世當有善根，而不能救地獄之苦。未來之世雖可救拔，現在之世無如之何，是故名爲不可救濟。以佛性因緣則可得救，佛性者非過去、非未來、非現在，是故佛性不可得斷。如朽敗子不能生芽，一闡提輩亦復如是。」

〔七〕大般涅槃經卷一六：「如提婆達教阿闍世欲害如來，是時我入王舍大城次第乞食，阿闍世王即放護財狂醉之象，欲令害我及諸弟子。其象爾時蹋殺無量百千衆生，衆生死已，多有血氣，是象嗅已，狂醉倍常。見我翼從被服赤色，謂呼是血，而復見趣。我弟子中未離欲者，四怖馳走，唯除阿難。爾時，王舍大城之中一切人民，同時舉聲啼哭號泣，作如是言：『怪哉，如來今日滅没，如何正覺一旦散壞？』是時，調達心生歡喜：『瞿曇沙門滅没甚善，從今已往，真是不現。快哉此計，我願得遂。』善男子，我於爾時，爲欲降伏護財象故，即入慈定，舒手示之，即於五指出五師子。是象見已，其心怖畏，尋即失糞，舉身投地，敬禮我足。善男子，我於爾時，手五指頭實無師子，乃是修慈善根力故，令彼調伏。」

〔八〕見妙法蓮華經卷一方便品。

〔九〕「論云」，妙法蓮華經玄義卷五作「法界性論云」。湛然述法華玄義釋籤卷一二：「引論云『水銀和真金』等者，出菩提流支法界性論。」菩提流支法界性論，已佚。

〔一〇〕維摩詰所説經卷中觀衆生品：「皆以世俗文字數故，説有三世，非謂菩提有去、來、今。」

〔一一〕見妙法蓮華經卷三化城喻品。

〔一二〕湛然述法華文句記卷一下：「『五方便』者，四念處及四善根，五停非正觀法故。」四善根，即煖、頂、忍、世第一。智圓述請觀音經疏闡義鈔卷三：「『五方便人』者，外凡合一，内凡開四，謂煖、頂、忍、世第一也。」

〔一三〕見勝鬘師子吼一乘大方便方廣經如來真實義功德章第一。

〔一四〕龍樹造、鳩摩羅什譯大智度論卷一：「世界中智，有上、中、下。善軟直心者，易可得度，是人若不聞法者，退墮諸惡難中，譬如水中蓮華，有生有熟，有水中未出者，若不得日光則不開。佛亦如是，佛以大慈悲憐愍衆生，故爲説法。佛念：過去、未來、現在三世諸佛法，皆度衆生爲説法，我亦應爾。」

〔一五〕妙法蓮華經卷一方便品：「我本立誓願，欲令一切衆，如我等無異，如我昔所願，今者已滿足，化一切衆生，皆令入佛道。」

〔一六〕吉藏撰法華義疏卷一：「大智度論云諸佛有三時利益：一、爲菩薩時，則過去世益物；二、得佛時，即現在世益物；三、滅度後，未來世益物。序、正謂現在益物，流通即是未來益物也。」

〔一七〕妙法蓮華經卷五安樂行品：「我得阿耨多羅三藐三菩提時，隨在何地，以神通力、智慧力引之，令得住是法中。」

〔一八〕「無能應屬佛」，妙法蓮華經玄義作「而能應屬佛，所應屬衆生；能感屬衆生，所感屬佛」。

〔一九〕「延」，原作「近」，據妙法蓮華經玄義改。

〔二〇〕妙法蓮華經卷三藥草喻品：「譬如三千大千世界，山川、谿谷土地所生卉木叢林及諸藥草，種類若干，名色各異。密雲彌布，遍覆三千大千世界，一時等澍，其澤普洽。卉木叢林及諸藥草，小根小莖、小枝小葉，中根中莖、中枝中葉，大根大莖、大枝大葉，諸樹大小，隨上中下各有所受。一雲所雨，稱其種性而得生長華菓敷實。雖一地所生，一雨所潤，而諸草木各有差別。」

〔二一〕「冥機」，原無，據妙法蓮華經玄義補。冥機，指憑藉過去善根而感得佛菩薩之靈應。

〔二二〕「顯應」，原無，據妙法蓮華經玄義補。顯應，又稱顯益，指現世獲得佛菩薩的利益。

〔二三〕「殖」，嘉興藏本作「植」。殖，植也。

〔二四〕「洹」，磧砂藏、嘉興藏本作「桓」。湛然述法華玄義釋籤卷一二：「言『如須達長跪』者，大經二十七：佛在王舍，須達爾時爲兒聘婦，入王舍城，夜宿長者珊檀那舍。因見長者忽忽辦供，因問其故，乃知有佛。尋見如來，請佛至彼，如來許竟。須達及與舍利弗同往，經營精舍，七日成立。所設已訖，即執香爐向王舍城遥作是言：所作已辦，唯願如來慈哀憐愍，爲衆生故受是住處。我知彼心，即與大衆發王舍城至舍衛國祇陀園林須達精舍。」按，「大經二十七」者，即南本涅槃經卷二七。曇無讖譯本見卷二九。

〔二五〕湛然述止觀輔行傳弘決卷二之二：「經云：爾時，長者名曰月蓋，與其同類五百長者俱詣佛所而白佛言：此國人民遇大惡病，良醫耆婆盡其道術所不能救，唯願世尊救斯病者。佛告長者：去此不遠，西方有佛名無量壽。彼有菩薩名觀世音及大勢至，恒以大悲救濟苦厄，汝今當請。説此語時，即於光中見無量壽佛及二菩薩。如來力故，佛及菩薩俱到此城，住城門閫，放光照之。於是長者説四行偈，稱三寶名，誦陀羅尼，平復如本。」詳見請觀世音菩薩消伏毒害陀羅尼呪經。

〔二六〕「由」，原無，據妙法蓮華經玄義補。

〔二七〕見智顗説妙法蓮華經玄義卷六上。

音義

鉗，巨淹反。　蜕，舒芮反，蜕皮也。　鍛，丁貫反，鍊也。　琢，陟角反。　剖，普后反，破也。　踵，之隴反，繼也。　恃，時止反，依也。　渺，亡小反，小長也。　胝，丁尼反，皮厚也。　疣，羽求反，結病也。　覈，下革反。　閫，苦本反，門限。　確，苦角反，精也。　漱，所祐反。　圜，户關反，圜圍。　堵，之也反，又音覩。　詰，去吉反，問也。

戊申歲分司大藏都監開板

宗鏡録卷第六十二

慧日永明寺主智覺禪師延壽集

夫平等真心，群生佛智，雖然等有，信解難生，多抱狐疑，少能圓證。以辟支佛之利智，舍利弗之上根，乃至不退位中諸大菩薩盡思竭力，罔測其原；巧辯妙通，靡知其際。更希再明教理，確實指陳，顯大旨於目前，斷纖疑於意地。

答：廣略之教，遮表之詮，雖開合不同、總别有異，然皆顯唯心之旨，終無識外之文。證若恒沙，豈唯一二？

所以法華經偈云：「知第一寂滅，以方便力故，雖説種種道，其實爲佛乘。」〔一〕又偈云：「我今亦如是，安隱衆生故，以種種法門，宣示於佛道。」

釋曰：「知第一寂滅」者，真如一心，是本寂滅，非輪迴生滅之滅，亦非觀行對治之滅，故稱第一。於一心寂滅之中，即無法可敷揚，無道可建立。爲未了者，以方便大慈力故，雖説種種别門異道，若剋體而論，唯但指歸一心佛乘，更無餘事。「今我亦如是」者，今我與十方佛同證此法，悉皆如是，以此安樂一切有情，示三乘五性種種法門，宣揚於唯心佛道。

校注

〔一〕見妙法蓮華經卷一方便品。下一處引文同。

楞伽經云：「佛告大慧：身及資生器世間等，一切皆是藏識影像，所取、能取二種相現。彼諸愚夫，墮生住滅二見中故，於中妄起有無分别。大慧，汝於此義，應勤修學。」〔一〕

校注

〔一〕見大乘入楞伽經卷二。

又，入楞伽經偈云：「種種隨心轉，唯心非餘法，心生種種生，心滅種種滅。衆生妄分别，無物而見物，無義唯是心，無分别得脱。」〔一〕又偈云：「無地及諸諦，無國土及化，佛、辟支、聲聞，唯是心分别。人體及五陰，諸緣及微塵，勝性自在作，唯是心分别。心徧一切處，一切處皆心，以心不善觀，心性無諸相。」

校注

〔一〕見入楞伽經卷九。下一處引文同。

華嚴經偈云：「一切方海中，依於衆生心想而住。」〔一〕又云：「知一切法界所安立，悉住心念際三昧。」

校注

〔一〕見實叉難陀譯大方廣佛華嚴經卷六一。下一處引文同。按，云「偈云」者，非。「華嚴經偈云」，清藏本作「又華嚴經云」。

大智度論云：「譬如調馬，自見影不驚。何以故？自知影從身出。」〔一〕如信入一乘調順之人，見一切怖境不驚，自知境從心出。

校注

〔一〕見龍樹造、鳩摩羅什譯大智度論卷七八。

唯識論云：「如契經説三界唯心，又説所緣唯識所現〔一〕，又説諸法皆不離心〔二〕，又説有情隨心垢浄。又説成就四智〔三〕，菩薩能隨悟入唯識無境。」〔四〕「又頌説：心、意、識所緣，皆非離自性，故我説一切，唯有識無餘。此等聖教，誠證非一。」

校注

〔一〕解深密經卷三分別瑜伽品：「我説識所緣，唯識所現故。」

〔二〕大方廣佛華嚴經不思議佛境界分：「三界一切諸法，皆不離心。」

〔三〕四智：如來四智，一、大圓鏡智，二、平等性智，三、妙觀察智，四、成所作智。詳見前注。又有菩薩四智，一、相違識相智，二、無所緣識智，三、自應無倒智，四、隨三智轉智。詳見本卷後文。

〔四〕見玄奘譯成唯識論卷七。下一處引文同。

釋云：「又説所緣唯識所現」者，汝謂識外所緣，我説即是内識上所現。世親説：謂識所緣，唯識所現〔一〕。乃至佛告慈氏：「無有少法能取少法。」〔二〕無作用故。但法生時，緣起力大，即一體上有二影生，更互相望，不即不離。諸心、心所，由緣起力，其性法爾如是而生〔三〕。「心、意、識所緣，皆非離自性」者，自性，即自心法。或理體，即義之所依本事，謂第八心、第七意、餘六識所緣，皆自心爲境。佛言：由如是理故，我説一切有爲、無爲，皆唯有識，無餘實〔四〕心外境也〔五〕。乃知凡有見聞，皆自心生，實無一法當情而有自體獨立者，盡從緣起，皆逐想成，生死涅槃，俱如幻夢。

校注

〔一〕解深密經卷三分別瑜伽品：「我説識所緣，唯識所現故。」

〔二〕解深密經卷三分別瑜伽品：「此中無有少法能見少法。然即此心如是生時，即有如是影像顯現。善男子，如依善瑩清浄鏡面，以質爲緣，還見本質，而謂我今見於影像，及謂離質別有所行影像顯現。如是此心生時，相似有異三摩地所行影像顯現。」

〔三〕無性造、玄奘譯攝大乘論釋卷四：「謂一切法作用作者皆不成故，如是生時者，緣起諸法威力大故，即一體上有二影生，更互相望，不即不離。諸心、心法，由緣起力，其性法爾如是而生。」又，「釋云」至此，詳見窺基撰成唯識論述記卷七。

〔四〕「實」，原作「實無」，據成唯識論述記删。參後注。

〔五〕窺基撰成唯識論述記卷七：「『心、意、識所緣，皆非離自性』，即緣識之體。或事性，即自心法；或理體，即義之所依本事。謂第八心、第七意、餘六識所緣，皆自心爲境。佛言：由如是理故，我説一切有爲、無爲，皆唯有識，無餘實心外境也。」

所以不退轉法輪經云：「爾時，阿難即往佛所，白言：『世尊，諸比丘不能得來。何以故？見祇桓中大水悉滿，清浄無垢，亦不見精舍樹木。以是義故，皆不得來。』佛告阿難：『彼諸比丘，於無水中而生水想，於無色中生於色想，無受、想、行、識中生受、想、行、識想，

無聲聞、辟支佛中作聲聞、辟支佛想。』」〔一〕

校注

〔一〕見不退轉法輪經卷一序品。

華嚴經云：「佛子，云何爲菩薩摩訶薩次第徧往諸佛國土神通三昧？佛子，此菩薩摩訶薩過於東方無數世界，復過爾所世界微塵數世界，於彼諸世界中入此三昧。乃至〔二〕於彼一一諸如來所，恭敬尊重，頭頂禮敬，舉身布地，請問佛法，讚佛平等，稱揚諸佛廣大功德，入於諸佛所入大悲，得佛平等無礙之力。於一念頃，一切佛所勤求妙法，然於諸佛出興於世、入般涅槃，如是之相，皆無所得。如散動心，了別所緣，心起不知何所緣起，心滅不知何所緣滅。此菩薩摩訶薩亦復如是，終不分別如來出世及涅槃相。佛子，如日中陽燄，不從雲生，不從池生，不處於陸，不住於水，非有非無，非善非惡，非清非濁，不堪飲漱，不可穢汙，非有體非無體，非有味非無味，以因緣故而現水相，爲識所了，遠望似水而興水想，近之則無，水想自滅。此菩薩摩訶薩亦復如是，不得如來出興於世及涅槃相，諸佛有相及以無相，皆是想心之所分別。佛子，此三昧名爲清淨深心行。菩薩摩訶薩於此三昧入已而起，起已不失。」〔二〕

校注

〔一〕乃至：表示引文中間有删略。

〔二〕見實叉難陀譯大方廣佛華嚴經卷四一。

是知非唯佛教以心爲宗，三教所歸，皆云反己爲上。如孔子家語：「衛靈公問於孔子曰：『有語寡人爲國家者，謹之於廟堂之上，則政治矣。何如？』子曰：『其可也。愛人者，則人愛之；惡人者，則人惡之。所謂不出圜堵之室而知天下者，知反己之謂也。』」〔一〕是知若反〔二〕己以徇物，則無事而不歸自然〔三〕，取捨忘懷，美惡齊旨。

校注

〔一〕見孔子家語賢君。

〔二〕「反」，原作「疋」，據心賦注卷一改。

〔三〕「自然」，心賦注卷一作「自心」。

是知但了一心，無相自顯，則六趣塵牢，自然超越，出必由户，莫不由斯道矣。如古德云：「六道群蒙，自此門出，歷千劫而不反，一何痛矣！」所以諸佛驚入火宅，祖師特地西來，乃至千聖悲嗟，皆爲不達唯心出要道耳。故知若不了萬法即真如一心者，悉成徧計。以真如無相，見有相者，皆是情執故。起信論云：「一切境界，唯依妄念而有差別。若離心念，則無一切境界之相。」〔一〕

校注

〔一〕見真諦譯大乘起信論。

問：八識自性行相作用，爲復是一？爲復各異？

答：非一非異。論云：「八識自性，不可言定一，行相、所依、緣相應異故。又，一滅時餘不滅故，能、所熏等相各異故。亦非定異，經說八識如水、波等無差別故，定異應非因果性故，如幻事等無定性故。如前所說識差別相，依理世俗，非真勝義，真勝義中心言絶故。如伽陁說：心、意、識八種，俗故相有別，真故相無別，相所相無故。」〔二〕

釋云：以三義釋不可定：一、行相，謂見分；二、所依，謂根；三、緣，謂所緣。以此三義相應異故，如眼識見色爲行相，乃至第八變色等爲行相。若一識滅，餘七等不必滅者，七是能熏，八是所熏；又七是因，八是果。「亦非定異」者，楞伽經說，識如大海水波，無有差別相〔三〕。又若定異，應非因果，更互爲因果故，法爾因果非定異，如麥不生豆等芽故〔三〕。

又一切法如幻等，故知無定異性〔四〕。

校注

〔一〕見玄奘譯成唯識論卷七。

〔二〕入楞伽經卷九：「八無差別相，非能見可見。如大海水波，無有差別相。」

〔三〕入楞伽經卷一〇：「如麻不生豆，稻不生穬麥。小麥等種子，云何一生多？」

〔四〕「釋云」至此，詳見窺基撰成唯識論述記卷七。

問：若爾，前來所説三能變相是何？

答：此依四俗諦中第二道理世俗，説有八等隨事差別，非四重真諦中第四真勝義諦〔一〕。勝義諦中，若八識理〔二〕、分別心與言皆絶，故非一非異。

「相所相無故」者，相即是能，所相是所。識上何者爲能相、所相？謂用爲能相，體爲所相。或以見分爲能相，相分爲所相。又以七識爲能相，第八爲所相。所相既無，能相非有。若入真門，理皆無別。真門但是遮別言無別，無別亦無別無不別〔三〕。

釋曰：但以從初業識起見、相二門，因見立能，因相立所，能、所纔具，我、法互興，從此因有爲而立無爲，對虛假而談真實，皆無定〔四〕體，似有非真。是以認互起之名，見色有表而執空無表；對相待之質，見牛角有而執兔角無。不知以有遮無，有非定有；以無遮有，無非定無。若了八識真心，自然絶待。疑消能所，藤蛇於是併空；見息對治，形名以之雙寂。

校注

〔一〕玄奘譯成唯識論卷九：「然勝義諦，略有四種：一、世間勝義，謂藴、處、界等；二、道理勝義，謂苦等四諦；三、證得勝義，謂二空真如；四、勝義勝義，謂一真法界。此中勝義依最後説，是最勝道所行義故。爲簡前三，故作是説：此諸法勝義，亦即是真如。真謂真實，顯非虚妄。如謂如常，表無變易。謂此真實於一切位常如其性，故曰真如，即是湛然不虚妄義。」瑜伽師地論卷六四：「云何安立真實？謂四聖諦，苦由苦故，乃至道由道故。所以者何？以略安立三種世俗：一、世間世俗，二、道理世俗，三、證得世俗。世間世俗者，所謂安立宅舍、瓶瓮、軍林數等，又復安立我有情等。道理世俗者，所謂安立藴、界、處等。證得世俗者，所謂安立預流果等彼所依處。又復安立，略有四種，謂如前説三種世俗及與安立勝義世俗，即勝義諦。由此諦義不可安立，内所證故，但爲隨順發生此智，是故假立。」澄觀述大方廣佛華嚴經隨疏演義鈔卷九：「言二諦别者，依唯識第九，有四種勝義：一、世間勝義，謂藴、處、界等。二、道理勝義，謂苦等四諦。三、證得勝義，謂二空真如。四、勝義勝義，謂一真法界。依瑜伽論六十四，有四世俗：一、世間世俗，謂軍林等。二、道理世俗，謂藴、處、界等。三、證得世俗，謂預流等。四、安立世俗，即安立真如。以四世俗對前唯識四種勝義，則有四重二諦：一、世俗二諦，謂軍林爲世俗，藴等爲勝義。

二、事理二諦，謂藴等爲世俗，苦等爲勝義。三、勝義二諦，苦等爲世俗，安立真如爲勝義。四、安立非安立二諦，謂安立真如爲世俗，非安立真如爲勝義。又真俗各四，便成八諦：一、世俗四者，一名假名無實諦，二名隨事差别諦，三名方便安立諦，四名假名非安立諦，謂二空理依詮而説，但有假名，不得體故。勝義四者，一、體用顯現諦，二、因果差别諦，三、依門顯實諦，四、廢詮談旨諦。然上八諦，名則小異，義不殊前。又四重中，初一世俗唯局世俗，後一勝義唯局勝義。中間六諦，各通世俗、勝義二諦。」

〔二〕如理集成唯識論疏義演卷八：「理者即真如，謂八識體即是真如故。」

〔三〕「問：若爾」至此，詳見窺基撰成唯識論述記卷七。

〔四〕「定」，諸校本作「空」。

問：心外無法，祖佛正宗。今目覩森羅，初學難曉，不細開示，何以斷疑？須憑徵詰之由，以破情塵之執。

答：前已廣明，今重引證。唯識頌云：「是諸〔一〕識轉變，分别、所分别。由此彼皆無，故一切唯識。」〔二〕

言「轉變」者，即八種識從自證分轉變似二分現，即所變見分，有能作用，説名爲見；所變相分，爲所作用，説名爲相。即俱依自證分而轉。既若見、相二分包一切法盡，即此二分從心體上變起，故知一切諸法皆不離心。「分别、所分别」者，見分是能分别，相分是所分别。「由此彼皆無」者，此見、相二分上，妄執彼我、法二執是無。即由此見、相二分外，妄情執有心外我、法之境皆是無，故云「由此彼皆無」。「故一切唯識」者，「唯」遮境有，「識」簡心空，除執二邊，正處中道。即將「唯」字遮薩婆多執心外有〔三〕其實境，將「識」字簡清辯等執惡取空。即破空、有二邊，正處中道〔四〕。故疏云：「外則包羅萬像，内則能所俱成。」〔五〕可謂四分一心，理無逾者。

校注

〔一〕「諸」，原作「法」，據清藏本、成唯識論改。諸識，即後所云八種識。

〔二〕見玄奘譯成唯識論卷七。

〔三〕「有」，諸校本作「有法」。按，翻譯名義集卷六引作「有」。

〔四〕窺基撰成唯識論述記卷一：「『唯』謂簡别，遮無外境。『識』謂能了，詮有内心。識體即唯，持業釋也。識性識相，皆不離心。心所、心王，以識爲主，歸心泯相，總言唯識。唯遮境有，執有者喪其真；識簡心空，滯空者乖其實。」

〔五〕按，此説見起信論疏筆削記卷八，故此説當出於傳奥大乘起信論隨疏記，參見本書卷六注。

又，小乘九難〔一〕，難心外無法唯心之旨。

校注

〔一〕小乘九難：即唯識九難，是對諸法唯識的教理提出的九種疑難：第一、唯識所因難，第二、世事乖宗難，第三、聖教相違難，第四、唯識成空難，第五、色相非心難，第六、現量違（成唯識論述記作「爲」）宗難，第七、夢覺相違難，第八、外取他心難，第九、異境非識（成唯識論述記作「唯」）難。第一難，詳見本卷；第二難，詳見本卷和第六三卷卷首；第三、四、五、六難，詳見本書卷六三；第七、八、九難，詳見本書卷六四。

一、唯識所因難。諸小乘師云：離心之外，現見色法，是其實境所緣。論主何故包羅歸心，總説名爲唯識？一乃色、心有異，二又能、所不同。闕云：色境不牽能緣心，以色從心可唯識。當情色境外迷心，心被境迷，非唯識義。論主云：只此外邊色境，一是一切有情緣心變，二是一切有情心之所持，根本皆由於心，是故攝歸唯識。十地經及華嚴經説三界唯心〔二〕，意云三界之法，唯是心之所變，離心之外，更無一物。此亦爲遮我、法二執，但是妄情執有，舉體全無，唯有内心，故言唯心。

校注

〔二〕天親造、菩提流支譯十地經論卷八：「但是一心作者，一切三界唯心轉故。」實叉難陀譯大方廣佛華嚴經卷五四：「菩薩摩訶薩知三界唯心、三世唯心，而了知其心無量無邊，是爲第八無等住。」

問：欲、色二界，有外器色境，云是心變故，所言唯心。且如無色界天，唯有内心，無外色境，何要更言唯心？豈不成相扶極成過〔一〕？

答：不但説色境不離心方名唯心，此亦遮無色界天貪等取〔二〕能取之心故。爲無色界有情，亦貪於空等境，起其妄心故，無色界亦名唯心。若得無漏時，其出世無漏色等，是出世無漏心、心所唯識，亦是唯心，故云三界唯心。解深密經云又説所緣唯識所現〔三〕，即一切所緣之境，唯是識之所變，更無外法。所以佛告慈氏菩薩云：無有少法能取少法〔四〕，無作用故。楞伽經又説諸法皆不離心〔五〕。無垢稱經又説有情隨心垢淨〔六〕。

校注

〔一〕相扶極成過：爲宗九過之一，指所立之宗自（立論者）敵（問難者）雙方没有異議的過失，因這種宗是無意義的。「扶」，多作「符」。相符，謂立者與敵者的看法互相符合。因明入正理論：「相符極成者，如説聲是所聞。」「聲是所聞」人所共知，就無提出加以論證的必要，若立此宗，即犯相符極成過。

〔二〕取：執取、執著，是煩惱之異名。成唯識論卷八：「取是著義。」慧遠大乘義章卷五本：「取執境界，説以爲取。」勝鬘寶窟卷中末：「取者，是其愛之別稱，愛心取著，故名爲取。」

〔三〕解深密經卷三分別瑜伽品：「我説識所緣，唯識所現故。」

〔四〕解深密經卷三分別瑜伽品：「此中無有少法能見少法。」

〔五〕大方廣佛華嚴經不思議佛境界分：「如是三界一切諸法，皆不離心。」

〔六〕説無垢稱經卷一序品：「菩薩隨發菩提心則有純浄意樂，隨其純浄意樂則有妙善加行，隨其妙善加行則有增上意樂，隨其增上意樂則有止息，隨其止息則有發起，隨其發起則有迴向，隨其迴向則有寂静，隨其寂静則有清浄有情，隨其清浄有情則有嚴浄佛土，隨其嚴浄佛土則有清浄法教，隨其清浄法教即有清浄妙福，隨其清浄妙福則有清浄妙慧，隨其清浄妙慧則有清浄妙智，隨其清浄妙智則有清浄妙行，隨其清浄妙行則有清浄自心，隨其清浄自心則有清浄諸妙功德。」玄奘譯成唯識論卷七：「如契經説三界唯心，又説所緣唯識所現，又説諸法皆不離心，又説有情隨心垢浄。」

又，鈔〔一〕釋「唯識所因」，立四種道理，即四比量也：第一、比量成立五塵相分色，皆是五識親所緣緣，成其唯識義；第二、成立第六識，并闇成立七、八二識，皆緣自之親相分不離於識，是唯識義；第三、總成立一切親相分不離心體，得成唯識；第四、成立一切疎所緣緣境皆不離心，得成唯識。

且第一、成立五塵相分皆不離五識者，今但成立一識相分不離於識，餘四識准作。量云：極成眼識是有法，定不親緣離自識色，是宗。因云：極成五識中隨一攝故。如餘，極成四識〔二〕。

將釋此量，分之爲二：初釋名揀過，次略申問答。

初者，宗前陳云「極成」者，即揀兩宗不極成眼識〔三〕。且如大乘宗中，許有他方佛眼識及佛無漏眼識，爲小乘不許，亦揀之不取；若小乘宗中，執佛是有漏眼識及最後身菩薩染汙眼識，即大乘不許，亦須簡之。即兩宗互不許者，是不極成法。今但取兩宗共許極成眼識，方立爲宗，故前陳言「極成眼識」也。

問：若不致極成兩宗簡，即有何過？

答：前陳便有自他一分所別不極成過〔四〕，因中亦犯自他一分所依不成過〔五〕，爲前陳無極成眼識爲所依故，所以安「極成」二字簡。後陳言定不親緣離自識色宗者，但是離眼識相分外，所有本質色及餘四塵但離眼識者，皆不親緣。若立敵共諍，只諍本質也。若大乘自宗，成立眼識親相分色。

問：何故不言定親緣不離自識色耶？

答：恐犯能别不極成過〔六〕故，謂小乘不許色不離於眼識故。

次因云「極成五識中隨一攝故」者，因言「極成」，亦簡不極成五識。若不言「極成」簡，空言「五識中隨一攝」者，即此因犯自他一分隨一不成過〔七〕，所以因安「極成」言揀之。

喻云「如餘，極成四識」者，喻言「極成」，亦揀不極成法。若不安「極成」，犯一分能立、所立不極成過〔八〕，所以安「極成」言簡。既立得相分色不離於眼識，餘聲、香、味、觸等皆準此成立，皆不離於餘四識故。所以唯識論頌云：極成眼等識，五隨一攝故，如餘不親緣，離自識色等〔九〕。

次申問答。

一問：宗依〔一〇〕須兩共許，今後陳〔一一〕立者言「不親緣離自識色」，敵者許親緣離自識本質色，何言極成？

答：小乘亦許眼識不親緣餘四塵，以離眼識故，但使他宗許有不親緣離自識色，即是宗依極成也。

二問：他宗既許餘四塵眼識不親緣，後合爲宗，便是相扶，豈成宗諍？

答：今所諍者，但取色塵本質，眼不親緣，互相差别，順己違他，正成宗體。以小乘雖許色本質離於眼識，且是親緣，今言不親緣，豈非宗諍？

三問：宗中所諍，是眼識不親緣本質色，同喻如餘四識，餘四識但不親緣餘四塵，豈得相似？

答：餘四識是喻依，各有不親緣離自識法是喻體〔一二〕。今取喻體，不取喻依。亦如「聲無常」宗，同喻如瓶〔三〕，不應分别聲瓶有異，但取聲、瓶各有無常義，相似爲因等也。

校注

〔一〕按，此鈔，或即義忠成唯識論鈔，詳見本書卷五九注。

〔二〕窺基撰成唯識論述記卷七：「自下爲理，有四比量。第一總云：謂立宗云：極成眼等識，不親緣離自色等。因云：五隨一故。喻云：如餘。此中意説，且如五識中取一眼識，極成之眼簡不共許非極成有法故，即大乘他方佛眼識、小乘佛非無漏眼識、最後身菩薩不善眼識，各有自、他不極成故，取一極成眼識，不取不極成眼識，不親緣離自眼識之色。此親緣言，簡他身中自心外色及第八等所變爲眼識本質，彼亦疏所緣緣故。此立宗訖。因云：五識中隨一攝故，此論文略。如餘，耳等四識。耳等四識，五識中隨一攝，不親緣離自色，離自色是眼識境故，耳等唯緣不離自聲等故。如是餘四識展轉相望，四量亦爾。今總爲言故，眼等識如餘，離自色等不别指也。」

〔三〕極成：因明學用語，自（立論者）、他（問難者）共許（共同認可）而無異論之因明論式。窺基撰因明入正理論疏卷上：「極者，至也；成者，就也。至極成就，故名極成。有法能别，但是宗依，而非是宗，此依必須兩宗至極共許成就，爲依義立，宗體方成。所依若無，能依何立？由此宗依必須共許，共許名爲至極成就。至理有故，法本真故。」

〔四〕所别不極成過：爲宗九過之一，指宗依之前陳（所别，即宗前段之主詞）不爲對方所認可的過失。因明論式中，凡立宗時，前陳和後陳（能别，即宗後段之述語）的用語必須採用立（立論者）敵（問難者）雙方共同認可者。若前陳不爲對方所認可，即犯「立敵不共許」之所别不極成過。

〔五〕所依不成過：爲因（理由）四不成過之一，是因明論式中，因支所依的宗體之前陳不能成立所招致的過失。「所依」，即宗之前陳（主詞），其爲「因」之所依。

〔六〕能別不極成過：爲宗九過之一，指宗依之後陳（能别，即宗後段之述語）不爲對方所認可的過失。

〔七〕隨一不成過：爲因（理由）四不成過之一，是立（立論者）、敵（問難者）任何一方以對方不承認之因（理由）來立量而造成的過失。因明論式中，「因」必須爲立、敵雙方共同認可，始可成立。如果其中一方不認可，則犯隨一不成過。其中，若立論者自身認可其因而他方（問難者）不認可，稱爲「他隨一不成過」；若立論者自身不認可其因而他方認可，則稱「自隨一不成過」。

〔八〕能立、所立不極成過：即同喻五過中的能立不成過（喻中缺「因同品」條件之過失）、所立不成過（喻中缺「宗同品」條件之過失）。因明論式中，若於「同喻」中缺少與「因」在屬性上的共同點，令「因」無法極成，即能立不成過；缺少與「宗」在屬性上的共同點，令宗之後陳（述語）無法極成，即所立不成過。

〔九〕玄奘譯成唯識論卷七：「極成眼等識，五隨一故，如餘不親緣，離自色等。」

〔一〇〕宗依：因明論式中，構成宗體之前陳（所别，宗前段之主詞）與後陳（能别，宗後段之述語）。如立「聲是無常」之宗，此爲宗之全體，即宗體。「聲」與「無常」各爲宗之一部分（前陳、後陳），各爲宗體所依，故稱宗依。

〔一一〕「陳」，原作「揀」，據諸校本改。「後陳」者，即「宗」後段之述語。

〔一二〕喻依：喻體之所依，也就是喻中的具體實例。因明論式中的喻，由喻依、喻體兩部分構成：喻依爲具體實例，是喻體之所依；其所譬喻的義理，則爲喻體。如瓶上所作無常之義爲喻體，瓶則爲喻依。

〔三〕窺基撰因明入正理論疏卷上：「如立聲無常宗，所作性因，瓶爲同喻。」

第二、以理成立第六，兼闇成立七、八二識者。量云：極成餘識是有法，亦不親緣離自識法，宗。因云：是識性故。同喻：如極成五識。

釋云：宗前陳言「極成」，亦簡不極成。若不言極成，犯自他一分所别不極成過。若言六、七、八識爲有法，他不許七、八二識，即犯他一分所别不極成過。若但立意識爲有法，因中便犯不定過〔一〕。被他將七、八二識爲異喻，量犯共中自不定過〔二〕。今但揔言「餘」，别取第六，意兼七、八，即闇成立，攝取七、八於餘識之中。後陳言「亦不親緣離自識法」者，「亦」者，同也，同前極成五識，不親緣離自識諸法。「因云：是識性故」者，即同五識是識性故。「喻：如極成五識」者，即同五識，亦不親緣離自識故。明知即親緣不離自識法既成立已，故知一切親所緣緣境皆不離心，是唯識義。所以唯識論云：「餘識識故，如眼識等，亦不親緣離自諸法。」〔三〕

校注

〔一〕不定過：因明論式中，缺少因（理由）三相（遍是宗法性、同品定有性、異品遍無性）中的第二相同品定有性或第三相異品遍無性而導致的宗義不能確定的六種過失：共、不共、同品一分轉異品遍轉、異品一分轉同品遍轉、俱品一分轉、相違決定。

〔二〕共中自不定過：即「六不定過」中「共不定過」。因明論式中，由於「因」的範圍太寬，偏通於宗同品和宗異品而無法確定「宗」的過失，是「因」缺少第三相異品遍無性而導致的宗義不能確定的過失。「共」者，「因」偏通於「宗」同品、異品故。清智素成唯識論音響補遺卷七：「謂六、七、八識皆共識性故因，是則識性因寬。向七、八異喻上轉，是故不定。小乘出過云：爲如眼等五識是識性故，證汝第六不親緣離自諸法耶？爲如七、八二識是識性故，證汝第六是親緣離自諸法取。以小乘許本質色離於眼識，且是親緣故。大乘若不感立七、八，即彼小乘就已所計，謂七、八二識親緣離自本質色，故將七、八翻爲異喻也。」

〔三〕見玄奘譯成唯識論卷七。窺基撰成唯識論述記卷七：「第二量云：餘識，亦不親緣離自諸法，是識故，如眼等識。謂極成言亦流至此，第七、八識他不成故。謂第六識，五識之餘。若别言第六者，即恐他以七、八二識爲不定過。但總言『餘』，别取第六，意兼七、八亦在其中。如眼等識，亦不親緣離自諸法，故以爲喻，即是緣不離自識境爲境義。」

第三、以理成立前六識親所緣緣相分，皆歸心體。所言心體者，即自證分也。然雖見分，亦依自證而轉。今但立相分者，以見分共許故。量云：六識親所緣緣是有法，定不離六識體，宗。因云：見、相二分中隨一攝故，如彼能緣見分。小乘許見分不離心體故，取爲

同喻。所以唯識論云：「此親所緣緣，定非離此，二隨一故，如彼能緣。」〔一〕

校注

〔一〕見玄奘譯成唯識論卷七。窺基撰成唯識論述記卷七：「此意説言，謂前已言親所緣緣即是相分，恐他謂非識爲體，故今成之。前二量已成唯識訖，别有六量，此總爲一。謂此六識親所緣緣，定非離此六識，相、見二分中隨一攝故。如彼能緣見分，見分不離識。體即是識，故以爲喻。」

第四、道理成立一切踈所緣緣境皆不離心，是其唯識。即第八識相分望前六，名踈所緣緣，以小乘不許第八故，但云「踈所緣緣」也。量云：一切隨自識所緣是有法，決定不離我之能緣心及心所，宗。因云：以是所緣法故。同喻：如相應法。

釋曰：此量後陳言「定不離我之能緣」者，謂一切有爲、無爲，但所緣之法，定不離我之能緣識。若後陳不言「我之能緣」者，便犯一分相扶之失。謂小乘亦許他心智所緣之境不離能緣心故。爲簡此相扶過，遂言「我之能緣」，即簡他之能緣也。「同喻：如相應法」者，即是前來已成立親相分是也，皆所緣法故。所以唯識論云：「所緣法故，如相應法，決定不離心及心所。是以我法非有，空識非無，離有離無，正契中道。由此慈尊説中道二頌云：『虚妄分别有，於此二都無。此中唯有空，於彼亦有此。故説一切法，非空非不空。有

無及有故，是則契中道。』」〔一〕

言「虚妄分别有」者，即有三界虚妄分别心。言「於此二都無」者，謂無能取所取、我法二執之相〔二〕，於此妄心之上都無。言「此中唯有空」者〔三〕，謂此妄心中唯有真如，此是空性，依空所顯故。言「於彼亦有此」者，「彼」者，彼空性中；「亦有此」者，亦有此妄分别識。即虚妄分别，是世俗諦故。於此俗諦中，亦有真諦之空性也。言「故説一切法」者，即有爲、無爲二法，是一切法也。言「非空非不空」者，「非空」謂虚妄分别心及空性，即依、圓〔四〕是有，故名非空，以二諦有故；「非不空」者，謂能取所取、我法二執之相是空，即徧計性也〔五〕。言「有無及有故」者，「有」謂虚妄分别有故，「無」謂二取、我法無故；「及有故」者，謂於妄分别中有真空故，於真空中亦有妄分别故。言「是則契中道」者，謂非一向空，如清辯等；非一向有，如小乘等，故名中道。謂二諦有，不同清辯；二取、我法無，不同小乘，故名中道〔六〕。

校注

〔一〕見玄奘譯成唯識論卷七。

〔二〕「謂無能取所取、我法二執之相」，窺基撰成唯識論述記卷七作「謂能取、所取二，或我、法二」。

〔三〕「者」，原作「所」，據諸校本改。

〔四〕依、圓：即依他起性與圓成實性。
〔五〕「『非不空』者，謂能取所取、我法二執之相是空，即偏計性也」，窺基撰成唯識論述記卷七作「『非不空』者，謂所取、能取二，或我、法二，二皆無故，非不空也」。
〔六〕「言『虚妄分别有』者」至此，詳見窺基撰成唯識論述記卷七。

又，阿毗達磨經説：菩薩成就四智，能隨悟入唯識無境〔一〕。即是地前小菩薩，雖未證唯識之理，而依佛説及見地上菩薩，成就四般唯識之智〔二〕，遂入有漏觀，觀彼十地菩薩所變大地爲黄金，攪長河爲酥酪〔三〕，化肉山魚米等事〔四〕。此小菩薩入觀觀已，即云：如是所變實金銀等，皆不離十地菩薩能變之心，更無外境。既作觀已，亦能隨順悟入真唯識理。又如勝論祖師爲守六句義故，變身爲大石〔五〕，此有實用。若定實境者，不應隨心變身境爲石。

校注

〔一〕見玄奘譯成唯識論卷七。參後注引。阿毗達磨經，無漢譯本。
〔二〕四般唯識之智：一、相違識相智，二、無所緣識智，三、自應無倒智，四、隨三智轉智。玄奘譯成唯識論卷七：「成就四智，菩薩能隨悟入唯識無境：一、相違識相智，謂於一處，鬼、人、天等隨業差别，所見各異。境若實有，此云何成？二、無所緣識智，謂緣過、未夢境像等非實有境，識現可得。彼境既無，餘亦應爾。三、自應無倒智，謂愚夫智若得實境，彼應自然成無顛倒，不由功用應得解脱。四、隨三智轉智：一、隨自在者智轉智，謂已證得心自在者，隨欲轉變地等皆成。境若實有，如何可變？二、隨觀察者智轉智，謂得勝定修法觀者，隨觀一境，衆相現前。境若是真，寧隨心轉？三、隨無分別智轉智，謂起證實無分別智，一切境相皆不現前。境若是實，何容不現？」詳見本卷後文。

〔三〕澄觀撰大方廣佛華嚴經疏卷一一：「八地已上，攪大海爲酥酪，變大地爲黄金，以染爲淨，以淨爲染，自在攝生故。」

〔四〕義楚集釋氏六帖卷一九：「肉山之利，處胎經云：菩薩於飢饉劫濟諸有情，化身爲肉山魚米，取之無盡，食者蒙益。」

〔五〕窺基撰成唯識論述記卷一：「如有外道名吠世史迦，立六句義：一、實，二、德，三、業，四、有，五、同異，六、和合。」澄觀述大方廣佛華嚴經隨疏演義鈔卷一三：「新云『吠世史迦薩多羅』，此云『勝論』，『吠世』，亦云『鞞世』，『吠世』爲正，立六句義最爲勝故，或是勝人所造論故。」湛然述止觀輔行傳弘決卷一〇之一：「『迦毗羅』，此翻『黄頭』，頭如金色。又云頭面俱如金色，因以爲名。恐身死，往自在天問，天令往頻陀山取餘甘子，食可延壽。食已，於林中化爲石，如床大。有不逮者，書偈問石。後爲陳那菩薩斥之，其書偈石裂。」

問：且如變大地爲金時，爲滅卻地令金種別生？爲轉其地便成金耶？

答：唯識鏡〔一〕云：爲佛、菩薩以妙觀察智繫大圓鏡智及異熟識，令地種不起，金種生現。以此爲增上，能令衆生地滅金生〔二〕，名之爲變，非爲便轉地成金故。

校注

〔一〕唯識鏡：已佚。明王肯堂成唯識論俗詮序：「自基師以來，有疏有鈔，疏、鈔之外，又有掌中樞要、唯識鏡等諸著述，不知何緣不入藏中。宋南渡後，禪宗盛極，空談者多，實踐者少，排擯義學，輕蔑相宗，前舉諸典，漸以散失。」參見本書卷三七注。

〔二〕「生」，原作「性」，據清藏本及冥樞會要改。

攝論云：由觀行爲增上，令餘人識〔一〕變〔二〕。

校注

〔一〕「人識」，諸校本作「識人」。

〔二〕真諦譯攝大乘論釋卷四：「由觀行人識爲增上緣故，餘人識變異。」

大涅槃經云：「佛言：善男子，菩薩摩訶薩修行如是大涅槃者，觀土爲金，觀金爲土；地作水相，水作地相。隨意成就，無有虚妄。觀實衆生爲非衆生，觀非衆生爲實衆生，悉隨意成，無有虚妄。」〔一〕

校注

〔一〕見大般涅槃經卷一五，南本見卷一四。

台教云：諸物中一切皆有可轉之理，如僧護見身爲牀、瓶等〔一〕。當知色、法皆隨感現，色無定體，隨心所變。此理元是如來藏中不思議法，隨心取著，成外成小。汝等所行是菩薩道，平等法界，方寸無虧〔二〕。

校注

〔一〕因緣僧護經：「爾時，世尊復告僧護比丘：汝見第一瓶者，非是瓶也，是地獄人。迦葉佛時是出家人，爲僧當厨，應朝食者留至後日，後日食者至第三日。以是因緣，入地獄中，作大肉瓶，火燒受苦，至今不息。」「爾時，世尊復告僧護：汝見肉繩床，實非是床，是地獄人。迦葉佛時是出家人，捉僧繩床，不依戒律，如自己有，以次分床。以是因緣，入於地獄，作肉繩床，火燒受苦，至今不息。」

〔二〕「台教云」至此，詳見湛然述止觀輔行傳弘決卷九之三。

四般唯識智者，第一、相違識相智者，即四類有情各别能緣之識。識既相違者，其所變相分亦相違故，即天見是寶嚴地，魚見是窟宅，人見是清冷水，鬼見是膿河猛火〔一〕。緣此四類有情能變之識，各相違故，致令所變之境亦乃相違。所言相者，非是徧計相，但是相分之相。由四類有情先業之力，共於一處，各變相分不同，故名相違識相。言智者，即是十地菩薩能緣之智。智能了彼四類有情自業識所變相分不同，更無心外别四境。舊云「一境應四心」者，不正。

校注

〔一〕無性造、玄奘譯攝大乘論釋卷四：「相違識相智者，更相違反，故名相違；相違者識，名相違識。生此識因，説名爲相。了知此相唯内心變，外義不成，故無有義説名爲智。如餓鬼、傍生及諸天、人等者，謂於餓鬼自業變異增上力故，所見江河皆悉充滿膿血等處；魚等傍生，即見舍宅遊從道路；天見種種寶莊嚴地；人見是處有清冷水波浪湍洄。若入虚空無邊處定，即於是處唯見虚空。一物實有，爲互相違，非一品類智生因性，不應道理。云何於此一江河中，已有膿血屎尿充滿，持刀杖人兩岸防守，復有種種香潔舍宅、清浄街衢、衆寶嚴地、清冷美水波浪湍洄？虚空定境，若許外物都無實性，一切皆從内心變現，衆事皆成。」

問：何以不正？

答：若言「一境」者，未審定是何境？若離四類有情所變相分外，更别有一境者，即是心外有法。

問：其四類有情，爲是各變相分？爲本質亦別？

答：四類有情由業增上力，其第八所變相分亦別。若將此第八相分望四類有情前六識説，即爲本質故，相、質皆別。故知更無外境，唯有識也。所以唯識論云：「一、相違識相智，謂於一處，鬼、人、天等隨業差別，所見各異。境若是實，此云何成？」〔一〕唐三藏云：境非定一故，爲四類有情所變相分，隨四類有情能變之心，境亦成四，一處解成差，證知唯有識〔二〕。論云：如人見有糞穢處，傍生見爲淨妙飲食；於人所見淨妙飲食，諸天見爲臭穢不淨〔三〕。故知隨福見異，垢淨唯心，業自差殊，食無麁細。

校注

〔一〕見玄奘譯成唯識論卷七。

〔二〕窺基撰成唯識論述記卷七：「無性云：更相違返，故名相違。相違即境，各有別故。相違之者，名相違者，或相違即者，人、境俱別故。相違者識，名相違識。生此識因，説名爲相。菩薩之智，了知此相唯是內心，故一切法亦唯心變。鬼等膿河，魚等宅路，天寶嚴地，人清冷水，空定唯空，非一實物，互相違返。此雖非有，遍計所執，然業類如是，各變不同。舊云『一境應四心』，今言境非定一故，應言一處解成差，證知唯有識。」如理集成唯識論疏義演卷八：「應言『一處解成差』者，意言心外既無實境，何得一境應四心耶？但一意所中，有四相違境應四心也。『處』義寬，故心外釋境，故不可言『一境』也，但可言『一處』。」

〔三〕無性造、玄奘譯攝大乘論釋卷八：「於人等見有水處，餓鬼見是陸地高原；於人所見有糞穢處，傍生見爲浄妙飲食；於人所見不浄物中，餓鬼畜生見爲清浄；於人所見浄妙飲食，諸天見爲臭穢不浄。非相違事同一處有，故知遍計所執義無。」傍生，即畜生。

大智度論云：「如佛在耆闍崛山中，與比丘僧俱入王舍城。道中見大木，佛於木上敷尼師壇〔一〕坐，告諸比丘：『若比丘入禪，心得自在，能令大木作地，即成實地。何以故？是木中有地分故。如是水、火、風、金、銀種種寶物，即皆成實。何以故？是木中皆有其分。』復次，如一美色，婬人見之，以爲浄妙，心生染著；不浄觀人觀之，種種惡露，無一浄處；等婦見之，妬瞋憎惡，目不欲見，以爲不浄。淫人觀之爲樂；妬人觀之爲苦；浄行之人觀之得道；無預之人觀之，無所適莫，如見土木〔二〕。若此美色實浄，四種人觀，皆應見浄。若實不浄，四種人觀，皆應不浄。以是故知好醜在心，外無定也。」〔三〕

「又問：定力變化事，爲實？爲虚？若實，云何石作金、地作水？若虚，云何聖人而行不實？答曰：皆實，聖人無虚也，三毒已拔故。以一切法各各無定相故，可轉地或作水相。如酥、膠、蠟是地類，得火則消爲水，則成濕相，水得寒則結成冰而爲堅相。石汁作金，金敗爲銅，或還爲石。衆生亦如是，惡可爲善，善可爲惡。以是故知，一切法無定相。」〔四〕

校注

〔一〕尼師壇：坐具，爲坐、卧時敷於地上或卧具上的布。慧琳一切經音義卷一：「尼師壇，梵語略也，正梵音具足應云『寧史娜曩』，唐譯爲『敷具』，今之坐具也。寧，音寧頂反。」

〔二〕無量壽經卷下：「於其國土所有萬物，無我所心、無染著心，去來進止，情無所係，隨意自在，無所適莫，無彼、無我，無競、無訟。」隋慧遠無量壽經義疏卷下：「於衆生所，無適適之親，無莫莫之疏，名無適莫。」無所適莫，没有親疏，不分貴賤。

〔三〕見龍樹造、鳩摩羅什譯大智度論卷一二。

〔四〕見龍樹造、鳩摩羅什譯大智度論卷一八。

第二、無所緣識智者，言無所緣識者，即是一切異生將自第六獨生散意識緣過去、未來水月、鏡像等，變起假相分是。此等相分，但是衆生第六識妄構畫徧計，當情變起，都無心外實境，名無所緣識。言智者，即是十地菩薩能緣之心。菩薩云：此等異生所變假相分，皆不離一切異生能變之心，是其唯識。即以此例於一切實境，亦不離一切有情能緣之心。離心之外，更無一物。舊云「緣無不生慮」，即不正。

問：何以不正？

答：且如緣空華等一切假境之時，心亦起故，何言緣無不生慮？故知緣無體假境時，不無内心實相分能牽生心，望見分亦成所緣緣義。「未有無心境，曾無無境心。」〔一〕又不違護法四分成唯識義。若離卻内心實相分外，其構畫徧計執心之境即無。唐三藏云：「應言境非真慮起，證知唯有識。」〔二〕所以唯識論云：「二、無所緣識智，謂緣過、未夢鏡像等，非實有境，識現可得。彼境既無，餘亦應爾。」〔三〕既若菩薩觀諸異生徧計所執之境，皆不離異生心者，明知餘一切實境，皆悉如是。

校注

〔一〕出傅大士頌金剛經離相寂滅分第十四。參見本書卷五七注。

〔二〕此説見窺基撰成唯識論述記卷七：「『智』者，即菩薩智。『無所緣識』者，無所緣之識，謂一切緣過、未識，此唯有心，菩薩緣此識，無境得生，故名爲智。舊云『緣無得起慮』，今言『大乘相分必有』，應言境非真慮起，證知唯有識。」

〔三〕見玄奘譯成唯識論卷七。

第三、自應無倒智者，即十地菩薩起智，觀察一切衆生妄執自身爲常、樂、我、淨。菩薩云：此但是凡夫執心倒見，離卻妄執心外，其凡夫身上實無常、樂、我、淨之境。必若有者，應異生不假修行而得解脱。既不爾者，明知唯有妄識。故唯識論云：「三、自應無倒智，謂

愚夫智若得實境，彼應自然成無顛倒，不由功用，應得解脱。」〔一〕

校注

〔一〕見玄奘譯成唯識論卷七。窺基撰成唯識論述記卷七：「若一切凡夫已得實境，由境非妄故，即一切凡夫應不由功用，自成解脱。解脱不成，故唯有識。舊云『難塵是實有』，今言證實智不成，證知唯有識。」

第四、隨三智轉智者〔一〕：一、隨自在者智轉智，即是菩薩起智，觀自所變之境，皆不離我能變之心，是其唯識。爲八地已去菩薩能任運變大地爲黄金，攪長河爲酥酪。此是境隨真智轉，所變事皆成。轉者，改换舊質義，即改〔二〕轉大地山河舊質成金銀等，衆生實得受用，鍛鍊作諸器具皆得。若離心有外實境者，如何山河等能隨菩薩心便變爲金銀等物？以相分、本質皆悉轉故。故知一切諸境，皆不離菩薩能變之心。乃至異生，亦能變火爲水、變晝爲夜、點鐵成金等，此皆是境隨事智轉，所變事皆成，亦是唯識。若是迦多演那所變宫殿金銀等〔三〕，皆不成就，故知離心更無實境。論云：凡變金銀宫殿者，是實定果色，從初地已去方能變〔四〕。若約自在，八地已上菩薩於相及土皆得自在，以上品定心有大勢力，所變金銀宫殿等皆得成就。如變金銀鍛鍊作諸器具，實得受用。其所變金銀，是實定果色，皆不離菩薩内心，是其唯識，心外無境。若諸聲聞及地前小菩薩〔五〕，若變金銀宫殿時，即託菩薩所變金銀宫殿以爲本質。第六識所變金銀等，皆不成就，無實作用。然所變金銀，是假定果色，不離聲聞諸小菩薩内心，是其唯識，心外無境。今迦多演那緣是聲聞，未得上品定故，所變金銀雖無實作用，然不離内識，心外無境。所以唯識論云：「一、隨自在者智轉智，謂已證得心自在者，隨欲轉變，地等皆成。境若是實，如何可變？」〔六〕又古德云：色自在心生故，心能變色〔七〕。所以移山覆海、倒地翻天、攪長河爲酥酪、變大地爲黄金，悉無難事。

校注

〔一〕按，隨三智轉智者，一、隨自在者智轉智，二、隨觀察者智轉智，三、隨無分别智轉智。詳見後文。

〔二〕「改」，諸校本作「隨」。

〔三〕義淨譯根本説一切有部毗奈耶雜事卷二一：「迦多演那聞佛説已，即於座上觀知生死五趣輪迴，有爲無常、苦空無我，心開意悟，斷諸煩惱，證阿羅漢果，三明六通，具八解脱，得如實知：我生已盡、梵行已立、所作已辦、不受後有。心無障礙，如手撝空。刀割香塗，愛憎不起。觀金與土，等無有異。於諸名利，無不棄捨。釋梵諸天，皆悉恭敬。因佛與名迦多演那，從是已後，名大迦多演那。」

〔四〕按，「論云」，當作「論意云」。此乃成唯識論中句意的解釋，非原文。玄奘譯成唯識論卷二：「略説此識所變境者，謂有漏種、十有色處、及墮法處所現實色。」十有色處者，謂五根、五塵，即通器界、根身；墮法處所現實色者，意識緣境，有實有假，此唯實定果色也。如理集成唯識論疏義演卷八：「或第六識所變外質方起者，即是第六識中所變定果實色。五識亦緣之，法處攝實色，故前第二論云：『及墮法處所現實色。』此文意説，即取十地位中無漏妙觀察智所變，起實定果色等爲五識本質，故前四智疏中云：言十地中所變金銀等，有實用故，前論云『墮法處所攝實色』等，皆約妙觀察智中所變定果色。」

〔五〕「薩」下，諸校本有「等」。地前者，十地中初地（歡喜地）以前。地前小菩薩，即有未斷惑者之凡夫菩薩。

〔六〕見玄奘譯成唯識論卷七。窺基撰成唯識論述記卷七：「第一得心自在者，謂得心調順，堪有所作。若勝者，唯第八地已去，任運實變大地等得爲金寶，令有情用故。境隨智轉，所欲皆成。或意解思惟觀雖境亦成，然今取轉換本質，不取於此，前解爲是。又約得十自在，十地皆得。准此義，得定自在，即初地亦轉。或第三地得定自在，各據勝説。然一切異生能作此者，皆是境隨事惠轉也。」

〔七〕按，起信論疏筆削記卷一二：「以八地等者，以色自心生故，心能變色故，由是能毛容刹海、芥納須彌，色心不相妨，自他無分隔也。」故此説當出傳奥大乘起信論隨疏記。參見本書卷六注。「古德」者，當即傳奥。

二、隨觀察者智轉智者，無性菩薩云：謂諸聲聞、獨覺、菩薩等，若修苦、空等觀得相應者，或作四諦觀時，隨觀一法之上，唯有無常、苦、空、無我等衆相顯然。非是諸法體上有此衆多苦、空等義，但是苦、空等衆相即是諸法之體，既若無常相於聖人觀心上有者。故知一切諸法，皆不離觀心而有。所以唯識論云：「二、隨觀察者智轉智，謂得勝定修法觀者，隨

觀一境，衆相現前。境若是真，寧隨心轉？」〔一〕

校　注

〔一〕見玄奘譯成唯識論卷七。窺基撰成唯識論述記卷七：「第二得定者，無性云：謂諸聲聞、獨覺等所言修者，謂空境相應，或四聖諦所緣相應。法觀者，謂此後得觀契經等正法妙惠，隨觀一境之上無常等行，衆相顯現。謂一極微觀爲無常、苦、空、無我相皆顯故，非一體上有衆多義。義豈非體？若一體者，體應非一。若異體者，體應非無常等。由境無實故，唯心所變，故隨心觀，衆相顯現。此意如是，境隨理惠轉也。」

三、隨無分别智轉智者，爲菩薩根本智證真如時，真如境與智冥合，能、所一般，更無分别。離本智外，更無别境，即境隨真智轉，是故説唯心。汝小乘若執有心外實境者，即證真如時，一切境相，何不現前？故唯識論云：「三、隨無分别智轉智，謂現證實無分别智，一切境相皆不現前。境若是實，何容不現？」〔一〕

校　注

〔一〕見玄奘譯成唯識論卷七。窺基撰成唯識論述記卷七：「第三謂起證實無分别智者，即緣真如觀，簡後得智，故言證實，非境實有，可智觀無，智應成倒。智既非倒，故境非真，境隨真惠轉。」按，以上中小乘第二、世事乖宗難。此是經部師〔一〕難云：論主若言唯有内識、無心外境者，如何現見世間情與非情等物，有處定、時定、身不定、作用不定等？就此中自有四難：一、處定難，二、時定難，三、身不定難，四、作用不定難。

初難云：論主若言一切皆是唯識、無心外境者，且如世人將現量識正緣南山處，其識與山俱在其南，山不離識，可言唯識。忽若將現量識緣北之時，其山定在南，且不隨緣者心轉來向北。既若緣北之時緣南山心不生者，明知離識之外有實南山之境，此何成唯識？

第二、時定難者，難云：若正緣南山時識現起，山亦隨心起，即可成唯識義。且如不緣南山時，其緣山心即不生。然山且在，不隨心滅，即是離心有境，何成唯識義？

此上二難，皆是難現量識，不〔二〕難比量。若約比量心者，即山相分亦於餘處心上現故。

第三、有情身不定難者。難云：若言一切皆是唯識者，且如有衆多有情同在一處，於中一半眼有患眩瞖者，或十或五，或有見空華，或有見頭髮，或有見蒼蠅，或有全不見物者，此等皆是病眼人自識變起，所變髮、蠅等相分，皆不離患眩瞖者之心，可是唯識。且如一半不患眩瞖者，或十或五，共在一處，所見一般，物皆同境。既是一者，明知離心有境，何成唯識？

校注

〔一〕經部：俱稱「經量部」，小乘十八部之一。玄奘譯異部宗輪論：「（佛滅後）至第四百年初，從説一切有部復出一部，名經量部，亦名説轉部。」窺基記異部宗輪論述記：「此師唯依經爲正量，不依律及對法。凡所援據，以經爲證，即經部師。從所立以名經量部。亦名説轉部者，此師説有種子，唯一種子，現在相續，轉至後世，故言説轉。」

〔二〕「不」，諸校本作「亦」。按，後云「若約比量心者」，則此上二難「不難比量」，作「不」是。

音義

酥，素姑反。　窟，苦骨反，穴也。　膿，奴冬反，膿血也。　攪，古巧反，動也。

眩，胡涓反，亂也。　瞖，於計反，目瞖。　蠅，余陵反。

戊申歲分司大藏都監開板

宗鏡録卷第六十三

慧日永明寺主智覺禪師延壽集

第四、作用不定難者。於中分出三難：第一難云：復有何因，患眩瞖者所見髮、蠅等，即無髮、蠅等實用？餘不患眩瞖者所見髮、蠅等物，是實用非無？汝大乘既許皆是唯識者，即須一時有實作用。不然，一時無實作用。今既不同，未審何者是其唯識？第二難云：復有〔一〕何因，有情於夢中所得飲食、刀杖、毒藥、衣服等即無實作用？及至覺時若得，便有實用？第三難云：復有何因，尋香城〔二〕等即無實作用？餘甎土城等便有實作用？

校注

〔一〕「有」，諸校本作「云」。

〔二〕尋香城：即乾闥婆城，幻化而出的城郭。慧琳一切經音義卷一：「尋香城，古譯名『乾闥婆城』，唐梵雖殊，其實一也。瑜伽論云：音樂在地，屬東方持國天王，常與上界諸天奏樂，以業感力故，但諸天思憶樂時，此尋香神即感，遥聞彼天香氣，尋香赴彼，奏諸音樂。或名食香神。案，此天所住城郭，或居須彌層級，或在七金山上，或居空界，或處人間。其城郭多於平澤海濱、或於空曠砂漠絶人境處，化現似城，遠望分明，近觀即滅，如波浮雲、陽氣之類。」

論主答前四難，引三十唯識論頌云：「處、時定如夢，身不定如鬼，同見膿河等，如夢損有用。」〔一〕

校注

〔一〕按，此頌見唯識二十論。

若依此頌答前四難，即足。且第一、答前處定難者。論主云：汝還許有情，於夢中有時見有村、園，或男或女等物，在於一處，即定。其有情夢心，有時便緣餘處，餘處便不見前村、園等物，即夢心不定。汝且總許是唯識不？經部答云：我宗夢中，雖夢境處定，夢心不定，然不離有情夢心，皆是唯識。論主云：我覺時境色，亦復如然。雖山處長定，其有情能緣心不定，然皆不離現心，總是唯識。立量云：我宗覺時，所見境色是有法，定是唯識，爲宗。因云：境處定，心不定故。喻：如汝宗夢中之境，皆是唯識。

第二、答前時定難者。論主云：且如有情於夢中所見村、園等物，其夢心若緣時，可是唯識？若不緣時，應非唯識。經部答云：我夢中之境，若夢心緣時，亦是唯識。若夢心有不緣時，然不離夢心，亦是唯識。論主云：我覺時境色，亦復如然。我今長時緣南山，山不離心，是唯識。有時緣山，心雖不生，然不離現心，亦是唯識。頌云「處、時定如夢」，此一句答前二難。

第三、答身不定難。論主云：汝經部還許衆多餓鬼同於一處，於中有三有五，業同之者，即同見膿河定。又有三五隨自業力，所見不定，即同於一處，或有見猛火，或有見糞穢，或有見人把棒欄隔，如是餓鬼，同於一處，一半見境定，一半所見各異，汝總許是餓鬼唯識不？答云：雖見有同異，然不離餓鬼自業識所變，皆是唯識。論主云：我宗唯識，亦復如然。雖一類悉眩瞖者所見各別，有一類不患眩瞖者所見即同，然不離此二類有情識之所變，皆是唯識。頌云：「身不定如鬼，同見膿河等。」此兩句頌，答此一難。

成唯識寶生論：「偈云『身不定如鬼』者，實是清河，無外異境，然諸餓鬼，悉皆同見膿滿而流，非唯一覩。然於此處，實無片許膿血可得，何容得有溢岸而流？雖無實境，決定屬一，理定不成。此即應知，觀色等心，雖無外境，不決定性於身非有，遮卻境無，即彼成立有境之因，有不定過。於無境處，亦有多身，共觀不定，如何實無膿流之事，而諸餓鬼不別觀之？由其同業，感於此位，俱見膿流。慳悋業熟，同見此苦，由昔同業，各熏自體，此時異熟，皆並現前。彼多有情，同見斯事，實無外境，爲思憶故，準其道理，仁亦如斯，共同造作。

所有熏習成熟之時，便無别相，色等相分從識而生。是故定知不由外境，識方得起，豈非許此同一趣生？然非決定彼情同業，由現見有良家賤室、貧富等異，如是便成見其色等，應有差别，同彼異類，見成非等。故知斯類，與彼不同。彼亦不由外境力故，生色等境。然諸餓鬼雖同一趣，見亦差别，由業異相，所見亦然。彼或有見大熱鐵團〔一〕融煮迸濆，或時見有屎尿横流，非相似故。雖同人趣，薄福之人，金帶現時，見爲鐵鎖，赫熱難近；或見是虵，吐其毒火。是故定知雖在人趣，亦非同見。若如是類，無别見性，由其皆有同類之業。然由彼類有同分業，生同分趣，復有别業，各别而見。此一功能，隨其力故，令彼諸人有同、異見。復以此義，亦答餘言，有説别趣有情、鬼、傍生等，應非一處，有不别見，由别作業異熟性故。此雖成趣，業有差别，同觀之業，還有不異。即諸有情自相續中，有其别異業種隨故，彼任其縁，各得生起。」〔二〕

第四、總答作用不定中三難者。論主云：汝經部等還許有情夢中所得刀杖、飲食等無實作用，是唯識不？答云：尔。又問：只如有情於夢中有時遺失不浄及失尿等事，即有實作用，汝亦許是唯識不？答云：尔。論主例答：汝既許夢中有實作用及無實作用俱是唯識者，即知我宗患眩瞖及不患者、并夢中現覺兼假城實城，此三般皆是有實作用，亦如汝夢中有實無實作用，皆是唯識。論主以量成立云：我宗覺時，境色是有法，定是唯識，宗。因云：有實作用故。如汝夢中境色。不然，汝夢中境色是有法，應非唯識，宗。因云：有實無實作用故。如汝覺時境色。唯識頌云：「如夢損有用。」此一句答上難境。

校注

〔一〕「團」，磧砂藏、嘉興藏本作「圍」。按，成唯識寶生論作「團」。

〔二〕見護法造、義浄譯成唯識寶生論卷二。按，成唯識寶生論，一名二十唯識順釋論。

又，都將一喻，總答四難。三十唯識頌云：「一切如地獄，同見獄卒等，能爲逼惱事，故四義皆成。」〔一〕

且如世間處定、時定、身不定、作用不定等事，亦如地獄中受罪有情各見治罰事，亦有處定、時定、身不定、作用不定，此皆唯識。但是諸有情惡業增上，雖同一獄，然受苦時所見銅狗、鐵虵、牛頭、獄卒治罰之具，或同或異，如是苦器，逼害罪人，此皆是罪人自惡業心現，並無心外實銅狗等物。今世間事法，亦復如然。若罪人同一獄者，是總報惡業力。若各別受苦者，即是別報惡業力。

校注

〔一〕按，此頌見唯識二十論。

諸經要集云：「夫云罪行，妄見境染，執定我人，取著違順，便令自、他皆成惡業。是以經偈云：『貪欲不生滅，不能令心惱。若人有我心，及有得見者，是人爲貪欲，將入於地獄。』〔一〕

「是故心外雖無别境，稱彼迷情，强見起染。如夢見境，起諸貪瞋，稱彼夢者，謂實不虚。理實無境，唯情妄見。故智度論説：『如夢中無善事而善，無瞋事而瞋，無怖事而怖。』三界衆生，亦復如是。無明眠故，不應瞋而瞋等。』〔二〕故知心外雖無别境，稱彼迷情，妄見起染；心外雖無地獄等相，惡業成時，妄見受苦。

「如正法念經云：『閻摩羅人，非是衆生，罪人見之，謂是衆生，手中執持錟然鐵鉗。彼地獄人惡業既盡，命終之後，不復見於閻羅獄卒。何以故？以彼非是衆生數故。如油炷盡，則無有燈。業盡亦尔，不復見於閻羅獄卒。如閻浮提，日光既現，則無暗冥。惡業盡時，閻羅獄卒亦復如是。惡眼惡口，如衆生相，可畏之色，皆悉磨滅。如破畫壁，畫亦隨滅。惡業畫壁，亦復如是，不復見於閻羅獄卒可畏之色。』〔三〕以此文證，衆生惡業應受苦者，自然其中妄見地獄。

「問曰：見地獄者，所見獄卒及虎狼等可使妄見。彼地獄處，閻羅在中判諸罪人，則有此境，云何言無？

「答曰：彼見獄主，亦是妄見，直是罪人惡業熏心，令心變異，無中妄見，實無地獄閻羅在中。」〔四〕

校注

〔一〕見諸法無集經卷下。

〔二〕見龍樹造、鳩摩羅什譯大智度論卷六。

〔三〕見正法念處經卷三四。

〔四〕見道世集諸經要集卷一一業因部罪行緣。

又，唯識論中「問曰：地獄中主、烏狗、羊等，爲是衆生？爲非衆生？

「答曰：非是衆生。

「問曰：以何義故，非是衆生？

「答曰：以不相應故。此以何義？有五種義，彼地獄主及烏狗等非是衆生。何等爲五？一者、如地獄中罪衆生等受種種苦，地獄主等若是衆生，亦應如是受種種苦，而彼一向不受如是種種苦惱，以是義故，彼非衆生。二者、地獄主等若是衆生，應遞相殺害，不可分別此是罪人、此是主等，而實不共遞相殺害，可得分別此是罪人、此是獄主，以是義故，彼非衆生。三者、地獄主等若是衆生，形體力等應遞相殺害，不應偏爲受罪人畏，而實偏爲罪人所畏，以是義故，彼非衆生。四者、彼地獄地，常是熱鐵，地獄主等是衆生者，不能忍苦，云何能害彼受罪人？而實能害彼受罪人，以是義故，彼非衆生。五者、地獄主等若是衆生，非受罪人，不應於彼地獄中生，而實生於彼地獄中，以是義故，彼非衆生。此以何義，彼地獄中受苦衆生，造五逆等諸惡罪業，於彼中生？地獄主等不造惡業，云何生彼？以如是等五種義故，名不相應。

「問曰：若彼主等非是衆生，不作罪業，不生彼者，云何天中得有畜生？此以何義，如彼中有種種鳥、諸畜生等，生在彼處，於地獄中何故不爾，畜生、餓鬼、種種雜生，令彼爲主？

「答曰：偈言：畜生生天中，地獄不如是，以在於天上，不受畜生苦。此偈明何義？彼畜生等生天上者，彼於天上器世間中有少分業。是故於彼器世間中受樂果報，彼地獄主及烏狗等不受諸苦。以是義故，彼地獄中無有實主及烏狗等除罪衆生」〔一〕。

校　注

〔一〕見天親造、般若流支譯唯識論。

又，寶生論云：「如上所言，得差別體。地獄苦器，不同受之。或諸猛火，由業力故，便無燒苦。斯則自非善友，誰能輒作斯説？凡是密友性善之人，不論夷險，常爲思益，爲欲顯其不受燒苦，故致斯言。然於此時，助成立義，即是顯出善友之意。由其不受彼之苦故，意欲成立非那洛迦〔一〕。今復更云：由其業力，説有大火，言不燒者，斯則真成立唯識義。由無實火，但唯業力能壞自性。既定不受如斯苦故，便成此火，自性元無，然有實性，是宗所許。若也許其是識現相，事體元無，此由業力故無火。斯成應理，由其先業爲限劑故。若異此者，彼增上業所招之果，既現在彼，如何不見？如無智者，欲求火滅，更復澆酥，令唯識宗轉益光熾，由斯衆理，證此非成那洛迦類。」〔二〕故知唯心所現，正理無差。

校注

〔一〕那洛迦：地獄。慧琳一切經音義卷三五：「那洛迦，梵語也，地獄名。」釋氏要覽卷中界趣「地獄趣」條：「彼諸有情，無悦、無愛、無味、無利、無喜樂故，名那洛迦也。今稱地獄者，地，底也，下也，謂萬物之中最在底下也；獄，局也，謂拘局不得自在故。」

〔二〕見護法造、義浄譯成唯識寶生論卷三。

如觀佛三昧海經觀佛心品云：「是時佛心如紅蓮華，蓮華葉間〔一〕有八萬四千諸白色光，其光徧照五道衆生。此光出時，受苦衆生皆悉出現。所謂苦者，阿鼻地獄、十八小地獄、十八寒地獄，乃至〔二〕五百億刀林地獄等。」〔三〕

校注

〔一〕「間」，諸校本作「開」。按，經中作「間」。

〔二〕乃至：表示引文中間有删略。

〔三〕見觀佛三昧海經卷五觀佛心品。又，末尾「等」，亦表删略，非經文。

問：若衆生惡業心感現地獄事，理即可然，且如觀佛心時，云何純現地獄？

答：此略有二義：一、若約理而觀，佛之心性，本含法界，無一塵而不徧，無一法而不通；二、若約事而觀，佛唯用救苦爲意，以物心爲心，則地獄界全是佛心，運無緣慈，不間同體。

所以觀佛心品云：「佛告大〔一〕王：欲知佛心光明所照，常照如此無間無救諸苦衆生。佛心所緣，常緣此等極惡衆生。以佛心力自莊嚴故，過筭數劫，令彼罪人發菩提心。」〔二〕乃至〔三〕「爾時，世尊説是語時，佛心力放〔四〕十種白光，從佛心出，其光徧照十方世界。一一光中，無量化佛乘寶蓮華。時會大衆見佛光明，如玻瓈水，或見如乳，見諸化佛從佛胸出，入於佛臍，遊佛心間，乘大寶船，經往五道受罪人所，一一罪人見諸化佛，如己父母，善友所親，漸漸爲說出世間法。是時，空中有大音聲告諸大衆：汝等今者，應觀佛心。諸佛心者，是大慈也。大慈所緣，緣苦衆生。乃至次行大喜，見諸衆生安隱受樂，心生歡喜，如己無異。既生喜已，次行捨法。是諸衆生無來去相，從心想生。心想生者，因緣和合，假名爲心。如此心想，猶如狂華，從顛倒起，苦從想起，樂從想生，心如芭蕉，中無堅實，廣説如經十譬〔五〕。作是觀時，不見身心，見一切法同如實性，是名菩薩身、受、心、法。依因此法，廣修三十七助菩提分〔六〕，若取證者，是聲聞法。不取證者，是菩薩法」〔七〕。

校注

〔一〕「大」，原作「天」，據諸校本及觀佛三昧海經改。

〔二〕見觀佛三昧海經卷五觀佛心品。

〔三〕乃至：表示引文中間有删略。下二「乃至」同。

〔四〕「放」，觀佛三昧海經作「故」。

〔五〕觀佛三昧海經卷九觀像品：「如我身者，四大五陰所共合成，如芭蕉樹中無堅實，如水上沫、如水中月、如鏡中像、如熱時焰、如野馬行、如乾闥婆城。」

〔六〕三十七助菩提分：即三十七道品，是進入涅槃境界的三十七種修行方法，包括四念處、四正勤、四如意足、五根、五力、七菩提分、八聖道分。詳見本書卷二「三十七品」注。

〔七〕見觀佛三昧海經卷六觀四無量心品。

又，寶生論云：「『時、處定如夢』者，有說由心惑亂，遂乃便生時、處定解。然於夢中，無其實境決定可得，故世共許。如何將此比餘定事，爲作過耶？乃至〔一〕爾時，於彼夢中，實亦無其時、處決定相狀在心。由何得知？如有頌言：若眠於夜裏，見日北方生，參差夢時、處，如何有定心？」〔二〕

又云：「此之夢心，有何奇異？營大功業，不假外形，而能巧利構茲壯麗。或見崇墉九仞，飛甍十丈，碧條䨲靡〔三〕，紅華璀璨，匠人極思，亦未能雕。若言於他同斯難者，彼無此過，不假外色功力起故，但由種熟，仗識爲緣，即於此時，意識便現。又，未曾見有經論説，於彼夢中生其別色。」〔四〕

校注

〔一〕乃至：表示引文中間有删略。

〔二〕見護法造、義浄譯成唯識寶生論卷二。

〔三〕「䨲靡」，成唯識寶生論作「蘼靡」。慧琳撰一切經音義卷五一：「䨲靡，上雖蔂反，下音美。考聲云：䨲靡，草偃貌也。楚辭『蘋草䨲靡』也。王逸注云：隨風披敷也。論文並從草作『蘼靡』，俗字也。若音爲霍者，非也。」

〔四〕見護法造、義浄譯成唯識寶生論卷二。

百法鈔〔一〕云：論主言：如於夢中與女交會，流洩不浄〔二〕；夢被虵螫，能令悶絶，流汗〔三〕心迷〔四〕。雖無實境，而有實作用，此是唯識不？經部答云：此是唯識。論主云：汝既許夢中有實作用、無實作用皆是唯識，即我宗夢中現覺、眩瞖者不眩瞖者、假城實城，此三般有實、無實作用，如汝夢中，亦是唯識。論主立量云：有瞖、無瞖等是有法，有用、無用，其理亦成，宗。因云：許無實境故。如夢中染汙等。所以唯識論云：「如夢損有用。」〔五〕

校注

〔一〕百法鈔：不詳。參見本書卷四六注。

〔二〕護法造、義浄譯成唯識寶生論卷二：「如夢有損用，雖無外境，理亦得成。由於夢内男女兩交，各以自根更互相觸，雖無外境觸而有作用成，現流不浄。但是識相自與合會，爲其動作。此既如是，於餘亦然。」

〔三〕「汗」，諸校本作「汙」。

〔四〕護法造、義浄譯成唯識寶生論卷二：「或復有時見其毒等，雖無實境而有作用。由見不被蛇之所螫，然有疑毒能令悶絶，流汗心迷。」按，據大正藏校勘記，元、明本成唯識寶生論「汗」作「汙」。

〔五〕按，以上申小乘九難中第二世事乖宗難。

第三、明聖教相違難者。小乘難意云：論主若言一切皆是唯識、無心外實境者，何故世尊於阿含經中説有十二處〔一〕？若一切皆唯識者，世尊只合説意處、法處，即不合説有十色處。今世尊既説有十二處者，明知離卻意、法處外，別有十色處，是心外有，何言一切皆是唯識？論主答中分三：初、假答，二、正答，三、喻答。

校注

〔一〕中阿含經卷四七心品多界經：「世尊答曰：『阿難，若有比丘見十二處知如真，眼處、色處，耳處、聲處，鼻處、香處，舌處、味處，身處、觸處，意處、法處。阿難，見此十二處知如真。』」

初、假答，引三十唯識頌云：「識從自種生，似境相而轉，爲成内外處，佛説彼爲十。」〔二〕言「識從自種生」者，即五識自證分現行，各從五識自種而生，將五識自種便爲五根。言「似境相而轉」者，即五識自證分從自種生已，而能變似二分現，其所變見分，説名五識；所變相分，似外境現，説名五境。其實根、境十處，皆不離識，亦是唯識。此是假將五識種子爲五根答經部師，以經部許有種子。

校　注

〔一〕按，此頌見唯識二十論。

問：設許有種子，豈不執離識有？

答：彼許種子在前六識中持，亦不離識有。論主云：其所變相分，似外五境，亦不離識有；能變五識種即五根，亦不離識有。雖分内、外十處，然皆是唯識。言「佛説彼爲十」者，以佛密意爲破外道執身爲一合相我故，遂於無言之法，强以言分别説有根、塵十處，有大勝利。故唯識頌云：「依此教能入，數取趣無我。」〔一〕解云：爲若有智者，即依此佛説根、塵十處教文，便作觀云：我於無量劫來，爲惡慧推求，愚癡迷闇，妄執自他身爲一合相我，因此生死沉淪。今依教觀自他身，但有根、塵十處以成其體，於一一處中，都無主宰自在、常一等用，何曾有我？因此便能悟入無我之理，成我空觀。此即大乘假將五種子爲五根，假答小乘也。

校　注

〔一〕見唯識二十論。

小乘又難云：若爾者，且如五塵相分色是五識所變故，可如汝宗是唯識。其本質五境色，未審是何識之唯識？謂五識及第六，皆不親緣本質五境，即此本質五境，豈不是離心外有，何成唯識？

因此問故，便是論主第二正答。唯識論云：「依識所變，非別實有。」〔一〕解云：此依大乘自宗正解，即約已建立第八識了，既論主云五塵本質色，此是第八識之親相分。相分不離第八識，亦是唯識。

第三、喻答者，即論主舉喻答小乘世尊建立十二處之所以。唯識論云：「如遮斷見，説續有情。」〔二〕但是佛密意破於衆生一合相我，假説有十二處名，令衆生觀十二處法都無有我，便入我空。次依唯識，能觀一切諸法之上，皆無實軌持、勝性等用，既除法執，便成法空〔三〕。

校注

〔一〕見玄奘譯成唯識論卷七。窺基撰成唯識論述記卷七：「此釋外疑，中有二意：一者、依識所變眼等、色等，故經説有十二種處，非説離識心外別有眼等、色等爲十二處，故不違經。（中略）二者、以未建立第八識故，隱五色根不説，説種爲根，恐離識故。（中略）今此約本識等申正義，不同彼亦得，並識變故。」

校注

〔一〕見玄奘譯成唯識論卷七。

〔二〕按，以上申小乘九難中第三聖教相違難。

小乘難云：既言一切諸法皆無實軌持、自在、勝性等用成法空觀者，即此唯識之體，豈不亦空？

因此便成第四唯識成空難。

論主答云：唯識體即不空，非所執故，我前言空者，但是空其一切法上妄心執有實軌持、勝性等用，徧計虚妄之法，此即是空，非空離執唯識之體。即如根本智正證如時，離言絶相，其徧計虚妄一切我法，皆不現前，於此位中，唯有本智與理冥合，不分能、所。此識體亦空，便無俗諦。俗諦無故，真諦亦無，真俗相依而建立故。唯識論云：「撥無二諦，是惡取空，諸佛説爲不可治者。」〔一〕

校注

〔一〕見玄奘譯成唯識論卷七。窺基撰成唯識論述記卷七：「若撥無識及性，即『撥無二諦』。『佛説爲不可治者』，沈淪生死病根深故，即清辨等。應知諸法遍計所執無故有空，依他、圓成有故有不空也。」按，以上中小乘九難中第四唯識成空難。

第五、色相非心難。唯識論云：「若諸色處亦識爲體，何緣不似色相顯現，一類堅住，相續而轉？」〔一〕小乘難意云：若言一切外色皆心爲體，由心自證分變似能取説名見分、變似可取説爲相分者，何故所變色相即顯現，其能變心即不顯現？又若外色以心爲體者，何故所變色即一類相續而轉？且如外色山河大地等，即千年萬年，一類更無改變，又相續不斷，得多時住。若有情能變心，即有改變不定，又不得多時。今外色既不似〔二〕内心者，明知離心有外實色，何言一切皆是唯識？答云：唯識論云：「名言熏習，勢力起故。」〔三〕此但由一切有情無始時來前後遞互，以名言虚妄熏習，作心外堅住相續等解，由此勢力，有此相現，非是真實有心外堅色等。

外人又問：既言唯識者，有情何要變似外色而現？

答：唯識論云：「謂此若無，應無顛倒，便無雜染，亦無浄法，是故諸識變似色現。」〔四〕論主云：一切有情，若不變似外色現者，便無染、浄之法。且如一切凡夫，由先迷色等諸境，顛倒妄執，由此雜染便生。雜染體，即二障。汝外人若不許識變似外色現者，即有情不起顛倒。顛倒妄執既若不起，即雜染煩惱不生。雜染既若不生，浄法因何而有？所以攝論

頌云：「亂相及亂體，應許爲色識，及與非色識，若無餘亦無。」〔五〕

言「亂相」者，即所變色相；言「亂體」者，即能變心體。「應許爲色識」者，即前所變亂相；「及與非色識」者，即前變心是體。「若無餘亦無」者，若無所變似外色境爲亂相者，亦無能變之識體。故知須變似外境現，所以諸色皆不離心，總是唯識〔六〕。

校注

〔一〕見玄奘譯成唯識論卷七。下兩處引文同。窺基撰成唯識論述記卷七：「『似色相』者，有形礙故。『一類』者，是相似義。前後一類，無有變異，亦無間斷，故名『堅住』。」

〔二〕「似」，磧砂藏、嘉興藏本作「以」。

〔三〕窺基撰成唯識論述記卷七：「此論主答妄習色相一類等故，有此相現，非真實有。無性、天親皆無此解。謂由無始名言熏習住在身中，由彼勢力，此色等起，相續而轉。」

〔四〕窺基撰成唯識論述記卷七：「由元迷執色等境故，生顛倒等。色等若無，應無顛倒。顛倒即諸識等緣此境色而起妄執，名爲顛倒。此識等顛倒無故，便無雜染。雜染即是煩惱、業、生，或顛倒體即是煩惱、業、生。此等無故，便無二障雜染。二障雜染無故，無漏淨亦無。無所斷故，何有清淨？」

〔五〕見無著造、玄奘譯攝大乘論本卷中所知相分。

〔六〕按，以上申小乘九難中第五色相非心難。

第六、現量違宗難者。唯識論云：「色等外境分明現證，現量所得寧撥爲無？」〔一〕小乘難意云：且如外五塵色境，分明五識現證，是現量所得，大小乘皆共極成，何故撥無，言一切唯識？三十唯識論中亦有此難云：「諸法由量刊定有無。一切量中，現量爲勝。若無外境，寧有此覺？我今現證如是境耶？」〔二〕意云：論主若言無外實境者，如何言五識現量取外五塵境？若是比量、非量徧計所起，徧計所執，强思計度，構畫所生，相分不離於心，可成唯識，今五識既現量得外實五塵境者，何故亦言皆是唯識？答：唯識論云：「現量證時不執爲外，後意分別妄生外想。」〔三〕論主云：且如現量五識正緣五塵境時，得法自性，不帶名言，無籌度心，不生分別，不執爲外，但是後念分別意識妄生分別，便執爲外，言有實境。

校　注

〔一〕見玄奘譯成唯識論卷七。窺基撰成唯識論述記卷七：「此文第六現量爲宗難。外人問曰：色等五外境，分明五識現證，是現量得大、小極成，寧撥爲無？唯識二十云：『諸法由量刊定有無。一切量中，現量爲勝。若無外境，寧有此覺？我今現證如是境耶？』」

〔二〕按，此説見玄奘譯唯識二十論。參前注。

〔三〕見玄奘譯成唯識論卷七。

問：且小乘許現量心中不執爲外不？

答：許。

問：與大乘何别？

答：唯識鏡〔一〕云：若是大乘，即五識及同時意識皆現量，不執爲外。若小乘宗，即唯是五識，不執爲外。論主云：汝小乘既許五識緣境是現量不執爲外者，明知現量心中皆無外境，是其唯識。

校注

〔一〕唯識鏡：已佚。明王肯堂成唯識論俗詮序：「自基師以來，有疏有鈔，疏、鈔之外，又有掌中樞要、唯識鏡等諸著述，不知何緣不入藏中。宋南渡後，禪宗盛極，空談者多，實踐者少，排擯義學，輕蔑相宗，前舉諸典，漸以散失。」參見本書卷三七注。

外人又問云：其五識所緣現量五塵境，爲實？爲假？

答：是實。

難云：若爾者，即是離心外有實五塵境，何言唯識？

答：五識緣五塵境時，雖即是實，但是五識之所變。自識相分不離五識，皆成唯識。

故唯識論云：「故現量境是自相分識所變，故亦説爲有。意識所執外實色等妄計有故，説彼爲無。」〔一〕意云：五識各有四分，其五塵境是五識之親相分，由五識自證分變似色等相分境現，其相分又不離見分，皆是唯識。若後分別意識起時，妄執心外有其實境，此即是無，不稱境體而知故。

校注

〔一〕見玄奘譯成唯識論卷七。

問：且如五識中瞋等煩惱起時，不稱本質，何言唯是現量？

答：雖不稱本質，然稱相分亦是現量，由心無執故。其第六意識相應瞋，若與執俱時，相分、本質皆不稱；若不與執俱起時，即同五識。

問：何故五識無執？

答：由不通比、非二量故無執。故知五識現量緣境，不執爲外，皆是唯識。

又，小乘都申一難：若唯識無外境者，由何而得種種心生？既若無境牽生心，即妄心由何而起？「未有無心境，曾無無境心。」〔一〕

答：論頌云：「由一切種識，如是如是變，以展轉力故，彼彼分別生。」〔二〕

「一切種識」者，即是第八識，此識能持一切有爲之法種故。即一切種子各能自生果差别功能，名一切種識。功能有二：一、現行名功能，即似穀、麥等種，能生芽功能是；二、第八識中種子名功能，有能生現行功能故。今言「一切種識」者，但取本識中種子功能，能生一切有爲色、心等法，即色爲所緣，心便是能緣。即色是境，不離心，是唯識。即此心境，但從本識中而生起，何要外境而方生？「如是如是變」者，如是八識從種生，即是八識自證分，轉變起見、相二分，相分不離見分，是唯識。「以展轉力故」者，即餘緣是展轉力，以心法四緣生〔三〕，色法二緣起〔四〕。「彼彼分别生」者，即由彼見、相二分上，妄執外有實我、法等分别而生。故知但由本識中種而生諸識，不假外妄境而亦得生，故知一切皆是唯識。

校注

〔一〕出傅大士頌金剛經離相寂滅分第十四。參見本書卷五七注。

〔二〕見玄奘譯成唯識論卷七，亦見玄奘譯唯識三十論頌。

〔三〕心賦注卷三：「心法四緣生者，一是因緣，從種子而生；二是所緣緣，境牽生心用；三是等無間緣，念念相續；四是增上緣，不相障礙。若闕一緣，心法即不生。」文才述肇論新疏游刃卷中：「謂心法四緣生，緣離則滅。如眼識起，必具四緣：一、識種子爲親因緣，二、眼根爲增上緣，三、色境爲所緣緣，四、無有間隔刹那相續爲等無間緣也。餘識亦然。」

〔四〕龍樹造、鳩摩羅什譯大智度論卷二六：「色法二緣生，因緣、增上緣。」

又，唯識論云：「問曰：如汝向言，唯有内識，無外境界。若爾，内識爲可取？爲不可取？若可取者，同色、香等外諸境界。若不可取者，則是無法，云何説言唯有内識，無外境界？

「答曰：如來方便，漸令衆生得入我空及法空，故説有内識，而實無有内識可取。若不如是，則不得説我空、法空。以是義故，虚妄分别，此心知彼心，彼心知此心。

「問曰：又復有難：云何得知諸佛如來依此義故，説有色等一切諸入〔一〕，而非實有色等諸入？又以識等能取境界，以是義故不得説言無色等入？

「答曰：偈言：彼一非可見，多亦不可見，和合不可見，是故無塵法。」〔二〕

校注

〔一〕諸入：即六入，有内六入（眼、耳、鼻、舌、身、意）和外六入（色、聲、香、味、觸、法）。「入」者，涉入。六根、六境互相涉入而生六識，故名入。隋慧遠大乘義章卷四十二因緣義八門分别：「言六入者，生識之處，名之爲入。」

〔二〕見天親造、菩提流支譯唯識論。按，以上申小乘九難中第六現量違宗難。

音　義

欄，落干反。　煮，章與反。　迸，比諍反，散也。　濽，則旰反。　屎，式視反。　尿，奴弔反。　倅，臧没反，百人爲倅也。　炷，之戍反。　遰，特計反，迢遰。　澆，古堯反，沃也。　玻，滂禾反。　瓈，力脂反。　臍，徂雞反，膍臍也。　墉，餘封反，垣也。　仞，而振反，七尺曰仞也。　甍，莫耕反。　靃，息委反。　蘼，文彼反。　璀，七罪反。　璨，倉案反。　洩，私列反。　螫，尸亦反，又呼各反。　刊，苦寒反，削也，定也。　畫，胡麥反。

戊申歲分司大藏都監開板

宗鏡録卷第六十四

慧日永明寺主智覺禪師延壽集

第七、夢覺相違難。唯識論云：「若覺時色皆如夢境不離識者，如從夢覺知彼唯心，何故覺時於自色境不知唯識？」〔一〕

答：唯識論云：「如夢未覺，不能自知，要至覺時，方能追覺。覺時境色，應知亦爾，未真覺位，不能自知，至真覺時，方能追覺。未得真覺，恒處夢中，故佛説爲生死長夜，由斯未了色境唯識。」即第七是生死長夜根本，能令起惑造業，三界輪迴，直須至真覺位時，方知一切皆是唯識。

校注

〔一〕見玄奘譯成唯識論卷七。下一處引文同。

所以唯識樞要問云：「若諸識生似我法時，爲皆由我法分別熏習之力？爲亦不由？若皆由者，八識、五識無二分別，生果時應不似二；若不由者，此中何故但説我法熏習爲因？「答：二解俱得。其皆由解者，一切有漏與第七二分別俱故，或第六識二分別引故，後生果時，皆似我法。其不由解者，此説第六根本兼〔一〕緣一切爲因緣，發諸識令熏習故，後生果時，似我法相起。或非外似外，六、七計爲似外起故。

「如夢者夢娑刺拏王事，此云流轉〔二〕。其王容貌端正，自謂無雙，求覓形容，欲同等比，顯己殊類。時有人言：『王舍城中有大迦旃延，形容甚好，世中無比。』遣使迎之。迦旃延至，王出宫迎。王不及彼，人視迦旃延，無看王者。王問所以，衆曰：『迦旃延容貌勝王。』王問：『大德，今果？宿因？』迦旃延答曰：『我昔出家，王作乞兒。我掃寺地，王來乞食，我掃地竟，令王除糞掃。除糞掃訖，方與王食。以此業因，生人天中，得報端正。』王聞此已，尋請出家，爲迦旃延弟子。後共迦旃延往阿槃地國山中修道，别處坐禪。阿槃地王，名鉢樹多，將宫人入山遊戲。宫人見王形貌端正，圍遶看之。鉢樹多王見娑刺拏王，疑有欲意，問娑刺拏王曰：『汝是阿羅漢耶？』王答言：『非。』次第二問餘三果，皆答言非。又言：『汝離欲不？』答言：『非。』鉢樹多王瞋曰：『何故入我婇女之中？』遂鞭身破，悶絶而死。至夜方惺，至迦旃延所，迦旃延見已，心生悲愍，其諸同學方爲療治。娑刺拏王語迦旃延曰：『我從師乞，暫還本國，舉軍破彼阿槃地國，殺鉢樹多王，事畢當還，從師修道。』迦旃延從請，語曰：『汝若欲去，且停一宿。』迦旃延安置好處令眠，欲令感夢。夢見舉軍征阿槃地國，自軍破敗，身被他獲，堅縛手足，赤華插項，嚴鼓欲殺。王於夢中便大恐怖，叫喚失聲，云：『我今無歸，願師濟拔，作歸依處，得壽命長。』迦旃延以神力手指火，喚之令寤。問言：『何故？』其心未悍，尚言災事。迦旃延以火照而問之：『此是何處？汝自看。』其心方寤。迦旃延語言：『汝若征彼，必當破敗，如夢所見。』王曰：『願師爲除毒意。』迦旃延爲説一切諸法，譬如國土，假名無實，離舍屋等，無別國土。乃至廣説種種因緣，至一極微，亦非實事，無此無彼，無怨無親。王聞法已，得預流果，後漸獲得阿羅漢果。」〔三〕

故知萬法唯識，夢、覺一如。覺中所見，即明了意識；夢中所見，即夢中意識。分別之意既同，差別之境何異？迷悟若此，曷疑慮焉？昏覺如斯，可洞達矣〔四〕。

校注

〔一〕「兼」，成唯識論掌中樞要作「遍」。

〔二〕「如夢者夢娑剌拏王事，此云流轉」，成唯識論掌中樞要作「如夢者。娑剌拏者，此云流轉，即先娑羅那訛也。此流轉王，是眉稀羅國王」。

〔三〕見窺基撰成唯識論掌中樞要卷上。

〔四〕按，以上申小乘九難中第七夢覺相違難。

第八、外取他心難。若論主言外色實無，是内識之境者，即可然。且如他人心是實有，豈非自心所緣耶？意云：且如此人心若親緣得他人心著，即離此人心，別有心爲境。若此人心緣他人心不著者，即有境而不緣。若緣著，即乖唯識義。若緣不著者，即何成他心智耶？

論主答云：雖説他心非自識境，但不説彼是親所緣。意云：雖説他人心非此人境，若此人親緣他人心，即不得；若託他人心爲質，自變相分緣，亦有他心智，但變相分緣時，即不得他人本質，但由他人影像相自心上現，名了他心。即知他心相分，不離自心，亦唯識。意云：此人心緣他人心時，變起相分，當情相分無實作用，非如手等執物，亦非如日舒光，親照其境。緣他人心時，但如鏡中影，似外質現，鏡中像亦無實作用。緣他人心時，亦復如是，非無緣他人心體故，名了他心。非親能了，親所了者，謂自所變。

又，古德問：他心智者，謂既有他人心爲自心之所知，即是離自心外，有他人心爲自心之境，何得言無境唯有識耶？

答：謂緣他身扶塵根相分色，亦不親得，但託爲質。如自身眼識緣第八識所變器世間色時，亦但託爲質，亦不親得。其耳等四識，緣本識所變聲等亦耳，以本質是第八識變。今望五識，故名影識，如五識等緣本識所變本質境，亦不親得。雖亦得緣，只成疎所緣緣。若如實知，即是佛境者。

論云：「二智〔一〕於境各各〔二〕由無知所覆蔽故，不知如佛〔三〕所行，不可言境。」〔四〕此有二解：一云：是真如妙理言詮不及，不可言境。謂此離言真如之境，唯佛獨能顯了分別證，餘不能證者，由第七恒行不共無明所覆故不知；二云：不可言境者，即他心智境及自心智境，此二智名不可言境。謂「真如自相，假智及詮，俱非境故」〔五〕。詮謂名，言能詮之名，既不得自相，即顯自、他二智之境，是佛智所行，不可言境。由此二智所知之境自相，是佛智所行，不可言境。餘人由恒行不共無明所覆蔽故，不得如實而知也〔六〕。

校注

〔一〕二智：指他心智、自心智。按，此引文前，唯識二十論有云：「諸他心智云何於境不如實知？如自心智。此自心智云何於境不如實知？由無知故。」

〔二〕「各各」，唯識二十論作「各」。

〔三〕「如佛」，唯識二十論作「如佛淨智」。

〔四〕見玄奘譯唯識二十論。

〔五〕玄奘譯成唯識論卷二：「真謂自相，假智及詮，俱非境故，謂假智、詮不得自相，唯於諸法共相而轉。亦非離此有別方便，施設自相爲假所依。然假智、詮必依聲起，聲不及處此便不轉，能詮、所詮俱非自相。」

〔六〕按，以上申小乘九難中第八外取他心難。

又，既言此人緣他人心時，託他人心爲質，自變相分緣者，即相分不離此人心，是唯識；若他人心本質緣不著者，即離此人心外有他人心，何成唯識耶？

因此便申第九異境非識難。

小乘云：唯識之義，但離心之外更無一物，方名唯識。既他人心異此人心爲境，何成唯識耶？又，他人境亦異此境，即離此人心外有異境，何成唯識？

答責云：奇哉，固執！觸處生疑，豈唯識言，但説一識？汝小乘何以此堅執，處處生疑？豈唯識之言，但説一人之識？若言有一人之識者，即豈有凡聖、尊卑？若無佛者，衆生何求？若無凡夫，佛爲誰説？應知我唯識言有深旨趣。論云：唯識言總顯一切有情，各有八識、六位心所〔一〕、所變相分、分位差别及彼空理所顯真如。言識之一字者，非是一人之識，總顯一切有情各各皆有八識，即是識之自體，五十一心所，識之相應，何獨執一人之識〔二〕？

校注

〔一〕六位心所：遍行有五、别境有五、善有十一、煩惱有六、隨煩惱有二十、不定有四，謂之六位，共五十一心所。詳見本書卷五五注。

〔二〕玄奘譯成唯識論卷七：「既有異境，何名唯識？奇哉，固執！觸處生疑，豈唯識教但説一識？不爾如何？汝應諦聽，若唯一識，寧有十方凡聖尊卑、因果等别？誰爲誰説？何法何求？故唯識言有深意趣。『識』言總顯一切有情，各有八識、六位心所、所變相、見，分位差别及彼空理所顯真如，識自相故，識相應故，二所變故，三分位故，四實性故，如是諸法，皆不離識，總立識名。『唯』言但遮愚夫所執定離諸識實有色等。」

問：「維摩詰即入三昧，令此比丘自識宿命，曾於五百佛所殖衆德本，迴向阿耨多羅三藐三菩提，即時豁然，還得本心」〔一〕者，且如過去心已過去，未來心未至，現在心不住，云何觀他過去善根心？

答：約真即無，隨俗故有。一念心起，尚具十世四運〔二〕分别，不可作龜毛、兔角斷滅之見。過去之法，雖念念不住，然皆熏在第八識中，有過去種子，知過去事者，過去所熏得種，現在阿賴耶識自證分中含藏。然過去世時，雖即無體，但將識中種爲本質，變影而緣，即知過去世事，此帶質境知也。或云「可緣心上影像相」〔三〕者，即第六意識見分之上，變起過去影像相而知也。此即獨影境，謂過去無體無本質也。

校注

〔一〕見維摩詰所説經卷上弟子品。

〔二〕十世：三世（過去、現在、未來）各三爲别（如過去世，有過去世説過去世、過去世説未來世、過去世説現在世。現在、未來亦爾），一念（現在世説三世）爲總，故名十世。　四運：俱稱四運心，凡人起念，有四位：一、未念，二、欲念，三、正念，四、念已。此四位名四運者，以其念念相續而運行故也。詳見本書卷三七注。按，止觀輔行傳弘決等皆云「十界四運」，如止觀輔行傳弘決卷二之三：「既知心有十界四運隨起而觀，善惡即是六趣，諸念通於四聖。」十界者，佛界、菩薩界、緣覺界、聲聞界、天界、人界、修羅界、餓鬼界、畜生界、地獄界。

〔三〕敦煌遺書伯二〇四九寫卷維摩經疏卷三：「問：大乘宗過去無法，比丘如何得知？答：由得宿命智觀現在賴耶識中過去世種知過去事也，或可緣心上影像相得知過去事也。」

又，過去之法，若不落謝，不名過去；若已落謝，無法可知。若但曾逕心中有種影現前，故説憶知者，是則但見自心，不見彼法。

如月燈三昧經云：「佛言：云何菩薩摩訶薩得過去、未來、現在智藏？童子，是菩薩如實知一切衆生心行，凖自心行次第所起，觀自心法，以無亂想修習方便，如自心行。類他亦爾，隨所見色、聞聲，有愛、無愛心皆如實知。童子，是名菩薩得過去、未來、現在智藏。」〔一〕

校注

〔一〕見月燈三昧經卷六。

問：觀他心智者，爲實知他心？爲不實知？二俱有過。

答：如前已説，若立自、他，於宗俱失，此皆約世諦識心分別故。識論頌云：「他心知於境，不如實覺知。以非離識境，唯佛如實知。」〔一〕

他心智者，不如實知，以自内心虚妄分別，以爲他心〔二〕，以自心意意識雜故。如彼佛地如實果體，無言語處勝妙境界，唯佛能知，餘人不知。以彼世間他心智者，於彼二法不如實知，以彼能取、所取境界虚妄分別故，此唯是識，無量無邊甚深境界，非是心識可測量故〔三〕。

校注

〔一〕見天親造、菩提流支譯唯識論。

〔二〕「以爲他心」，唯識論作「以爲他心不能了知」。

〔三〕「他心智者，不如實知」至此，詳見天親造、菩提流支譯唯識論。

如上約法相宗説。若約法性宗，先德云：知他心者，「皆如實知，審於事實，見理實故，亦非心外可見〔一〕，亦非無境可知。若自、他相絶，則與衆生心同一體，故無心外也。不壞能〔二〕所，故能知也」〔三〕。

校注

〔一〕「可見」，大方廣佛華嚴經疏作「見法」。

〔二〕「能」，原無，據大方廣佛華嚴經疏補。

〔三〕見澄觀撰大方廣佛華嚴經疏卷三七。「先德」者，當即澄觀。

又，他心者，安慧云：佛智緣他心，緣得本質，餘皆變影。若緣本質得心外法，壞唯識故〔一〕。今以攝境唯〔二〕心不壞境故，能、所兩亡，不礙存故。第一義唯心，非一非異，正緣他時，即是自故。以即佛心之衆生心爲所緣，非即衆生心之佛心；即衆生心之佛心爲能緣，非即佛心之衆生心〔三〕。如是鎔融，非一非異。若離佛外別有衆生，更須變影，卻失真唯識義〔四〕。

校注

〔一〕澄觀撰大方廣佛華嚴經疏卷四六：「安慧論師云：佛智緣他心，緣得本質，餘皆變影。護法論師則佛亦變影。若緣本質得心外法，壞唯識故。但極似本質，有異因人。依唯識宗護法爲正。」

〔二〕「唯」，大方廣佛華嚴經疏作「從」。

〔三〕「以即佛心之衆生心爲所緣，非即衆生心之佛心；即衆生心之佛心爲能緣，非即佛心之衆生心」，大方廣佛華嚴經疏作：「以即佛心之衆生心非即衆生心之佛心爲所緣，以即衆生心之佛心非即佛心之衆生心爲能緣。」

〔四〕「今以攝境唯心不壞境故」至此，見澄觀撰大方廣佛華嚴經疏卷四六。

釋云：「『攝境從心不壞境』者，即示心境有無，彼得本質，恐壞唯心，既不壞境，得之何妨？壞有何失？以無心者，無心於萬物，萬物未嘗無，此得在於神静，失在於物虚，謂物實有故。若唯心壞境，則得在於境空，失在於心有。故以境由心變，故説唯心，所變不無，何必須壞？若以緣生無性，則心境兩亡。故借心以遣境，境遣而心亡，非獨存心矣。若『能、所兩亡，不礙存故』者，上不壞境，且遣懼質之病。今遣空有之理故，心境並許存亡，心境因藉故空，相依緣生故有。有即存也，空即亡也，空、有交徹，存、亡兩全。云『第一義唯心，非一非異』者，正出具分唯心之理。上第一釋，雖有唯心之義，尚通生滅唯心；第二義，雖兩亡不羈，而未言心境相攝。今明具分唯識，故云『第一義唯心』。同第一義故非異，不壞能所故非一。非一故，有能所緣，他義成矣；非異故，能所平等，唯心義成矣。云『正緣他時，即是自故』者，結成得於本質，無心外過，以即自故，不失唯識。

「云『以即佛心之衆生心』，正示法性他心之相，此有兩對語：前對明所緣，後對明能緣。今初言『即佛心之衆生心』者，此明所緣，衆生心即是佛心，此明不異；次云『非即衆生心之佛心』者，此句明衆生心與佛心非即。非即故，有所緣義；非異故，不壞唯心義。言『爲所緣』者，結成所〔一〕緣，簡非能緣也。次下辯能緣。云『以即衆生心之佛心』者，此句明能緣，佛心即是衆生心，此明非異；次云『非即佛心之衆生心』者，此明佛心與衆生心有非一義。非一故，爲能緣；非異故，不壞唯識之義。言『爲能緣』者，結成能緣，簡非所緣也。更以喻況：如水和乳，乳爲所和，喻衆生心是所緣；水爲能和，喻佛心爲能緣。以此二和合，如似一味，鵝王啑之，乳盡水存，則知非一。然此水名即乳之水，此乳名即水之乳，二雖相即，而有不一之義。故應喻云：以即水之乳，非即乳之水爲所和；以即乳之水，非即水之乳爲能和，義可知矣。云『如是鎔融，非一非異』者，結成正義。『若離佛外』，結彈護法。言『卻失真唯識』者，不知外質即佛心故。」〔二〕

校注

〔一〕「所」，原作「心」，據大方廣佛華嚴經隨疏演義鈔、心賦注改。

〔二〕見澄觀述大方廣佛華嚴經隨疏演義鈔卷七四。

又，諸佛如來，隨多心念，意能頓了。如金剛經云：「尔所國土中，所有衆生，若干種心，如來悉知。」〔一〕

校注

〔一〕見鳩摩羅什譯金剛般若波羅蜜經。

華嚴經頌云：「無量億劫勤修學，得是無上菩提智，云何不於一念中，善〔一〕知一切衆生心。」〔二〕

校注

〔一〕「善」，大方廣佛華嚴經作「普」。

〔二〕見實叉難陀譯大方廣佛華嚴經卷一五。

此是意圓對。如來一念之中，皆一時頓應，無一不應，故名圓對。斯乃了心非心，方能徧應。若心在有無，則成隔礙。故金剛經云：「如來説諸心，皆爲非心，是名爲心。」〔一〕

校注

〔一〕見鳩摩羅什譯金剛般若波羅蜜經。

華嚴論「問：何謂諸佛知衆生心時與非時？答曰：以如來心與一切衆生心本不異故，是一心一智慧故，以此知時與非時。諸佛悟了，而與衆生共之；衆生迷，自謂爲隔。一切諸佛，以一切衆生心智慧而成正覺；一切衆生，迷諸佛智慧而作衆生。及至成佛時，還成衆生迷理之佛；所説法門，還解衆生心裏迷佛衆生。以此不異故，知衆生心」〔一〕。

又：「問曰：大衆何不以言自問，因何默念致疑？何不自以言讚勸請，云何供養〔二〕雲出音請佛？答曰：明佛得法界心，與一切衆生同心故，以心不異故，知彼心疑。供具説頌者，明一切法總法界體也，法界不思議，一切法不思議故，明聖衆心境無二故。凡夫迷法界，自見心境有二故，即顛倒生也。」〔三〕

又云：「心無内外中間，萬法自他同體，一亦不一，他亦不他。」〔四〕

故知凡、聖同一真心，衆生妄隔而不知，諸佛契同而頓了。如鏡面照而鏡背昏，俱一銅體而分明昧；猶河水清而河泥濁，在一濕性而有混澄。凡心、聖心，可喻斯旨。

校注

〔一〕見李通玄撰新華嚴經論卷二〇。

〔二〕「養」，新華嚴經論無，心賦注卷二作「具」，皆通。實叉難陀譯大方廣佛華嚴經卷六：「爾時，諸菩薩威神力故，於一切供養具雲中，自然出音而說頌言。」卷六一：「汝可觀察文殊師利，諸世間主，雨供具雲，頂禮恭敬以爲供養。」

〔三〕見李通玄撰新華嚴經論卷一二。

〔四〕見李通玄撰新華嚴經論卷四〇。

問：衆生緣佛身時，是識所變，只如佛緣所化有情身、土之時，是何所變？

答：若衆生見佛，是有漏轉識所變相分，等流色〔一〕攝。若佛緣有情，是無漏智所變，定果色〔二〕攝。識、智雖殊，俱不出自心之境，並是增上緣力互令心現。如義天鈔〔三〕云：依大乘宗通說，依於他身及非情法〔四〕。謂以自心緣他身時，不親緣彼，但緣自識所變相分爲親所緣。此相分色，雖託他身本質而起，然非依彼他識而生，由自識中種子生故。故此相分等流色攝，是五塵色之流類故，託他爲質，方變影像，是增上緣。此所變相分，從自種生，是因緣義，即顯自心緣得他身，得依現行處有，是於他身現行成就。以從自心種子生故，亦是依種建立，於得即種子成就也。以此理故，有情見佛色身之時，所緣佛身，唯是有漏自識變故，自種生故，等流色攝。緣佛所變浄土亦爾，若佛緣所化有情色身及穢土時，所變相分皆是無漏，無實有情雜〔五〕染等用。如鏡中像，全是明鏡，無漏定果色攝，亦是等流色收，是外五塵之流類故，佛識變故，無垢識中浄種生故〔六〕。

校注

〔一〕如理集成唯識論疏義演卷三本：「等流色者，此有三種，所謂異熟、長養、自性色等。異熟色者，色從異熟識中種子而生，名異熟色。或業所招無記五根等，名異熟色。望此色前後相引邊，亦名等流色。長養色者，由衣食所長養故也。前後相引邊，亦等流色。自性等流者，謂扶根塵及青黄等前後自相引生，名等流色。然異熟、長養前後相引，合有等流，今不取也，但取自性等流色爲難也。」等流，即同一類之義。窺基撰成唯識論述記卷九：「等者，相似義。流者，出義。從彼所出，與彼相似，故名等流。」

〔二〕定果色：即定所引色，唯識宗所説「法處所攝色」五種中之定自在所生色。

〔三〕義天鈔：不詳。本書卷七八亦有引。

〔四〕窺基撰成唯識論述記卷二：「今者，通説依他、非情。自心變似，皆自種子之所生起，通成他身及非情法，不同小乘心外取法故。」非情，與「有情」相對，指草木、山河、大地、土石等無情識者。

〔五〕「雜」，磧砂藏本作「離」。

〔六〕按，以上申小乘九難中第九異境非識難。

問：若論一心無外境界，如前九難，答已分明，則眼際無色，耳外無聲。如今所見所聞，爲當是一？爲當是二？爲復是有？爲復是無？若言是一，則壞能所；若言是二，又違自宗。若言是有，根境常虚；若言是無，現見不濫。如何融會，得契斯旨？

答：如大地一，生種種芽；類八識心，現種種法。所觀是藏識之相分，能見是眼識之見分，能、所雖分，俱不離識，皆是現量，不帶名言，則非有非空、非一非二。若落比量，執作外塵，則一二情生，内外心起。

密嚴經偈云：「如地無分别，庶物依以生，藏識亦如是，衆境之依處。如人以己手，還自摩揮〔一〕身，亦如象以〔二〕鼻，取水自霑沐。復似諸嬰兒，以口含其指，如是自心内，現境還自緣。是心之境界，普徧於三有，久修觀行者，而能善通達，内外諸世間，一切唯心現。」〔三〕

校注

〔一〕「揮」，原作「捏」，據本卷後音義及地婆訶羅譯大乘密嚴經改。又不空譯大乘密嚴經，此句作「還自捫其身」。

〔二〕「以」，原作「與」，據大乘密嚴經改。

〔三〕見地婆訶羅譯大乘密嚴經卷中。

華嚴經頌云：「譬如深大海，珍寶不可盡，於中悉顯現，衆生之形影。甚深因緣海，功德悉無盡，清浄法身中，無像而不現。」〔一〕

校注

〔一〕見佛馱跋陀羅譯大方廣佛華嚴經卷六〇。

正法念處經云：「又修行者，内心思惟，隨順正法，觀察法行。乃至〔一〕云何世間愚癡凡夫，眼見色已，或貪、或瞋、或生於癡？彼諸凡夫，若見知識、若見婦女，心則生貪；若復異見，則生於瞋。見他具足貪、瞋所覆，以眼於色不如實見，癡蔽於心。愚癡凡夫，唯有分别，眼見於色，若貪、若瞋、若癡所覆。愛詐之人，自意分别此我、我所，如是染著，譬如狗齩離肉之骨，涎汁和合，望得其髓。如是貪狗，齒間血出，得其味已，謂是骨汁，不知自血有如是味。以貪味故，不覺次第自食其舌，復貪其味，以貪覆故，謂骨汁味。愚癡凡夫，亦復如是，虚妄分别，眼識見色，貪著喜樂，思量分別，以色枯骨著眼口中，境界如齒，如是齩之，染意如涎，愛血流出，貪愛血味，爲色爲美，於色得味，猶如彼狗。凡夫愚癡，眼識見彼如骨之色，虚妄分別，如狗齩骨。如是觀察：眼見於色，猶如枯骨。如是一切愚癡凡夫，虚妄分別之所誑惑。」〔二〕

又云：閻羅王説偈責疏罪人云：「若屬邪見者，彼人非黠慧，一切地獄行，怨家心所誑。心是第一怨，此怨最爲惡，此怨能縛人，送到閻羅處。」〔三〕

校注

〔一〕乃至：表示引文中間有删略。

〔二〕見正法念處經卷五生死品之三。

〔三〕見正法念處經卷六地獄品之二。

故知「諸苦所因，貪欲爲本」〔一〕，若貪心暫起，爲五欲之火焚燒；覺意纔生，被三界之輪繫縛。如：「帝釋與脩羅戰勝，造得勝堂，七寶樓觀，莊嚴奇特，梁柱楷梠〔二〕，皆容一綖，不相著而能相持，天福之妙力能如此。目連飛往，帝釋將目連看堂，諸天女皆羞目連，悉隱逃不出。目連念帝釋著樂，不修道本，即變化火，燒得勝堂爀然崩壞，仍爲帝釋廣説無常。帝釋歡喜，後堂儼然，無灰煙色。」〔三〕

釋曰：以帝釋恃其天福，執著有爲故，目連垂方便門，示無常境。問：天堂既爀然崩壞，云何儼然無灰煙之色？答：此火非是目連神通之火，即是帝釋心中火。故法華經云：「貪著所愛，則爲所燒。」〔四〕既以貪著之心，遂見宮殿焚爇；及悟無常之事，則貪欲之火潛消。所以即見堂殿宛然，無有灰煙之色。以目連爲增上緣故，自見彼燒，然則堂本不燒。

故知迷悟唯心，隱顯在己，例餘見聞，悉亦如是。

校注

〔一〕見妙法蓮華經卷二譬喻品。

〔二〕「榰棉」，妙法蓮華經文句作「支節」。「榰」，即「支」。可洪新集藏經音義隨函録卷一四：「支柱，上正作『榰』，下知主反。」棉，指椽。

〔三〕見智顗説妙法蓮華經文句卷一下。

〔四〕見妙法蓮華經卷二譬喻品。

又經云：「惡從心生，反以自賊，如鐵生垢，消毁其形。樹繁華果，還折其枝，蚖虵含毒，反害其軀。」〔一〕

校注

〔一〕孛經：「孛曰：『天下有四自壞：樹繁花果，還折其枝；虺蛇含毒，反賊其軀；輔相不賢，害及國家；人爲不善，死入地獄。是爲四自壞。經曰：『惡從心生，反以自賊，如鐵生垢，消毁其形。』」按，孛經，或云孛經鈔，一卷，支謙譯。此處引文，當據法苑珠林卷七八十惡篇瞋恚部引證部引。

方知無始已來至于今日，四威儀内，十二時中，皆是將心取心，以識緣識，畢竟内外無有一塵，爲對爲治，可取可捨。堪嗟世俗迷倒之人，背覺合塵，日用心行，損他害彼，潤己資身，並是自陷自傷，不知不覺。未窮此旨，物我難忘；直了斯宗，自他無寄。

百論〔一〕問云：「如虚空華，無故不可見。如瓶現見故，當知有瓶〔二〕？答〔三〕曰：不見。何故不見？汝言現見，爲眼見？爲識見？若眼見者，死人有眼，亦應見；若識見者，盲人有識，亦應見。若根識一一别不見，和合亦不見。喻如一盲不能見，衆盲亦不見。」〔四〕五根亦爾，四性皆空。

校注

〔一〕「百論」，當爲「百字論」之誤，參後注。

〔二〕菩提流支譯百字論：「外曰：一異雖壞，現見有瓶。喻如虚空中花，無故不可見，瓶現見故，當知有瓶。」

〔三〕「答」，百字論作「内」。

〔四〕按，此説出提婆造、菩提流支譯百字論。百論者，提婆造、鳩摩羅什譯，上、下二卷，未見此説。百字論者，爲百論之綱要書。

大智度論云：「色等諸法，不作大、不作小故，凡夫人心，於諸法中隨意作大、小。如人急時，其心縮小；安隱富樂時，心則寬大。又如八背捨〔一〕中隨心，故外色或大或小等。」〔二〕

校注

〔一〕八背捨：八種背棄捨除三界煩惱繫縛的禪定。龍樹造、鳩摩羅什譯大智度論卷二一：「八背捨者，内有色，外亦觀色，是初背捨。内無色，外觀色，是第二背捨。浄背捨，身作證，第三背捨。四無色定及滅受想定，是五，合爲八背捨。背是浄潔五欲，離是著心，故名背捨。」

〔二〕見龍樹造、鳩摩羅什譯大智度論卷六二。

故摩訶般若經云：「般若波羅蜜無聞無見，諸法鈍故。」〔一〕是以凡夫界中，觀相元妄；聖人境内，觀性元真。以觀相故，不得無；以觀性故，不得有。以不得無故，如但見其波，不見其水；以不得有故，但見其水，不見其波。又如向瞖眼人説空中無華，對狂病人説目前無鬼，徒費言語，終不信受，直待目浄心安，自然無見。

校　注

〔一〕見摩訶般若波羅蜜經卷一一信毀品。

音　義

刺，盧達反。　瘵，力照反，瘵病也。　插，楚洽反，刺入也。　殖，常職反。　羈，居宜反。　啑，所甲反。　握，於角反，持也。　霑，張廉反。　沐，莫卜反。　齩，五巧反。　涎，叙連反，口液也。　髓，息委反。　黠，胡八反，惠也。　瞥，芳結反。　榾，五嵑反。　綖，私箭反。　爀，呼格反，光也。　儼，魚檢反，敬也。　爇，如劣反。　蚖，五官反，毒蛇也。　縮，所六反，斂也。　寬，苦官反。　鈍，徒困反，不利也。

戊申歲分司大藏都監開板

宗鏡録卷第六十五

慧日永明寺主智覺禪師延壽集

夫能、所之見，則心、境宛然，聖人知見，如何甄别？

答：雙照有空，不住内外，似谷答聲而絶慮，如鏡鑒像而無心，妙湛圓明，寂而常照，故云常在正念，亦名正知，非是有念有知，亦非無念無知。有無皆想，俱非正知，但無念而照，名曰正知。若唯無念，寂而失照；若但照體，照而失寂：並稱不正，正在雙行〔一〕。

校注

〔一〕澄觀撰大方廣佛華嚴經疏卷四：「無念而照，目之爲正。」大方廣佛華嚴經隨疏演義鈔卷一七：「『無念而照，名之曰正』者，若唯無念，寂而失照；若但照體，照而失寂：並稱不正，正在雙行。」

還原集〔二〕云：聖人有二種用心：一、不見一切物皆空，唯見於空，不見一切物。二、見一切物即空，了了見一切有，不住於有；了了見一切空，不住於空。雙照有無，分别宛然而無念動。猶如明鏡，覩其色像，一切皆於中現。用心亦爾，得其妙性起照，照見一切。了了知，無所知；了了見，無能見。無能見〔二〕，不廢常見。見性既常，無一間斷。分明徹照十方，浄無瑕穢，内外圓明，廓周法界。亦名毗盧遮那無障礙眼，圓滿十方，照見一切佛刹，即此義也。所以達人見聞，不落能、所，既非是有見，亦非無見，但不生二相，常合真空。

校注

〔一〕還原集：三卷，日僧惠運惠運禪師將來教法目録、圓珍福州温州台州求得經律論疏記外書等目録等有著録。又，圓珍智證大師請來目録注云佛窟撰。佛窟，即釋遺則，或作惟則，牛頭慧忠法嗣。傳見宋高僧傳卷一〇唐天台山佛窟巖遺則傳。詳見本書卷四注。

〔二〕「見」，原無，據日釋空誓撰正信念佛偈私見聞卷三引補。

是以全色爲眼，常見色而無緣；全眼爲色，恒稱見而非我。以色是所緣之境，眼是能緣之根，今即是眼，故無緣也。又，眼是我能見，今全爲色，正見之時，即非我也，則色、心無二，能、所非殊。所以影公頌云：「法性不並真，聖賢無異道。」〔一〕故大集經云：「慧燈三昧者，即是諸法無二相也。」〔二〕無二相者，不在有無，不出有無。夫有無者，以惑情所執，有無皆失，理無惑計，有無皆真。是知諸法非實非虚，非空非有。若無於有，不成於無；若無於無，不成於有。有無交徹，萬化齊融。

校　注

〔一〕影公：釋曇影。高僧傳卷六曇影傳：「釋曇影，或云北人，不知何許郡縣。（中略）著法華義疏四卷，並注中論。」據華嚴懸談會玄記卷二六，此頌出其中論疏。影公此説，亦見澄觀撰大方廣佛華嚴經疏卷二七等引。

〔二〕見大方等大集經卷一二。

又，約聖人親證見聞之境，有其四種。所以大涅槃經云：約佛妙證，有四種聞：一、不聞聞，二、不聞不聞，三、聞不聞，四、聞聞〔一〕。台教釋云：「初入證道，修道忽謝，無所可有，名爲不聞。真明豁開，無所不照，即是於聞，故名不聞聞；證得如是大般涅槃，無有聞相，故名不聞不聞；證起惑滅，名聞不聞；寂而常照，隨扣則應，名曰聞聞。初句證智，次句證理，第三句證斷，第四句證應。若事、若理，智、斷自、他，於初智證之中，具足無缺。此一妙證，盡涅槃海。復次，不聞聞是證了因，聞不聞是證緣因，不聞不聞是證正因，聞聞是證境界。」〔二〕乃至明四種生生、生不生、不生生、不生不生，亦同四種聞義。一、生生，是因緣所生法；二、生不生，是我説即是空；三、不生生，是亦名爲假名；四、不生不生，是亦名中道義〔三〕。若能了此四生之無生，方達聖人見聞之境。

校注

〔一〕大般涅槃經卷二一：「善男子，有不聞聞、有不聞不聞、有聞不聞、有聞聞。善男子，如不生生、不生不生、生不生、生生，如不到到、不到不到、到不到、到到。」又，「善男子，聞所不聞亦復如是，有不聞聞、有不聞不聞、有聞不聞、有聞聞。云何不聞聞？善男子，不聞者名大涅槃。何故不聞？非有爲故、非音聲故、不可説故。云何亦聞？得聞名故，所謂常樂我浄，以是義故，名不聞聞」。

〔二〕見灌頂大般涅槃經疏卷二〇。

〔三〕灌頂大般涅槃經疏卷二〇：「不生生是本無今有，生不生是本有今無，生生即是三世有法，不生不生即是無有是處。生不生是諸行無常，不生生是是生滅法，生生即是生滅滅已，不生不生是寂滅爲樂。不生生是如來證涅槃，生不生是永斷於生死，生死即是生生。若能志心聽常得無量樂，即是不生不生。今明初約圓證根本，其義既立，遍通一切内外之法。何但通諸大經？亦通小律。生生是諸惡，生不生即是莫作，不生生是諸善奉行，不生不生是自浄其意云云。非但通於大小經律，亦得通於菩薩之論。生生是因緣所生法，生不生是我説即是空，不生生是亦名爲假名，不生不生是亦名中道義。」

是以不取不捨，達一道之原；非有非空，見諸法之實。如肇論云：「且夫心之有也，以其有有，有自不有，故聖心不有有。不有有故，有無有；有無有故，則無無。無無故，聖心不有不無。不有不無故，其神乃虛。何者？夫有也、無也，心之影響也；言也、象也，影響之所攀緣也。有無既廢，則心無影響。影響既淪，則言象莫測。言象莫測，則道絶群方。道絶群方，故能窮靈極數。窮靈極數，乃曰妙盡。妙盡之道，本乎無寄。夫無寄在乎冥寂，冥寂故虛以謂之；妙盡在乎極數，極數故數以應之。數以應之，故動與事會；虛以謂之，故道超名外。道超名外，因謂之無；動與事會，因謂之有。謂之有者，應夫有爲。强謂之然耳，彼何然哉？故經云：聖智無知而無所不知，無爲而無所不爲〔一〕。此無相寂然之道，豈曰有而爲有、無而爲無？動而乖静、静而廢用耶？而今之談者，多即言以定旨，尋大方而徵隅，懷前識以標玄，存所存之必當。是以聞聖有知，謂之有心；聞聖無知，謂等大虛。有、無之境，邊見所存，豈是處中莫二之道乎〔二〕？何者？萬物雖殊，然性本常一。不可而物，然非不物。可物於物，則名相異陳；不物於物，則物而即真。是以聖人不物於物、不非物於物〔三〕。不物於物，物非有也；不非物於物，物非無也。非有，所以不取；非無，所以不捨。不捨故，妙存即真；不取故，名相靡因。名相靡因，非有知也；妙存即真，非無知也。故經云：般若於諸法，無取無捨，無知無不知〔四〕。此攀緣之外、絶心之域，而欲以有無詰者，不亦遠乎！」〔五〕

校注

〔一〕文才述肇論新疏卷中：「舍利品云：菩薩行般若波羅蜜，知一切衆生心，亦不得衆生，乃至知者、見者亦不得。照明品云：般若能照一切法畢竟净故。三慧品云：一切無所爲，般若亦無所爲等。此中合集前後，引之以顯聖心知而又爲，證權實不異也，兼證有知無知一致。」

〔二〕遵式述注肇論疏卷四：「邊見者，有、無二邊執見也。見爲能存，二邊爲所存。聞説聖心有，則執有如於妄想；聞説聖心無，則執無同於太虚：即以邊見而滯有無。豈於有無不二之間，得般若之玄道？」

〔三〕莊子山木：「物物而不物於物，則胡可得而累邪！」遵式述注肇論疏卷四：「不非物者，不壞物相也。不滯物相爲實，不壞物相求真。」

〔四〕放光般若經卷九照明品第四十一：「於諸法無所生無所得、無取無捨亦無所壞，是爲入般若波羅蜜。」

〔五〕見肇論般若無知論附答劉遺民書。

釋曰：夫説有説無，是心之影響，豈當真實乎？若能窮其靈智之原，極乎心數之表，則可妙盡其道矣。自然真心無寄，不屬有無。不以有故，虚以謂之；不以無故，數以應之。然此猶是强言，則聖智無心於彼此，故云「聖人不物於物、不非物於物」。不物於物故，名相靡因者，以不取諸法，無法當情，則名相無因得起；不非物於物故，妙存即真者，以不捨諸法故，無法可捨，則見諸法之實性，湛然常住，妙體恒真。此真實甚深般若，豈在即言審定，隨意思量，説有説無，非有非無之所能及？故云「此攀緣之外、絶心之域，而欲以有無詰者，不亦遠乎」。應當妙證之時，自然明了。

問：此佛之知見，如何開示悟入？

答：若約教，天台文句疏配圓教四位，開即十住，示即十行，悟即十向，入即十地〔一〕。華嚴記釋大意云：「謂開除惑障，顯示真理，令悟體空，證入心體。」〔二〕

校注

〔一〕智顗説妙法蓮華經文句卷四上：「約四位者，諦境不可知見，約於智眼乃能知見。二智四眼不能知見，唯一切種智、佛眼，則能知見。經云『爲令衆生開佛知見』，不論佛果自知自見，若偏語佛果，即失衆生；若語衆生，則無佛知見：故不可偏取。三教行人雖是衆生，未有佛眼、佛智故，不能知見實相；圓教四位，亦是衆生，又分得佛眼、佛智，則衆生義成，知見義亦成，故寄此四位，以釋理一，如瑞相中天雨四花，表萬善同歸，得入四位，乘四位華以趣佛果，故約位顯理也。開者，即是十住，初破無明，開如來藏，見實相理。何者？性德之理，而爲通別兩惑之所染著，難可了知，初心能圓信、圓受、圓伏，而未能斷，不名爲開。内加觀行，外藉法雨，助破通別惑藏，顯出真修性，知見朗然開發，如日出闇滅，眼目有用，故名爲開。緣修破惑，故名『使得清淨』。仁王云：『入理般若名爲住。』住於十住小白花位也。示者，惑障既除，知見體顯，體備萬德，法界衆德，顯示分明，故名爲示，即是十行大白位也。悟者，障除體顯，法界行明，事理融通，更無二趣，攝大乘師云：『如理智、如量智。』今理、量不二，故名爲悟，即十迴向小赤位也。入者，事、理既融，自在無礙，自在流注任運，從『阿』到『茶』，入薩婆若海，如攝大乘師云：如理、如量，通達自在。如量知見能持衆德，如理知見能遮諸惑，即是十地大赤位也。然圓道妙位一位之中，即具四十一地功德，秖開即具示、悟、入等，更非異心，但如理知見，無有分别淺深之相。欲顯如量知見故，分别四位耳。發心、畢竟二不别，如是二心前心難，既云難易，即知初心與畢竟心，應有明晦淺深之别，猶如月體，初、後俱圓，而有朔、望之殊。四位知見，皆明照實相，而説開、入之異耳。」

〔二〕見澄觀述大方廣佛華嚴經隨疏演義鈔卷三四。

若禪門南、北二宗釋者，「北宗云：智用是知，慧用是見。心不起名智，智能知五根；不動名慧，慧能見，是佛知見。心不動是開，開者，開方便門；色不動是示，示者，示真實相。悟即妄念不生，入即萬境常寂。南宗云：衆生佛智，妄隔不見，但得無念，即本來自性寂静，爲開；寂静體上，自有本智，以本智能見本來自性寂静，名示；既得指示，即見本性，佛與衆生本來無異，爲悟；悟後於一切有爲無爲、有佛無佛，常見本性，自知妄想無性，自覺聖智，是故菩薩、前聖所知，轉相傳授，即是入義」〔一〕。

校注

〔一〕見澄觀述大方廣佛華嚴經隨疏演義鈔卷三四。

海龍王經云：「心不住内，亦不遊外，識無所住，度於一切墮顛倒者。乃至〔一〕見諸法寂，觀諸法默。諸法寂寞，無行無處；諸法澹然，無所成就。普觀諸法，皆已如是。如是觀者，是爲法觀。法觀如是，不見諸法之所歸趣。其有見法而不觀者，不以見法而成觀也。無求無曉，不知不見，是爲見法。」〔二〕

校　注

〔一〕乃至：表示引文中間有删略。

〔二〕見海龍王經卷一六度品。

法華經云：「不得諸法，不知不見，亦不分別是男是女。」〔一〕

校　注

〔一〕見妙法蓮華經卷五安樂行品。

又，昔人云：「亦無見，亦無聞，無見無聞真見聞。」〔一〕

校　注

〔一〕按，一鉢歌中有云：「眼不見，耳不聞，不見不聞真見聞。」此處所引「昔人云」，顯係一鉢歌中該句詩的變異。一鉢歌，詳見本書卷一注。

又，肇法師云：「閉智塞聰，獨覺冥冥者矣。」〔一〕

校注

〔一〕見肇論般若無知論。

如是，則默契寂知，俱通宗鏡矣。所以首楞嚴經云：「佛告阿難：『吾復問汝：諸世間人説我能見，云何名見？云何不見？』阿難言：『世人因於日、月、燈光，見種種相，名之爲見。若復無此三種光明，則不能見。』『阿難，若無明時名不見者，應不見暗。若必見暗，此但無明，云何無見？阿難，若在暗時，不見明故，名爲不見。今在明時，不見暗相，還名不見。如是二相，俱名不見。若復二相自相陵奪，非汝見性於中暫無。如是則知二俱名見，云何不見？是故，阿難，汝今當知，見明之時，見非是明；見暗之時，見非是暗；見通之時，見非是通；見塞之時，見非是塞。四義成就。汝復應知，見見之時，見非是見；見猶離見，見不能及。云何復説因緣、自然及和合相？』」〔一〕

校注

〔一〕見大佛頂如來密因修證了義諸菩薩萬行首楞嚴經卷二。

問：聖人見實相之妙色，惑情還見不？

答：唯見不實，不見不實之實。如見杌爲賊〔一〕，不見杌也。又如一真空理，見成二諦，若世人知者，名爲世俗諦；出世人知，名第一義。其所知處，未必懸殊，其所知境，各從心現。如瞖目見明珠有纇，淨眼觀瑩淨無瑕，美、惡唯自見殊，珠體本末如一。

校注

〔一〕大方便佛報恩經卷三：「譬如有人夜行見杌，便起賊想，或起惡鬼之想。」

問：衆生不見實色者，凡有所見，還成妄不？

答：雖然不實，亦不成妄。如見杌爲賊，賊何所有？以無體故。華嚴經頌云：「若能了邪法，如實不顛倒，知妄本自真，見佛即清淨。」〔一〕

校注

〔一〕見實叉難陀譯大方廣佛華嚴經卷一六。

起信論云：「雖有染心而常恒不變。」〔一〕

校注

〔一〕見真諦譯大乘起信論。

法藏和尚〔一〕云：衆生異見不妄，所以從凡願求佛地；若異見妄，終不從凡趣真佛地。何以故？衆生界即佛界，佛界即衆生界。

校注

〔一〕法藏和尚：即賢首，傳見宋高僧傳卷五周洛京佛授記寺法藏傳。此説出處俟考。

是以從凡入聖，從聖現凡，名字有差，一體不動〔一〕。然此宗鏡録唯論一實，如法華經以實相爲體。此實之一字，雖普該萬法，以是彼之體性故，統論其宗，即不簡真僞。若以見解智證論之，則須分優劣，以情懷取捨，智有淺深故。

校注

〔一〕宗密述圓覺經道場修證儀卷一〇：「從聖入凡誠叵測，從凡入聖亦非殊。」子注曰：「菩薩有二：一、登地已上有神力，從聖現凡而度脱衆生；二、具縛凡夫，能知如來秘密之藏，大悲增上，廣化衆生。此二類雖度衆生，方便無異，故云亦非殊。」

悟簡。

法華玄義云：「夫正體玄絶，一往難知。又，邪小之名，亂於正大，譬如魚目混雜明珠，故須簡僞。即爲六意：一、就凡簡，二、就外簡，三、就小簡，四、就偏簡，五、就譬簡，六、就

「一、就凡簡者，釋論云：世典亦稱實者，乃護國治家稱實也；外道亦稱實者，邪智僻解謂爲實也；小乘稱實者，猒苦穌息，以偏真爲實也。如是等，但有實名，而無其義。何者？世間妖幻道術，亦稱爲實，多是鬼神媚法，此法入心，迷醉狂亂，自衒善好，謂勝真實，立異動衆，示奇特相：或〔一〕髑髏盛屎，約多人前張口大咽；或生魚臭肉，增狀餔食；或躶形弊服，誇傲規矩；或直來直去，不問不答。種種譎詭，誑誘無智，令信染惑著。著〔二〕已，求脱叵得，内則病害其身，外則誅家滅族。禍延親里，現受衆苦，後受地獄長夜之苦，生生障道，無解脱期。此乃世間現見，何實可論？鈍使愛論攝〔三〕。

「若周孔經籍，治法禮法，兵法醫法，天文地理，八卦五行，世間墳典，孝以治家，忠以治國，各親其親，各子其子，敬上愛下，仁義揖讓，安于百姓，霸立社稷。若失此法，强者陵弱，

天下憔遑，民無聊生，鳥不暇棲，獸不暇伏。若依此法，天下太平，牛馬内向。當知此法，乃是愛民治國而稱爲實。金光明經云釋提桓因種種勝論〔四〕，即其義也，蓋十善意耳。修十善，上符天心，諸天歡喜，求天然報，此法爲勝，故言勝論耳。又大梵天王説出欲論〔五〕，即是修定出欲淤泥，亦是愛論攝耳。世又方術，服藥長生，鍊形易色，飛仙隱形者，稱此藥方秘要真實，此亦愛論鈍使攝耳。

「二」、就外簡者，即是外道典籍也。若服藥求知，聰利明達，推尋道理，稱此藥方爲勝、爲實者，藥力薄知，不能鑒遠，觸藥則失，藥歇則失，亦非實也。若此間莊、老，無爲無欲，天真虛静，息諸誇仙，棄世絶智等，直是虛無，其抱尚不出單四見〔六〕外，何關聖法？縱令出單四見外，尚墮複四見〔七〕中，見網中行，非解脱道。若外國論力，受梨唱〔八〕募，撰五百明難，其一云：『瞿曇爲一究竟道？爲衆多究竟道？』佛言：『但一究竟道。』論力云：『云何〔九〕諸師各各説究竟道？』佛指鹿頭：『汝識其人不？』論力言：『識。究竟道中，其爲第一。』佛言：『若其得究竟道，云何自捨其道，爲我弟子耶？』論力即悟，歎佛法中獨一究竟道〔一〇〕。又如長爪云：一切論可破，一切語可轉，觀諸法實相，于久不得一法入心〔一一〕。釋論云：長爪執亦有〔一二〕亦無見。又云：亦計不可説見。如斯流類，百千萬種虛妄戲論，爲惑流轉，見網浩然，邪智瀾漫，觸境生著。或時褔牒，有無爲有，無有爲無。乃至〔一三〕有非有非無爲有，無非有非無爲無，百千番牒，悉皆見倒，生死諸邊，非真實也。大涅槃經云：『被無明枷，繫生死柱，遶二十五有，不能得脱。』〔一四〕即此義也。

「三、就小簡者，聲聞法中，亦云離有離無，名聖中道。大集經云：拘隣如沙門最初獲得真實之知見〔一五〕。然小乘不運大悲，不濟衆生，功德力薄，不求作佛，不深窮實相，則智慧劣弱，雖云『離有離無，名聖中道』，乃以斷、常二見爲二〔一六〕邊，真諦爲中道，無漏慧名爲見，證涅槃法名爲知，雖斷見思，除滅分段，而住草庵，非究竟理。對前生死有邊，即涅槃無邊，二俱可破可壞，非真實道故，不名實相也。

「四、就偏簡者，諸大乘經共二乘經人帶方便説者，名字既同，義須分別。如摩訶衍中云：三乘之人，同以無言説道斷煩惱〔一七〕。中論云諸法實相，三人共得者，二乘之人，雖共禀無言説道，自求出苦，無大悲心，得空則止，鈍根菩薩亦爾。利根菩薩大悲心爲物，深求實相。共實相者，智如螢火，是故非實，不共實相，智如日光，是故爲實。大涅槃經云：『第一義空，名爲智慧。』〔一八〕二乘但空，空無智慧；菩薩得不但空，即中道慧〔一九〕。即此慧寂而常照，二乘但得其寂，不得寂照，故非實相。菩薩得寂，又得寂照，即是實相。

「見不空者，復有多種：一、見不空次第斷結，從淺至深，此乃相似之實，非正實也。二、見不空具一切法，初阿字門則解一切義，即中、即假、即空，不一、不異，無三、無一。二乘但一即；別教但二即；圓具三即，三即真實相也。釋論云：何等是實相？謂菩薩入於一相，知無量相，無量相又入一相；二乘但入一相，不能知無量相；別教雖入一相，又入無量相，不能更入一相；利根菩薩空故入一相，即假故知無量相，即中更入一相。如此菩薩，深求智度大海，一心即三，是真實相體也。

「華嚴不共二乘，但約菩薩，三智次第得，亦非正實；不次第得者，是正實也。若方等中，四人得三智，三人爲虛，一人爲實。大品三慧説三智屬三人〔二〇〕，前二不深求，淺而非實；後一人深求一心三智，是故是實。此經云『汝實我子』〔二一〕，無復四三之人，十方諦求，更無餘乘〔二二〕，但一實相智，決了聲聞法〔二三〕，但説無上道〔二四〕，純是一實體也〔二五〕。

「大涅槃經云：一實諦者，則無有有無、有無無〔二六〕二故，名一實諦。又，一實諦名無虛僞。又，一實諦無有顛倒。又，一實諦非魔所説。又，一實諦名常、樂、我、淨〔二七〕。常、樂、我、淨無空、假、中之異，異則爲二；二故非一實諦。一實諦即空、即假、即中，無異、無二，故名一實諦。若有三異，即爲虛僞，虛僞之法，不名一實諦。無三異故，即一實諦。若異即是顛倒，顛倒未破，非一實諦。無三異故無顛倒，無顛倒故名一實諦。異者，不名一乘。三法不異，具足圓滿，名爲一乘。是乘高廣，衆寶莊校，故名一實諦。

「魔雖不證別異空、假，而能説別異空、假。若空、假、中不異者，魔不能説。魔不能説，名一實諦。若空、假、中異者名顛倒，不異者名不顛倒。不顛倒故無煩惱，無煩惱故名爲淨。無煩惱則無業，無業故名爲我；無業故無報，無報故名樂；無報則無生死，無生死則名常。常、樂、我、淨，名一實諦。

「一實諦者，即是實相。實相者，即經之正體也。如是實相，即空、即假、即中。即空故，破一切凡夫愛論、一切外道見論；即假故，破三藏四門小實，破三人共見小實；即中故，破次第偏實，無復諸顛倒小偏等因果四諦之法，亦無小偏等三寶之名，唯有實相因果、四諦、三寶，宛然具足。亦具諸方便因果、四諦、三寶。何以故？實相是法界海故，唯此三諦，即真實相也。

「又，開次第之實，即是圓實，證道是同故。又，開三人共得實，深求即到底故。又，開三藏三實，決了聲聞法。又，開諸見論實，於見不動而修道品故。又，開諸愛論實，魔界即佛界故，行於非道，通達佛道。一切諸法中，悉有安隱性。即絶待明實，是經體也。

「五、譬簡者，今借三喻，正顯僞真，兼明開合破會等意。一、譬三獸渡河〔二八〕，同入於水，三獸有强弱，河水有底、岸，兔、馬力弱，雖濟彼岸，浮淺不深，又不到底；大象力强，俱得底、岸。三獸喻三人，水喻即空，底喻不空。二乘智少，不能深求，喻如兔、馬；菩薩智深，喻如大象；水軟喻空，同見於空，不見不空；底喻實相，菩薩獨到，智者見空及與不空。

到又二種：小象但到底泥，大象深到實土，別智雖見不空，歷別非實，圓見〔二九〕不空，窮顯真實。如是喻者，非但簡破兔、馬二乘非實，亦簡小象不空非實，乃取大象不空爲此經體也。此約空、中，共爲真諦，作如此簡也。

「二、譬頗梨、如意，兩珠相似，形類欲同，而頗梨但空，不能雨寶，如意珠亦雨寶。頗梨無寶，以喻偏空；如意能雨，以喻中道。此就有無合爲俗，簡僞顯真，今經體同如意也。又，但約一如意珠爲譬者，得珠不知力用，唯珠而已。智者得之，多有所獲。二乘得空，證空休息。菩薩得空，方便利益，普度一切。此就含中真諦，簡其得失也，今經如智者得如意珠，以爲經體。

「三、譬如鑛〔三〇〕石中金，愚夫無識，視之謂石，擲在糞穢，都不領録。賈客得之，鎔出其金，保重而已。金匠得之，造作種種釵釧環璫。仙客得之，鍊爲金丹，飛天入地，捫摸日月，變通自在。愚人喻一切凡夫，雖具實相，不知修習。賈客喻二乘，但斷煩惱礦，保即空金，更無所爲。金匠喻別教菩薩，善巧方便，知空非空，出假化物，莊嚴佛土，成就衆生。仙客喻圓教菩薩，即事而真，初發心時，便成正覺，得一身無量身，普應於一切。今經但取金丹實〔三一〕相以爲體也。就同而爲喻，從初至後，同是於金，凡夫、圓教，俱是實相也。就異爲喻者，初石異金，次金異器，器異丹。丹色淨徹，類若清油，柔軟妙好，豈同鐶釧！狀乖色別，故不一種。此就與奪破會，簡其得失。

「引此三喻者，前喻根性：根性有淺深，淺得其空，深得其假，又得其中。次喻三情：初情但出苦，不志求佛道，見真即息；次情歷別，不能圓修；後者廣大徧法界求。第三喻三方便：二乘方便少，守金而住；别教方便弱，止能嚴飾營生；圓教方便深，故能吞雲納漢。

「今明此經實相之體，如大象得底，堅不可壞，以譬體妙；圓珠普雨，譬其用妙；巧智成仙，譬其宗妙。如此三譬，即是三德，不縱不横，名爲大乘。於大乘中，别指真性以爲經體。

「六、就悟簡者，夫法相真正，誠如上説，行未會理，豈得名諦？徒勞四説，逐語生迷，聞粖謂軟，聞雪謂冷，聞貝謂鞄〔三二〕，聞鵠謂動，終不能見乳之真色〔三三〕。情闇夜遊，何能見諦？叫唤求食，無有飽理。執己爲實，餘是妄語。此有彼無，是非互起，更益流動，云何名諦？若欲見諦，慙愧有差。若苦到懺悔，機感諸佛，禪慧開發，觀心明浄，信解虚融。尔時猶名闇中見杌〔三四〕，髣髴不明，人木蟲塵，尚不了了。若能安忍，法愛不生，無明豁破，如明鏡不動，浄水無波，魚石色像，任運自明，清浄心常一。如是尊妙人，則能見般若，金錍抉眼，一指、二指、三指分明〔三五〕。尔時見色，言有亦是，言無亦是。云何爲有？的的之色，與眼相應；諦諦之理，與智相稱，名之爲有。云何爲無？無堅、冷、軟、動之相，名之爲無。論云：一切實一切非實，亦實亦不實，非實非不實，如是皆名諸法之實相〔三六〕。如舍利弗云：『安住實智中，我定當作佛，爲天人所敬。』〔三七〕『尒時乃可謂，永盡滅無餘。』是名真實見體。故涅槃經云：八千聲聞於法華經中見如來性，如秋收冬藏，更無所作〔三八〕。

「約理明無所作，此是究竟之理也。約教無所作，聞此教已，更不他聞也。約行無所作者，修此行已，更不改轍。如是等種種無所作義，略而言之，隨智妙悟，得見經體。當以隨智妙悟意，歷諸諦境中，節節有隨情、隨情智、隨智種種分别，簡餘情想，唯取隨智明見經體也。」〔三九〕

校注

〔一〕「或」，原無，據妙法蓮華經玄義補。

〔二〕「著」，原無，據妙法蓮華經玄義補。

〔三〕鈍使：指貪欲、瞋恚、無明、慢和疑等五惑。

愛論：由愛著心而生之種種不正言論。吉藏中觀論疏卷一本：「戲論有二：一者、愛論，謂於一切法有取著心；二者、見論，於一切法作決定解。」

〔四〕金光明經卷二四天王品：「梵天釋提桓因五神通人，雖有百千億那由他無量勝論，是金光明於中最勝。」

〔五〕金光明經卷二四天王品：「我等四王及無量鬼神，以是法食善根因緣，得服甘露無上法味，增長身力，心進勇鋭，增益諸天。何以故？以是人王至心聽受是經典故，如諸梵天説出欲論，釋提桓因種種善論，五通之人神仙之論。」吉藏金光明經疏：「言『出欲論』者，是四違陀經明梵天離欲等事。」知禮金光明經文句記卷五上：「四韋陀者，即外人典籍。摩蹬伽經云：初人名梵天，造一韋陀。次有仙名白净，變一爲四：一名讚誦，二名祭祀，三名歌詠，四名禳災。次名弗沙，有二十五弟子，各一韋陀，能廣分別，遂成二十五韋陀。次名鸚鵡，次名善道，及其弟子漸漸增廣，如是展轉，有千二百六韋陀。今言四者，從其根本爲名。皆明梵事，出離欲染，故云『梵天説出欲論』也。」

〔六〕智顗説、灌頂記摩訶止觀卷五下：「單四見者，執有、執無、執亦有亦無、執非有非無。」

〔七〕智顗説、灌頂記摩訶止觀卷五下：「複四見者，謂有有有無、無有無無、亦有有無亦無有無、非有有無非無有無。」

〔八〕「梨唱」，大智度論作「梨昌」。玄應撰一切經音義卷三：「隨耶利，或云『隨舍利』，或云『隨舍種』，或言『栗唱』，或言『離昌』，或作『梨昌』，或作『離車』，或作『律車』，皆梵言訛轉也。正言『栗呫婆』，此云『仙族王種』。呫，音昌業反。」

〔九〕「云何」，原無，據妙法蓮華經玄義補。

〔一〇〕按，此論力事詳見龍樹造、鳩摩羅什譯大智度論卷一八。

〔一一〕龍樹造、鳩摩羅什譯大智度論卷一：「長爪梵志見佛，問訊訖，一面坐，作是念：『一切論可破，一切語可壞，一切執可轉，是中何者是諸法實相？何者是第一義？何者性？何者相？不顛倒？』如是思惟，譬如大海水中，欲盡其涯底，求之既久，不得一法實可以入心者。」

〔一二〕「亦有」，原無，據妙法蓮華經玄義補。

〔一三〕乃至：表示引文中間有删略。

〔一四〕見大般涅槃經卷二五。

〔一五〕大方等大集經卷二：「憍陳比丘於諸法獲得真實之知見。」拘隣如，即憍陳如。

〔一六〕「爲二」，原無，據妙法蓮華經玄義補。

〔一七〕按，智顗説妙法蓮華經文句卷五下：「大品云：三乘之人，同以無言説道，斷煩惱入涅槃。」摩訶般若波羅蜜經卷二三慧品：「佛告須菩提：世間言説故有差别，非第一義。第一義中無有分别説。何以故？第一義中無言説道，斷結故説後際。」

〔一八〕見大般涅槃經卷二七。

〔一九〕大般涅槃經卷二七：「佛性者，名第一義空。第一義空，名爲智慧。所言空者，不見空與不空。智者見空及與不空、常與無常、苦之與樂、我與無我。空者一切生死，不空者謂大涅槃，乃至無我者即是生死，我者謂大涅槃。見一切空，不見不空，不名中道，乃至見一切無我，不見我者，不名中道。中道者，名爲佛性。（中略）聲聞、緣覺見一切空，不見不空，乃至見一切無我，不見於我。以是義故，不得第一義空。不得第一義空故，不行中道。無中道故，不見佛性。（中略）中者名第一義空，無常見無常，常見於常。第一義空，不名爲下。何以故？一切凡夫所不得故。不名爲上。何以故？即是上故。諸佛菩薩所修之道，不上、不下，以是義故，名爲中道。」

〔二〇〕詳參摩訶般若波羅蜜經卷二一三慧品。三智，即一切智、道種智、一切種智。一切智爲聲聞、緣覺之智，道種智爲菩薩之智，一切種智爲佛智。

〔二一〕妙法蓮華經卷二信解品：「此實我子，我實其父。」

〔二二〕妙法蓮華經卷二譬喻品：「無量億千諸力解脱，禪定智慧，及佛餘法，得如是乘。令諸子等日夜劫數常得遊戲，與諸菩薩及聲聞衆，乘此寶乘，直至道場。以是因緣，十方諦求，更無餘乘，除佛方便。告舍利弗：汝諸人等皆是吾子，我則是父。」

〔二三〕妙法蓮華經卷四法師品：「不聞法華經，去佛智甚遠，若聞是深經，決了聲聞法。」

〔二四〕妙法蓮華經卷一方便品：「鈍根小智人、著相憍慢者，不能信是法。今我喜無畏，於諸菩薩中，正直捨方便，但説無上道。菩薩聞是法，疑網皆已除，千二百羅漢，悉亦當作佛。」

〔二五〕按，以上見智顗説妙法蓮華經玄義卷八上。

〔二六〕「有無有無無」，妙法蓮華經玄義卷八下作「二無有」。

〔二七〕大般涅槃經卷一三：「善男子，言實諦者名曰真法。善男子，若法非真，不名實諦。善男子，實諦者無顛無倒，無顛倒者乃名實諦。善男子，實諦者無有虚妄，若有虚妄，不名實諦。善男子，實諦者名曰大乘，非大乘者，不名實諦。善男子，實諦者是佛所説，非魔所説。若是魔説非佛説者，不名實諦。善男子，實諦者一道清浄，無有二也。善男子，有常、有樂、有我、有浄，是則名爲實諦之義。」

〔二八〕三獸渡河：以兔、馬、象三獸渡河，比喻三乘斷惑修行之深淺。以兔足在水上，譬聲聞悟道最淺。馬足在水中，譬緣覺悟道稍深。象足到水底，譬菩薩悟道最深。優婆塞戒經卷一三種菩提品：「如恒河水，三獸俱渡，兔、馬、香象。兔不至底，浮水而過；馬或至底，或不至底；象則盡底。恒河水者，即是十二因緣河也。聲聞渡時，猶如彼兔；緣覺渡時，猶如彼馬；如來渡時，猶如香象，是故如來得名爲佛。」

〔二九〕「見」，原無，據妙法蓮華經玄義補。

〔三〇〕「鑛」，妙法蓮華經玄義作「黄」。大智度論卷三二：「法性者，法名涅槃，不可壞，不可戲論。法性名爲本分種，如黄石中有金性，白石中有銀性，如是一切世間法中，皆有涅槃性。諸佛賢聖以智慧、方便、持戒、禪定教化引導，令得是涅槃法性。利根者，即知是諸法皆是法性。譬如神通人，能變瓦石皆使爲金。鈍根者，方便分別求之，乃得法性。譬如大冶鼓石，然後得金。」

〔三一〕「寳」，磧砂藏、嘉興藏本作「寶」。按，妙法蓮華經玄義作「實」。

〔三二〕「鞕」，妙法蓮華經玄義作「硬」，同。慧琳一切經音義卷一三：「鞕，額更反。韻英云：堅也。俗作『硬』，或作『鞕』，同也。」卷二〇：「堅鞕，額幸反。廣雅云：鞕，堅也。字書云：牢也，從革更聲。考聲作『硬』，同。經本從『卬』作『鞕』，古正也。」

〔三三〕大般涅槃經卷一四：「是諸外道，癡如小兒，無慧方便，不能了達常與無常、苦樂、淨不淨、我無我、壽命非壽命、衆生非衆生、實非實、有非有，於佛法中取少許分，虛妄計有常樂我淨，而實不知常樂我淨。如生盲人，不識乳色，便問他言：『乳色何似？』他人答言：『色白如貝。』盲人復問：『是乳色者如貝聲耶？』答言：『不也。』復問：『貝色爲何似耶？』答言：『猶稻米粖。』盲人復問：『乳色柔軟如稻米粖耶？稻米粖者復何所似？』答言：『猶如雨雪。』盲人復言：『彼稻米粖冷如雪耶？雪復何似？』答言：『猶如白鵠。』是生盲人雖聞如是四種譬喻，終不能得識乳真色。是諸外道亦復如是，終不能識常樂我浄。」

〔三四〕大般涅槃經卷三五：「譬如有人先見人、樹，後時夜行，遥見杌根，便生疑想，人耶？樹耶？」

〔三五〕大般涅槃經卷八：「如百盲人，爲治目故，造詣良醫。是時良醫，即以金鎞決其眼膜。以一指示，問言：『見不？』盲人答言：『我猶未見。』復以二指、三指示之，乃言：『少見。』」

〔三六〕波羅頗蜜多羅譯般若燈論釋卷一一觀法品：「一切實不實，亦實亦不實，非實非不實，是名諸佛法。」

〔三七〕見妙法蓮華經卷二譬喻品。下一處引文同。

〔三八〕大般涅槃經卷九：「如法花中，八千聲聞得受記莂，成大果實，如秋收、冬藏，更無所作。」

〔三九〕按，以上見智顗説妙法蓮華經玄義卷八下。

問：唯識正理，我、法本空，衆生妄執我、法二心，從何而起？

答：從六、七二識緣識所起。唯識論云：「諸心、心所依他起故，亦如幻事，非真實有。爲遣妄執心、心所外實有境故，説唯有識，若執唯識真實有者，如執外境，亦是法執。然諸法執，略有二種：一者、俱生，二者、分別。俱生法執無始時來，虚妄熏習内因力故，恒與身俱，不待邪教及邪分别，任運而轉，故名俱生。此有二種：一者、常相續，在第七識緣第八識，起自心相，執爲實法；二者、間斷，在第六識緣識所變蘊、處、界相，或總或别，起自心相，執爲實法。此二法執，細故難斷，後十地中，數數修習勝〔一〕法空觀，方能除滅。分别法執，亦由現在外緣力故，非與身俱，要待邪教及邪分別然後方起，故名分別，唯在第六意識中有〔二〕。此亦二種：一、緣邪教所説蘊、處、界相，起自心相，分別計度，執爲實法；二、緣邪師所説自性等相，起自心相，分別計度，執爲實法。此二法執麁故易斷，入初地時，觀一切法法空真如，即能除滅。如是所説一切法執，自心外法或有或無，自心内法一切皆有，是故法執皆緣自心〔三〕所現似法執爲實有。然似法相從緣生故，是如幻有，所執實法妄計度故，決定非有，故世尊説：『慈氏當知，諸識所緣，唯識所現，依他起性，如幻事等。』〔四〕如是外道、餘乘所執離識我、法，皆非實有，故心、心所決定不用外色等法爲所緣緣，緣用必依實有體故。」〔五〕

釋云：「若執唯識真實有者，如執外境，亦是法執」者，由是理故，但應遣彼心外之境同兔角無，能緣彼心如幻事有，故少分不同，非謂即心亦名實有〔六〕。

又，夫心外執我、執法者，有其兩種：一者、如外道等，執離心等，別有一物，是常是一，名之爲我。此乃是妄計所執，其體都無。二者、疎所緣緣，本質之法，能緣之心親緣之不著，亦名心外。此是依他，其體是有。

校　注

〔一〕「勝」，原作「緣」，據清藏本及成唯識論改。勝，殊勝。

〔二〕窺基撰成唯識論述記卷二："「顯執所在，强思計度，間斷非恒，唯第六有，故非餘識。」

〔三〕按，此後重出「内法一切皆有是故法執皆緣自心」，據成唯識論删。

〔四〕解深密經卷三分别瑜伽品："「慈氏菩薩復白佛言：『世尊，諸毗鉢舍那三摩地所行影像，彼與此心，當言有異？當言無異？』佛告慈氏菩薩曰：『善男子，當言無異。何以故？由彼影像唯是識故。善男子，我説識所緣，唯識所現故。』」

〔五〕見玄奘譯成唯識論卷二。

〔六〕「釋云」至此，詳見窺基撰成唯識論述記卷二。

問：六、七二識，執生我見，能起計處，於心内外，云何有無？

答：論云「如是所説一切我執，自心外藴或有或無」〔一〕者，釋云：能緣緣不著處，皆名心外。第七計我，心外唯有；第六計我，心外之藴或是於無〔二〕。論云「自心内藴一切皆有」者，親所緣也，不問即、離計爲我者，影像必有故，無有少法能取少法，唯有自心還取自心，故皆緣藴，此皆辯我所依也。論云「是故我執皆緣無常五取藴相〔三〕，妄執爲我」者，結成前義，影像相分必是藴故，緣此爲我，義顯大乘親緣於無心不生也，成所緣緣必有法故〔四〕。

校注

〔一〕見玄奘譯成唯識論卷一。下兩處引文同。

〔二〕按，窺基撰成唯識論述記卷一此後有云：「如吠世等我，無所依蘊，故説爲無。俱生定有，分别或無。即蘊計我，本質是有；離蘊計我，本質是無。」

〔三〕五取蘊，即有漏之五蘊（色、受、想、行、識）。詳見本書卷四七注。

〔四〕「釋云」至此，詳見窺基撰成唯識論述記卷一。王肯堂成唯識論證義卷一：「義顯大乘親緣無法不能生識，不成所緣緣，成所緣緣必有法故。然不可緣此，遂執我法是有。」

論云：「然諸蘊相從緣生故，是如幻有。妄所執我横計度故，決定非有。」〔一〕

校注

〔一〕見玄奘譯成唯識論卷一。窺基撰成唯識論述記卷一：「内相依他緣生，故有；外境横計，故定是無。」

又，諸外道等多於心王計爲主宰，作者、受者由不能知本無自性，隨緣流轉故〔一〕。

校注

〔一〕「諸外道等」至此，見元曉起信論疏卷上。

大寶積經：「佛言：迦葉，譬如咽塞病，即能斷命。如是，迦葉，一切見中，唯有我見，即時能斷於智慧命。」〔一〕

校注

〔一〕見大寶積經卷一一二。

故知法我見者，違現量境，障法空智；人我見者，爲生死根，斷智慧命。不入宗鏡，二患難消。

問：我、法各以何爲義？

答：我者是主、宰二義，我有自在力，宰割斷力，義同我故，主是我體，宰是我所，或是我用。法者則是軌、持，軌謂軌範，可生物解；持謂任持，不捨自相〔一〕。

校注

〔一〕玄奘譯成唯識論卷一：「我謂主宰，法謂軌持。」窺基撰成唯識論述記卷一：「『我如主宰』者，如國之主，有自在故；及如輔宰，能割斷故。有自在力及割斷力，義同我故。或主是我體，宰是我所。或主如我體，宰如我用。『法謂軌持』，軌謂軌範，可生物解；持謂任持，不捨自相。」「任持不捨自相」者，指能保持各自本性不改變，法乃是具有自性的一切存在；「軌謂規範，可生物解」者，謂法爲規範、教法，能有使人對物生了解之意。

問：我是主宰義者，主、宰二義，各屬何識？須知有我之病原，方施無我之妙藥。

答：主是俱生我，無分别故，屬第七識我；宰是分别我，有割斷故，屬第六識我〔一〕。

校注

〔一〕窺基撰成唯識論掌中樞要卷上本：「我謂主宰，法謂軌持。主是俱生我，無分别故；宰是分别我，有割斷故。主是第七我，宰是第六我。主是世間我，能作受故；宰是聖教我，依用辨故。」

問：凡有施爲，無非我爲主宰，云何言一切唯是識乎？

答：西天外道多執身有神我〔一〕，故能使身動作，若無神我，誰使身耶？龍樹菩薩破云：「心是識相，自能使身，不待神也。如火性能燒物，非假於人。」〔二〕

校注

〔一〕神我：外道所執之實我。天親造、般若流支譯唯識論：「如彼外道衛世師等虚妄分別，離於頭目身分等外，有一神我，不可得見。」杜順華嚴五教止觀第一法有我無門：「離身執我者，謂外道計身内別有神我者是也。」

〔二〕見龍樹造、鳩摩羅什譯大智度論卷一九：「問曰：應有我。何以故？心能使身，亦應有我能使心。譬如國主使將，將使兵。如是應有我使心，有心使身，爲受五欲樂故。復次，各各有我心故，知實有我。若但有身，心顛倒故計我者，何以故不他身中起我？以是相故，知各各有我。答曰：若心使身，有我使心，應更有使我者。若更有使我者，是則無窮。又更有使我者，則有兩神。若更無我，但我能使心，亦應但心能使身。若汝以心屬神，除心則神無所知。若無所知，云何能使心？若神有知相，復何用心爲？以是故知但心是識相故，自能使身，不待神也。如火性能燒物，不假於人。」

密嚴經云：「阿賴耶識恒與一切染、淨之法而作所依。是諸聖人現法樂住三昧之境，人天等趣、諸佛國土悉以爲因，常以諸乘而作種性。若能了悟，即成佛道。一切衆生，有具功德，威力自在，乃至有生險難之處，阿賴耶識恒住其中，作所依止。此是衆生無始時界諸業習氣，能自增長，亦能增長餘之七識，由是凡夫執爲所作、能作内我。諸仁者，意在身中，如風速轉，業風吹種，遍在諸根，七識同時如浪而起。外道所計勝性、微塵、自在等，悉是清淨阿賴耶識。諸仁者，阿賴耶識由先業力及愛爲因，成就世間若干品類。妄計之人，執爲作者。」〔一〕

校注

〔一〕見地婆訶羅譯大乘密嚴經卷中阿賴耶建立品。

楞伽經云：觀諸衆生，如死屍無知，以妄想故，見有往來。若離妄想，如彼死屍，無鬼入中〔一〕。是知人亦如是，但有四大，無人入中。

校注

〔一〕「楞伽經云」至此，見澄觀述大方廣佛華嚴經隨疏演義鈔卷二六引。

大智度論：「問云：有出入氣，則是我相。視眴、壽命心，苦樂、愛憎、精勤等，是我相。若無我，誰有是出入息、視眴、壽命心，苦樂、愛憎、精勤等？當知有我在内動發故。壽命心亦是我法，若無我，如牛無御。有我故，能制心入法，不爲放逸。若無我者，誰制御心？受苦樂者是我，若無我者，爲如樹木，則不應別苦樂。愛憎、精勤亦如是，我雖微細，不可以五情知。因是相故，可知爲有。

「答曰：是諸相皆是識相。有識，則有出入息、視眴、壽命等。若識離身，則無。汝若云我常徧故，死人亦應有視眴、出入息、壽命等。復次，出入息等是色法，隨心風力故動發。此是識相，非我相。壽命是心相應行，亦是識相。

「問曰：若入無心定中，或眠無夢時，息亦出入，有壽命，何以故言『皆是識相』？

「答曰：無心定等，識雖暫無，不久必還生，識不捨身故。有識時多，無識時少，是故名識相。如人出行，不得言其家無主。苦樂、憎愛、精勤等，是心相應，共緣隨心行，心有故便有，心無故便無。以是故是識相非我相。」〔一〕

又云：「復次，四大及造色圍虚空，故名爲身。是中内外入因緣和合，生識種。身得是種和合，作種種事：言語、坐起、去來。於〔二〕空六種和合中，强名爲男，强名爲女。若六種是男，應有六男，不可以一作六、六作一。既於地種中無男女相，乃至識種亦無男女相。若各各中無，和合中亦無。如六狗各各不能生師子，和合亦不能生，無性故。」〔三〕

校注

〔一〕見龍樹造、鳩摩羅什譯大智度論卷二三。

〔二〕「於」，原無，據大智度論補。

〔三〕見龍樹造、鳩摩羅什譯大智度論卷二〇。

問：經説所有我見，一切皆緣五取蘊起。實我若無，云何得有憶識、誦習、恩怨等事〔一〕？若實無我，憶識等事不成，誰爲主宰〔二〕？

答：五蘊之法，約衆生界説，情有邊事。以智推檢，五蘊俱空。經云：「是身如聚沫，不可撮摩。」〔三〕即色蘊空。「是身如泡，不得久立。」即受蘊空。「是身如燄，從渴愛生。」即想蘊空。「是身如芭蕉，中無有堅。」即行蘊空。「是身如幻，從顛倒起。」即識蘊空。五蘊既空，誰爲主宰？所有分別，是妄識攀緣。言語去來，唯風力所轉，離情執外，中間唯有空性。故知我但有名，名亦無性，名、體俱空，我法何有？

校注

〔一〕玄奘譯成唯識論卷一：「然諸蘊相從緣生故是如幻有，妄所執我横計度故，決定非有。故契經説，苾芻當知，世間沙門、婆羅門等所有我見，一切皆緣五取蘊起。實我若無，云何得有憶識、誦習、恩怨等事？」

〔二〕玄奘譯成唯識論卷一：「若無實我，誰能造業？誰受果耶？所執實我既無變易，猶如虚空，如何可能造業受果？若有變易，應是無常。然諸有情心、心所法因緣力故，相續無斷造業受果，於理無違。」

〔三〕見維摩詰所説經卷上方便品。下四處引文同。

唯識論云：「又諸所執，實有我體。爲有作用？爲無作用？若有作用，如手足等應是無常；若無作用，如兔角等應非實我。故所執我，二俱不成。」〔一〕又，憶識等事皆從本識熏習之力而得成就。乃至「所執實我既常無變，後應如前，是事非有。前應如後，是事非無，以後與前體無别故。若謂我用前後變易非我體者，理亦不然，用不離體，應常有故，體不離用，應非常故。然諸有情各有本識，一類相續，任持種子與一切法更互爲因，熏習力故，得有如是憶識等事」〔二〕。

校　注

〔一〕見玄奘譯成唯識論卷一。下一處引文同。

故寶積經偈云：「法同草木無覺知，若離於心不可得，衆生自性無所有，一切諸法亦如是。」〔一〕

「若現在陰、入、界，是念念不住。何以故？世法無有一念住者。若有一念，是一念中住亦有生住滅，是生住滅亦復不住，如生住滅中有内外陰、界、入，是内外陰、界、入亦有生住滅。若如是不住者，即是非我非我所。」〔二〕

又，佛言：「從本已來，無我無人，無有丈夫，但是内心見有我人。内心起時，彼已害我，即名爲害。乃至〔三〕是中無有一法和合聚集，決定成就，得名爲佛、名法、名僧、名父、名母、名阿羅漢，定可取者。」〔四〕

校　注

〔一〕見大寶積經卷九〇。

〔二〕見大寶積經卷九四。
〔三〕乃至：表示引文中間有删略。
〔四〕見大寶積經卷一〇五。

又，頌云：「俯仰屈申立去來，瞻視言語中無實，風依識故有所作，是識滅相念念無。彼此男女有我心，無智慧故妄見有，骨鎖相連皮肉覆，機關動作如木人。内雖無實外似人，譬如熱金投水中，亦如野火焚竹林，因緣和合有聲出。」〔一〕

校注

〔一〕見龍樹造、鳩摩羅什譯大智度論卷二〇。

華嚴經頌云：「菩薩一切業果報，悉爲無盡智所印，如是無盡自性盡，是故無盡方便滅。菩薩觀心不在外，亦復不得在於内，知其心性無所有，我法皆離永寂滅。彼諸佛子如是知，一切法性常空寂，無有一法能造作，同於諸佛悟無我。」〔一〕

校注

〔一〕見實叉難陀譯大方廣佛華嚴經卷三〇。

大集經云：「若復有言眼色因緣故有我者，是義不然。何以故？眼中無我，色亦如是，而和合中亦復無我。和合因緣生於眼識，如是識中亦復無我。風中空中，悉亦無我。如是推尋，竟不可得。此識但是十二因緣循〔一〕環流轉，離十二因緣，識不可見，但因識生名色，乃至〔二〕則有衰老及以病死。如是等法，因眼識生。而是眼識非東方來，南、西、北方，四維、上下，亦復如是。所因之念生眼〔三〕識者，是念亦滅，眼識不住。第二念中，亦不語念：汝住我滅。而是滅法亦非復去至十方面，亦復不專一處住止。是故諸法因緣故生，若離因緣則不得生。因因緣生，因因緣滅，如是因緣，名相續法。是故當知，實無有我，而是因緣，亦無作者、無有受者、無有起者、無他起者，是故無我。若無我者，我既是空，我所亦空。何以故？然體性尔故。是故眼性無我、我所，無有積聚，非合非散，即生滅故。一切諸法，亦復如是。是風因緣，亦入根中左旋右轉，清浄照了。彼風如幻，亦不可捉。」〔四〕

校注

〔一〕「循」，原作「猶」，據清藏本及大正藏本大方等大集經改。
〔二〕乃至：表示引文中間有刪略。
〔三〕「眼」，原作「根」，據清藏本及大方等大集經改。
〔四〕見大方等大集經卷三九。

又，雖似有能作、所作，二事相成，但從緣生，俱無自性。不知唯識之人，盡執爲實我。如大涅槃經云：「佛言：比丘，譬如二手相拍，聲出其中。我亦如是。」〔一〕

校注

〔一〕見大般涅槃經卷三四，南本見卷三一。

音義

廓，苦郭反。　淪，力迍反。　域，與逼反。　澹，徒敢反。　纇，盧對反。瑩，烏定反。　瑕，胡加反。　僻，芳辟反，誤也，邪也。　穌，素姑反，息也，悦也。　妖，於喬反，妖豔也。　媚，眉利反。　衒，黄絹反，自媒也。　髑，徒谷反。　髏，落侯反。　餔，薄故反。又，音逋也。　躶，郎果反，赤體也。　慠，五到反。　譎，古穴反，詐也。　詭，過委反，狡也。　詃，姑泫反，誘也。　誘，猶久反，引也。　墳，符分反，墳籍也。　遑，胡光反，急也。　稷，子力反。　屳，去智反。　複，房六反，返也，重也。　撰，雛鯇反，述也。　襵，之涉反。　瀾，落干反，大波也。　漫，莫半反，大水也。　擲，直炙反，投也。　估，公户反，市税也。　璫，都郎反，耳珠也。　捫，莫奔反，撫持也。　粖，莫割反，糜也。　鞞，五剛反，履頭也。　鵠，胡沃反。　鎞，邊奚反。　咽，烏前反。　眴，舒閏反，目動也。　撮，倉括反。　捉，側角反。

戊申歲分司大藏都監開板

宗鏡録卷第六十六

慧日永明寺主智覺禪師延壽集

夫既無我，亦無於人，乃至衆生、壽者十六知見〔一〕等。如大涅槃經云：「佛言：『如説名色繫縛衆生，名色若滅，則無衆生。離名色已，無別衆生；離衆生已，無別名色。亦名名色繫縛衆生，亦名衆生繫縛名色。』師子吼言：『世尊，如眼不自見，指不自觸，刀不自割，愛不自受，云何如來説言名色繫縛名色？何以故？言名色者，即是衆生；言衆生者，即是名色。若言名色繫縛衆生，即是名色繫縛名色。』佛言：『善男子，如二手合時，更無異法而來合也。名之與色，亦復如是。以是義故，我言名色繫縛衆生。若離名色，則得解脱。』」〔二〕

釋曰：「如二手合時，更無異法」者，二手雖有相合，以但是一身之用，故無異法。雖非異法，若以一手，合義不成。如名色、衆生雖然不異，要因名色繫縛衆生，要離名色，方得解脱。一切諸法離合縛脱，亦復如是。

校注

〔一〕十六知見：又稱十六神我，未見正道之人，於五陰等法中强立主宰，妄計有我、我所，計我之心歷諸緣而有我、衆生、壽者、命者、生者、養育、衆數、人、作者、使作者、起者、使起者、受者、使受者、知者、見者等十六種之別。詳見本書卷二一注。

〔二〕見大般涅槃經卷二九，南本見卷二七。

維摩經云：「法無有人，前後際斷故。」〔一〕肇法師曰：「天生萬物，以人爲貴。始終不改謂之人，外道以人名神，謂始終不變。若法前後際斷，則新新不同。新新不同，則無不變之者。無不變之者，則無復〔二〕人矣。」〔三〕既前際無人，後際無壽者，中際無我、無衆生。世間凡所有法，皆是意言分別立其名相，都無實義，衆生不了，妄有所得，没在其中，不能出離。

校注

〔一〕見維摩詰所説經卷上弟子品。

〔二〕「復」，原無，據注維摩詰經補。

〔三〕見注維摩詰經卷二。肇法師，即僧肇。

是以諸佛方便，説人、法二空。唯識正義，於虛誑名相中而能拔出。如大智度論云：「須菩提白佛言：『世尊，若一切法空無根本，如夢、如幻等，衆生在何處住而菩薩拔出？』須菩提意謂如人没深泥而得拔出。佛答：『衆生但住名相虛誑憶想分別中。』佛意一切法中無決定實者，但凡夫虛誑故著。如人暗中見似人物，謂是實人而生畏怖。又如惡狗臨井，自吠其影，水中無狗，但有其相，而生惡心，投井而死。衆生亦如是，四大和合，故名爲身。因緣生識，和合故動作、言語。凡夫人於中起人相，生愛、生恚，起罪業，墮三惡道。菩薩行般若波羅蜜時，憐愍衆生，種種因緣教化，令知空法而拔出之，作是言：『是法皆畢竟空無所有，衆生顛倒虛妄，故見似有，如化、如幻、如乾闥婆城，無有實事，但誑惑人眼。』乃至〔一〕佛告須菩提：『若諸法當實有如毫氂許，菩薩坐道場時，不能覺一切法空、無相、無所有，得成阿耨多羅三藐三菩提，亦不能以此法利益衆生等。』」〔二〕

校注

〔一〕乃至：表示引文中間有删略。

〔二〕見龍樹造、鳩摩羅什譯大智度論卷八九。

又云：「如人遠行，獨宿空亭。夜中有鬼，擔一死屍來著其前。復有一鬼從後而來，瞋罵前鬼云：『是我屍，何以擔來？』前鬼復言：『本是我物，我自擔來。』二鬼各以一手爭之，前鬼語曰：『可問此人。』後鬼即問：『是誰死人？誰擔將來？』是人思惟：『此之二鬼皆有大力，實語虚語，皆不免死，我今不應妄語答鬼。』便答後鬼：『前鬼擔來。』後鬼大瞋，拔其手足，出著地上。前鬼愧之，取屍補之，補之便著，臂、手、足等，舉身皆易。於是二鬼共食所易活人之身，各各拭口，分首而去。其人思惟：『父母生身眼見食盡，我今此身盡是他肉，爲有身耶？爲無身耶？』如是思惟，心懷迷亂，不知所措，猶如狂人。天既明矣，尋路而去。至前國土，見有佛塔，凡見衆僧，不論餘事，但問己身爲有爲無。諸比丘問：『汝何人耶？』答曰：『我亦不知是人非人。』即爲衆僧廣説上事。衆僧皆云：『此人自知己身無我，易可化度。』即語之言：『汝身本來恒自無我，但以四大和合聚集，計爲本身，如汝本身，與今無異。』時諸比丘度爲沙門，斷煩惱盡，得阿羅漢。是故有時於他人身亦計爲我，已無我故，有時於我謂爲他人〔一〕。故文殊問經云：有老人夜卧，手捉兩膝而便問云：『那得有此兩小兒耶？』身若有我，云何不識，謂爲小兒？故知横計，皆無定實。」〔二〕

校注

〔一〕「又云」至此，詳見龍樹造、鳩摩羅什譯大智度論卷一二。

〔二〕出湛然述止觀輔行傳弘決卷七之三。其中，「文殊問經云」者，詳見文殊師利問經卷上無我品：「猶如老人於夜中坐，自捉兩膝，説如是言：『那得有此兩小兒耶？』若此老人身中有我，云何不識自膝，謂是小兒？以是事故，實無有我。是邪見人，於無處横執，譬如見焰而生水想，實無有水，以眼亂故。」

又云：「菩薩作是念：諸法空，無我、無衆生，而從因緣故，有四大、六識。是十法各各有力，能生、能起，能有所作，如地能〔一〕持，水能爛，火能消，風能迴轉，識能分別。是十法各有所作，衆生顛倒故，謂是人作、我作。如皮骨和合，故有語聲，惑者謂人語。如火燒乾竹林，出大音聲，此中無有作者。又如木人、幻人、化人，雖能動作，無有作者，此十法亦如是。」〔二〕

校注

〔一〕「能」，原作「生」，據嘉興藏本及大智度論改。

〔二〕見龍樹造、鳩摩羅什譯大智度論卷五四。

廣百論云：「若隨自覺執有我者，豈不但緣無常身等虚妄分別，執爲實我？所以者何？現見世間但緣身等，前後隨緣，分位差別，虚妄計度我肥我瘦、我勝我劣、我明我暗、我苦我樂，身等無常，可有是事？常住實我，無此差別。由此比知一切我見，皆無實我以爲境

界，唯緣虚妄身等爲境。隨自妄想覺慧生故，如緣暗繩，顛倒虵執。」〔一〕

校　注

〔一〕見玄奘譯大乘廣百論釋論卷二破我品第二之一。

寶行王正論偈云：「如人依浄鏡，得見自面影，此影但可見，一向不真實。我見亦如是，依陰得顯現，如實檢非有，猶如鏡面影。」〔一〕

校　注

〔一〕見真諦譯寶行王正論安樂解脱品。

顯揚論：「問曰：若唯有藴，無別我者，誰見誰聞？誰能了別？乃至〔一〕偈答云：如光能照用，離光無異體，是故於内外，空無我義成。

「論曰：現見世間即於光體有能照用，説爲照者。離光體外，無别照者。如是眼等有見等用，説爲見者，乃至了別者、無別見者等。是故内外諸法，等無有我。

「問：若實無我，云何世間有染有浄？

「答：染浄諸法，從因緣生，不由實我。何以故？頌曰：如世間外物，離我有損益，内雖無實我，染浄義應成。

「論曰：如世外物，雖無有我，而有種種災横、順益事業成就。如是内法雖無有我，而有種種染浄義成，是故無過。」〔二〕

校　注

〔一〕乃至：表示引文中間有删略。

〔二〕見玄奘譯顯揚聖教論卷一五成空品。

問：既人、法俱空，若實無我，誰受生死依、正果報？或復猒苦求趣涅槃，縛解、去來、昇沉等事？

答：雖無作者，而有作業，以衆緣力，至於後世，相續不斷，但以識爲種，能有猒求、記憶等事。大涅槃經云：「師子吼菩薩言：『世尊，衆生五陰，空無所有，誰有受教，修集道者？』佛言：『善男子，一切衆生皆有念心、慧心、發心、勤精進心、信心、定心，如是等法，雖念念滅，猶故相似相續不斷，故名修道。乃至〔一〕如燈，雖念念滅，而有光明除破闇冥。念等諸法亦復如是，如衆生食，雖念念滅，亦能令飢者而得飽滿。譬如上藥，雖念念滅，亦能愈病。日月光明，雖念念滅，亦能增長草木樹林。善男子，汝言念念滅云何增長者，心不

斷故，名爲增長。』」〔二〕

如淨名經偈云：雖「無我、無造、無受者，善惡之業亦不亡」〔三〕。失善惡之業因、苦樂之果報，非有人我能作能受，但是識持，因果不亡。

校注

〔一〕乃至：表示引文中間有删略。

〔二〕見大般涅槃經卷二九，南本見卷二七。

〔三〕見維摩詰所説經卷上佛國品。

如古師云〔一〕：衆生爲善惡而受其報者，皆由衆生心識三世相續，念念相傳，如今世現行五藴，猶前世識種爲因，起今世果；今世有作業熏種而爲來世現行因，展轉相續爲因果故。又，善惡之業皆由心識而起，謂前念造得善惡業，然此一念識雖滅而後念心識生，既心識相傳不斷，即能任持善惡之業而亦不亡，以由識持故。

校注

〔一〕按，此説未見他處，「古師」者，不詳。

識論云：「然有情類身心相續，煩惱業力輪迴諸趣，猒患苦故，求趣涅槃。由此故知定無實我，但有諸識無始時來，前滅後生，因果相續，由妄熏習似我相現，愚者於中妄執爲我。」〔一〕

校注

〔一〕見玄奘譯成唯識論卷一。

故知猒苦求樂，捨此生彼，則驗知無我。若定有我有體，則不能去來，隨緣起滅，以定有故，不可移易。只爲識心如幻無定故，乃有從凡入聖之理，猒妄求真之門，則不壞因緣，能含正理。

大莊嚴論：問：有縛則有解，無我則無有縛。若無有縛，誰得解脱？答：雖無有我，猶有縛解。何以故？煩惱覆故，則爲所縛。若斷煩惱，則得解脱。是故雖復無我，猶有縛解。

問：若無我者，誰至後世？

答：從於過去煩惱諸業，得現在身及以諸根，從今現世復造諸業，以是因緣，得未來身及以諸根。譬如穀子，衆緣和合，故得生芽，然此種子，實不至芽。種子滅故，芽便增長。

子滅故不常，芽生故不斷。佛説受身，亦復如是，雖復無我，業報不失。

問：若無我者，先所作事，云何故憶而不忘失？

答：以有念覺與心相應，便能憶念三世之事而不忘失。

又復問：若無我者，過去已滅，現在心生，生滅既異，云何而得憶念不忘？

答：一切受生，識爲種子，入母胎田，愛水潤漬，身樹得生，如胡桃子，隨類而生。此陰造業，能感後陰。然此前陰，不生後陰，以業緣故，便受後陰。生〔一〕滅雖異，相續不斷。如嬰兒病，與乳母藥，兒患得愈。母雖非兒，藥之力勢能及於兒。陰亦如是，以有業力，便受後陰，憶念不忘〔二〕。

又，大智度論云：「問曰：心所趣向，心爲去？爲不去？若去，此則無心，猶如死人。若不去，云何能緣？如佛言：『依意緣法，意識生意。』若不去，則無和合。

「答：心不去、不住而能知。如般若中説『一切法無來無去』相，云何言『心有來去』？

校　注

〔一〕「生」，原作「至」，據大莊嚴經論改。

〔二〕「大莊嚴論」至此，詳見馬鳴造、鳩摩羅什譯大莊嚴經論卷一。

若有來去，即墮常見。諸法無有定相。」〔一〕

「知心不住爲無常相。結使未斷，或生吾我，如是思惟：『若心無常，誰知是心？心爲屬誰？誰爲心主而受苦樂？一切諸物，誰之所有？』即分別知無有別主，但於五陰〔二〕計有人相而生我心，以我心故生我所。我所心生故，有利益我者生貪欲，違逆我者而生瞋恚。」〔三〕

「愛等諸煩惱，假名爲縛。若修道，解是縛而得解脱即名涅槃，更無有法名爲涅槃。如人被械得脱，而作戲論：『是械，是脚，何者是解脱？』是人可怪，於脚、械外更求解脱。衆生亦如是，離五陰滅〔四〕，更求解脱。」

校注

〔一〕見龍樹造、鳩摩羅什譯大智度論卷二八。

〔二〕「五陰」，大智度論作「五衆取相故」。按，此「五衆」爲五陰的異譯。

〔三〕見龍樹造、鳩摩羅什譯大智度論卷三一。下一處引文同。

〔四〕「離五陰滅」，大智度論作「離五衆械」。按，五陰，或作五衆、五蘊等，指色、受、想、行、識。「五衆械」即「五衆」的形象説法，「離五衆械」即「五衆滅」或「離五衆」，而「離五衆滅」則不成辭，故「滅」當作「械」是。然據大正藏校勘記，石山寺本大智度論亦作「離五衆滅」。

故知有識則繫縛，無識則解脱。若離五陰空别求解脱者，如離此方空，别求他方空。故思益經云：「愚於陰、界、入而欲求菩提，陰〔一〕、界、入即是，離是無菩提。」〔二〕

校注

〔一〕「陰」，原作「蔭」，據思益經改。陰即五陰。按，「蔭」「陰」本通。又智顗説、灌頂記摩訶止觀卷五上云：「陰者，陰蓋善法，此就因得名。又，陰是積聚，生死重沓，此就果得名。」則知「陰」有「蔭覆」之義。此外如阿毗曇心論經、妙法蓮華經玄贊等中，亦有作「蔭、界、入」者，然此處前云「愚於陰、界、入」，此處自然作「陰」更勝。

〔二〕見思益梵天所問經卷三志大乘品。

華嚴會意〔一〕問云：若準六根無我，誰造誰受耶？

答：佛説作善生天、爲惡受苦者，此但因緣法尔，非是我能爲受也。若言是我非因緣者，作惡何不生天，乃墮地獄耶？我豈愛彼地獄故受苦耶？我既作惡而不受樂者，故知善惡感報，唯因緣非是我也。如論云：因緣故生天，因緣故墮地獄〔二〕。是此意也。

校注

〔一〕華嚴會意：不詳。本書卷三八、卷七八中亦有稱引。

〔二〕龍樹造、鳩摩羅什譯大智度論卷三二：「布施時，以願因緣故生天上。」卷八七：「持戒因緣故，生天、人中，得大尊貴。」又，訶梨跋摩造、鳩摩羅什譯成實論卷九過患品：「如經中説，殺生因緣故墮地獄。」

問：既言無我，誰感因緣？若言無我，但是因緣自爲者，草木亦稟因緣，何不生天與受苦耶？

答：内外雖但稟因緣，因緣有二：一、善惡增上業因緣，但感生天及地獄異熟等。二、善惡等流業因緣，生天者，感寶地金華；墮地獄者，感刀林銅柱等。此是因緣業作，非我能爲，豈謂受報不同而計有我也？故經云：「無我、無造、無受者，善惡之業亦不亡。」〔一〕

校注

〔一〕見維摩詰所説經卷上佛國品。

問：若言造業受報但是因緣非由我者，何故有證無我者，雖有已造惡業因緣而不感受報耶？既得無我即不受報者，故知我造惡業受報，非是業因緣也。

答：由得無我已，即斷惡業因緣。無彼因緣，故不受報。非謂有我、無我，受、不受也。故經云「因緣故法滅」〔二〕等，此之謂也。即以如實推究，我不可得，是故無我，唯六根也。

外我所執外分有六塵也，非實我所有。

校　注

〔一〕見佛陀跋陀羅譯大方廣佛華嚴經卷七。

問：若言唯是色聚等無實財寶非我所者，即我等徧有，何得世人有富饒財寶，有貧無一錢等？

答：財寶是色，從業因生：以業增勝故，即財寶豐盈；由業不清浄故，貧無一物也。此則有無因業，非是我所能爲也。若言財寶實有，非由業因緣有者，即一切衆生執有我所，何故有貧富不同？故知由業因緣，非我實有也。説長者多盈財寶，餓鬼無一毛覆身，業是也。破中間見、聞等病故，於中間分爲六識也〔一〕。見、聞等病，空無所有也。若言見、聞等是我非是識者，如聾盲人有我，何不得見、聞等耶？既聾盲等人雖有於我而不得見、聞者，故知見是識，非是我也。是知於此根、塵、識三處推擇，唯有法而無我人。

校　注

〔一〕杜順華嚴五教止觀第一法有我無門：「十八界中，各有三種，謂内界、外界、中界。又就三種中，各分爲二：一者、病三；二者、藥三。言病三者，一、内執六根，總相爲我者是也；二、外執六塵，總相爲我所者是也;三、總計中間六識,總相爲我見者是也,謂我見、我聞、我覺、我知者是也。次言藥三者,一分内六根爲六界,謂眼界等是也,治前計我之病也;二分外六塵爲六界,謂色界等是也,治前計我所之病;三分中間我見聞等爲六識識,謂眼識界、耳識界等者是也,治前我見聞等病。」「中間見聞等病」者,「病三」中「總計中間六識,總相爲我見者是也,謂我見、我聞、我覺、我知者是也」;「破中間見聞等病故,於中間分爲六識」者,「藥三」中「中間我見聞等爲六識識,謂眼識界、耳識界等者是也,治前我見聞等病」。

問:或言有我由迷似生非實有者,何不迷他爲自?今既以自爲自、不得爲他,以他爲他、不得爲自者,故知自他實有,非由計生也。又,但是迷心非實有者,何不於水迷見爲火?於火迷見於水?故知水火實有,不是迷生也。

答曰:有二:初者、然此分别計我,藉三緣生,謂邪師、邪教、邪思惟等。由此三緣久久熏力慣習,遂計彼爲他,執自爲我,此但由計有實有故。若言實有,非熏習而計有者,初出胎時,何不執自及以他身?既初出胎時未熏習故,不計自、他。故知計有自、他,由妄熏故也。如説分别我執藉三緣生故,又云「惡見熏習」〔一〕等。二者、凡所見執實,必迷似生,離似則無所執性。故知如計水火,由執似生也。何者?以水火似有,但是虚相誑心,以不了相虚,執爲實有。何以故?所得冷熱但是觸塵,所見青黄赤白是色法故,流相騰燄是法塵故,執實水火,但唯法塵妄見有也。如説從自心生,與心作相〔二〕等是也。

校注

〔一〕大乘入楞伽經卷一集一切法品：「大慧，若本無有識三緣合生，龜應生毛、沙應出油，汝宗則壞，違決定義，所作事業悉空無益。大慧，三合爲緣是因果性，可説爲有，過、現、未來從無生有，此依住覺想地者，所有理教及自惡見熏習餘氣，作如是説。大慧，愚癡凡夫惡見所噬，邪見迷醉，無智妄稱一切智説。」

〔二〕占察善惡業報經卷下：「一切諸法，從心所起，與心作相，和合而有，共生共滅，同無有住。以一切境界，但隨心所緣，念念相續故，而得住持，暫時爲有。」

問：既親驗水火但唯塵等，云何有水火相別？

答：六塵不別，但是虚似有殊，即此似相由迷執所起故。是故似之與執，但有迷生。

如説餓鬼恒河見水爲火喻等〔一〕，此但從自心生，外非實有也。

校注

〔一〕楞伽阿跋多羅寶經卷二：「大慧，云何離性非性惑亂？謂一切愚夫種種境界故。如彼恒河，餓鬼見不見故，無惑亂性。於餘現故，非無性。」宗泐、如玘楞伽阿跋多羅寶經注解卷二：「如彼恒河等者，承上愚夫所見，舉以爲喻。餓鬼雖近恒河，而不見水，以其見水是火故，云『見不見』也。」

又云：凡有見自、見他，皆是迷心自現〔一〕。如迷東爲西，然迷人西不離悟人東，但爲迷人迷故，不見悟人東也，非謂迷見西處，無彼東也。若言迷見西處無實東者，即見西是悟，不是迷也，以無悟人東無所迷故。既知實東謂爲西者，何以〔二〕人不離東也？信知衆生不離佛界，佛界不離衆生界，但爲迷故癡盲，對目不知見，深自悲哉〔三〕！

校注

〔一〕按，此説本書卷七八引云「華嚴會意云」，則前「華嚴會意問云」至此，或皆出華嚴會意。

〔二〕「何以」，清藏本作「足見」。

〔三〕「凡有見自、見他」至此，亦見本書卷八二引，文字略有不同。

如大涅槃經云：「外道先尼言：『瞿曇，若無我者，誰見誰聞？』佛言：『善男子，内有六入，外有六塵，内外和合，生六種識，是六種識因緣得名。善男子，譬如一火，因木得故，名爲木火；因草得故，名爲草火。乃至〔一〕衆生意識，亦復如是，因眼、因色、因明、因欲，名爲眼識。善男子，如是眼識，不在眼中乃至欲中，四事和合，故生是識。乃至意識，亦復如是。若是因緣和合故生智者，不應説見即是我，乃至觸即是我。善男子，是故我説眼識乃至意識、一切諸法即是幻也。云何如幻？本無今有，已有還無。乃至〔二〕内、外六入，是名衆生、我、人、士夫。離内、外入，無別衆生、我、人、士夫。』又言：『瞿曇，如汝所言，内外和合，誰出聲言，我作我受？』」佛言：『先尼，從愛、無明因緣生業，從業生有，從有出生無量心數，心生覺觀，覺觀動風，風隨心觸喉、舌、齒、脣。衆生倒想〔三〕，聲出言説，我作、我受、我見、我聞。善男子，如幢頭鈴，風因緣故，便出音聲。風大聲大，風小聲小，無有作者。』」〔四〕

校注

〔一〕乃至：表示引文中間有删略。

〔二〕乃至：表示引文中間有删略。

〔三〕「倒想」，諸校本作「同想」。按，大般涅槃經作「想倒」，意同「倒想」。倒想者，即顛倒想。智顗説、湛然略維摩經略疏卷八：「顛倒想者，實無有心，顛倒計有，能生虚妄，分别色、心異故有色愛。若斷色愛，則不分别有色異心，但有顛倒之想，計有此心。若但有心，即是無色愛住地。」寶亮等集大般涅槃經集解卷七引僧宗曰：「想倒者，想以取假爲義，謬執不得法實，憶想推求，由此起倒也。」寶亮曰：「心識一往，捉境謬解，取法不得，名之爲倒。後以想心，重來分别，逐心謬解，名曰想倒。」隋慧遠述大般涅槃經義記卷二：「妄取法相，名爲想倒。」

〔四〕見大般涅槃經卷三九，南本見卷三五。

又，百論云：「我若是有，應如色等從緣而生，生定歸滅，則非常住。若非緣生，應如兔角，無勝體用，何名爲我？」〔一〕「又，念念別〔二〕，所以非常；相似相續，所以非斷。如是佛子，遠離二邊，悟入緣生，處中妙理。」〔三〕

校注

〔一〕見玄奘譯大乘廣百論釋論卷二破我品第二之一。

〔二〕「別」，原作「滅」，據大乘廣百論釋論改。按，後云「相似相續」，且大乘廣百論釋論此引文前有云：「又前因滅，所以非常；後果續生，所以非斷。又因生故，所以非常；能生果故，所以非斷。」故當作「別」是。

〔三〕見玄奘譯大乘廣百論釋論卷三破我品第二之餘。

問：既無我人，云何有生有死？

答：但生是空生，死是空死，畢竟無有我人可得。如經云：「一切世間法，唯因果無人，但是依空法，還生於空法。」〔一〕是知衆生果中，但有名數，名數本空，萬法何有？如法性論〔二〕云：數盡則群有皆虚〔三〕，名廢則萬像自畢。因茲以觀，斯乃會通之津徑，反神之玄路。是以境因名立，名虚則境空；有從數生，數虚則有寂。名數起處，皆是自心。心若不生，萬法何有？

所以華嚴經頌云：「世間一切法，但以心爲主。隨解取衆相，顛倒不如實。」〔四〕若能如實觀之，則見自心之性，可謂會通之津徑，反神之玄路矣。

校注

〔一〕見淨意造、菩提流支譯十二因緣論。

〔二〕法性論：慧遠著，已佚。高僧傳卷六慧遠傳：「釋慧遠，本姓賈氏，雁門樓煩人也。（中略）先是中土未有泥洹常住之説，但言壽命長遠而已，遠乃歎曰：『佛是至極，至極則無變。無變之理，豈有窮耶？』因著法性論曰：『至極以不變爲性，得性以體極爲宗。』羅什見論而歎曰：『邊國人未有經，便闇與理合，豈不妙哉！』」

〔三〕「虚」，嘉興藏、清藏本作「空」。

〔四〕見實叉難陀譯大方廣佛華嚴經卷一三。

又，淨名疏智者廣釋六大性無我：「如經云：『是身無我，爲如地。』〔一〕此正約地種明無我也，今例作兩釋：一、作破外人解；二、約内觀明義。一、破外人者，外人計云：若言身無神我，那得能擔輕負重？内人破言：地亦能荷負山嶽，可有神我耶？次、約内觀解者，若毗曇明衆生是假名，地大是實法〔二〕。成論明地大亦是假名，四微是實法〔三〕。今明雖復假實之殊，同是苦諦下無我行觀門所攝，如地是四微所成，若一微是主，三亦是主；若一非主，三亦非主，當知無主。若内地四微所成無主者，外地四微所成亦無有主也。若内外地無主者，此三事所成〔四〕，何得有主？若無主，即是無我，故云『此身無主，爲如地』也。

「又，請觀音經云：『地大，地無堅性。』地若是有者，爲自性有？他性有？共性有？無因性〔五〕有？四種中隨計一性，即是有見，若謂是事實，餘妄語，實即是剛義，是性，是主義也；若檢四性不得，此爲見地是無是事實，餘妄語，實即是剛，是性，是主；若見地亦有亦無是事實，餘妄語，實即是剛，是性，是主；若見地是非有非無是事實，餘妄語，實即是性，是主。若於此四句有所計執者，即是性實，是剛，是主。金剛般若經云：『是諸衆生，若心取相，則著我、人、衆生、壽者。若取法相，亦著我、人、衆生、壽者。若取非法相，亦著我、人、衆生、壽者也。』〔六〕若不取四句，則是觀地無剛性。若無剛實，則無主無我，故説『是身無主，猶如地』也。

「經云：『是身無我，爲如火。』亦作兩釋：一、作破外人解者，外人計有神我，云何知耶？見身能東西馳走及出音聲，故知有神我也。内人破曰：約火一法，破其兩計。所以者何？火燒野草，亦能東西自在，亦是我也。又燒著竹木，出諸音聲，亦是有神我也。次、約内觀釋者，火爲二〔七〕微所成，無有定性，無性即是無火也。今身爲名色所成，身無定性，若身無定性，即無我也。復次，此身中諸煖即是火，若外火無我，内火亦無我也。又，請觀音經云：『火大，火性從因緣生。』若從緣生即無自性，無實即無我。破性及四句，類地可知。云何知耶？若無壽者，何得有出入息相續不斷？內人破曰：出入息者，但風相。外風無壽者，內風豈是壽者也？次、內觀解者，風相觸擊故，輕虛自在，遊中無礙，有何壽命？大集云：『出入息者，名爲壽命。』〔八〕若觀此出入息，入無積聚，出無分散，來無經遊，去無履涉，如空中風，求不可得。風既非壽，息亦何得是壽也？又，請觀音經云：『風性無礙。』今以四句觀風，若言有性有生，四句可得者，即是礙相，不得入道；若四句觀風，風不可得，即是無礙，無礙故即是入如實之際。觀身三事，息非壽，命如風，故説『是身無壽，爲如風』也。

「經云：『是身無人，爲如水。』此約水種破人，亦作破外人內觀解。初明破外人者，外人計有神即是人。云何知耶？若身中無神，何能慈恩潤下，曲隨物情也？內人破曰：我見水能下潤，隨器方圓，水無神無人者，而汝能恩潤順物，亦無神無人也。今明內觀解者，水爲三微所成，無有定性，無性即無水。三事成身，無有定性，無性即無身，無身即無人，故説『是身無人，爲如水』也。又解：如小兒水中見影，謂言水裏有人，入水求人，終不可得。凡夫三事中生身見，謂身是人，深觀三事，不見身相，即無人也。又如請觀音經云：『水性不住。』以其住者，池沼方圓礙之即住，非水有住性也。今檢人亦如是，隨諸法得人，名無定性。若四句檢水，有性有著，即是住義。若檢水四句，無性無著，即是無住，無住故入如實際。

「經云：『是身不實，四大爲家。』此是總約四大破我，説無我行也。若作破外人解，外人計云：若身中無實有神我者，今現見六情依身而住，故知實有神我也。内人破曰：現見六情依四大住，無別我神之所依也。若約内觀解者，身名是一，一身不應在四我住。若一大我住，三大應無假名身。若各有者，即有四身。若即若離四句，約四大中檢身不得，故知身無有實。若不得身實，即身見破。身見破，即我見、十六知見皆破也。

「經云『是身爲空，離我我所』者，此是第二約空種破，説無我行也。若作破外人解，外人計有我所。若無神我，何得所有國土人物是實？所若見實，當知我亦是實。内人破曰：若尔，所是空，我亦應空。如身中空種，空種及一切外空是所。所空故，我亦空也。若約内觀解者，即是正約空種破身見也。四大造色圍虚空故，假名爲身，離空即無身。若外内空，不名身。今約空種，檢身不可得，即身見破。身見破，即離我、我所也。

「經云『是身無知，如草木瓦礫』者，此是第三檢識種破我，是知説無我行也。若作破外人解，外人計云：若身中無神，那得知四時、氣序等事也？内人破曰：如草木瓦礫，亦猶陰陽氣候逐時轉變，似有所知，而非神知者。今〔九〕身雖有知，如草木瓦礫，無神知也。又，外人計身内有神，神使知知之。内人破曰：若神使知知，復誰使神？知遂無使，神何須使？若無神使，即無知者。無知者，即如草木瓦礫也。若約内觀，的觀識種。所以者何？三事成身，命、煖無知，知只是識。若謂識能知者，過去識已滅，滅故不能知；現在識刹那不住，無暫停時，亦不得知；未來識未有，未有之識豈得有知？三世求識，知不可得，離三世無别有知，故説『此身無知，如草木瓦礫』也。

「經云：『是身無作，風力所轉。』次約風動，助成破識有作，説無我行也。若作破外人解，外人計身内有神我故，能執作施爲，作一切事。内人破曰：此非神作。身有所作，皆風力轉也。若約内觀心解，妄念心動，身内依風得有種種所作。故大集經云：『有風能上，有風能下。』〔一〇〕心若念上，風隨心牽起；心若念下，風隨心牽下。運轉所作，皆是風隨心轉，作一切事。若風道不通，手脚不遂，心雖有念，即舉動無從。譬如人牽關捩，即影技種種所作，捩繩若斷，手無所牽。當知皆是依風之所作也。今觀此依風，不自生，亦不他生。若無生，即是空。尚不能自有，令三事成身不可得，誰是作也？」〔一一〕

校　注

〔一〕維摩詰所説經卷上方便品：「是身無主，爲如地；是身無我，爲如火；是身無壽，爲如風；是身無人，爲如水；是身不實，四大爲家；是身爲空，離我我所；是身無知，如草木瓦礫；是身無作，風力所轉；

是身不净，穢惡充滿；是身爲虚僞，雖假以澡浴衣食，必歸磨滅；是身爲災，百一病惱；是身如丘井，爲老所逼；是身無定，爲要當死；是身如毒蛇、如怨賊、如空聚，陰界諸入所共合成。」

〔二〕阿毗曇毗婆沙論卷三一：「阿毗曇者，作如是説：處所非假名，結非假名，衆生是假名。」世親釋、真諦譯攝大乘論釋卷一四：「四大、空、識六界是實，依此六界，假立衆生，衆生是假名。」卷一二：「衆生是假名，法是實有。」

〔三〕訶梨跋摩造、鳩摩羅什譯成實論卷三苦諦聚色論中色相品：「四大者，地、水、火、風，因色、香、味、觸故成四大。」四大假名品：「四大假名故有。所以者何？佛爲外道故説四大，有諸外道説色等即是大，如僧佉等；或説離色等是大，如衛世師等。故此經定説因色等故，成地等大，故知諸大是假名有。」中觀論疏卷四末六情品：「成實論云：四微成四大，四大成五根。」四微者，色、香、味、觸四種極微也。此四微爲色法之元素，依四微而成四大，依四大而成五智，是爲成實論之宗義。又，中觀論疏卷四末五陰品：「成實明十四種色爲色陰，五根、五塵及以四大。毗曇以四大是實法，故屬觸塵。成實觸是實法，四大是假，故離之也。」

〔四〕三事所成：即身。三事，謂命、煖、識。大方等大集經卷二三虚空目分中彌勒品：「先觀中陰，於父母所生貪愛心，愛因緣故四大和合，精血二滴合成一滴，大如豆子，名歌羅羅。是歌羅羅有三事：一命、二識、三煖。過去世中業緣果報，無有作者及以受者，初息出入是名無明。歌羅羅時，氣息出入，有二種道：所謂隨母氣息上下、七日一變。息出入者名爲壽命，是名風道；不臭不爛，是名爲煖；是中心意，名之爲識。」

〔五〕「無因性」，嘉興藏、清藏本作「無共性」。按，維摩經文疏作「無因性」。知禮述觀音玄義記卷四：「不獨由自，不獨由他，須二合生，乃屬共性。若離自、他，屬無因性。」

〔六〕見鳩摩羅什譯金剛般若波羅蜜經。

〔七〕「二」，嘉興藏、清藏本作「三」。按，作「二」是。四大（地、水、火、風）由四微（色、香、味、觸）所成，其中「地」由「色」「香」「味」「觸」四微所成，「水」由「色」「味」「觸」三微所成，「火」由「色」「觸」二微所成，「風」由「觸」一微所成。吉藏撰中觀論疏卷六：「成實云：色觸二法，名之爲火。」又大智度論卷三二：「以地有色、香、味、觸重故，自無所作；水少香故，動作勝地；火少香、味故，勢勝於水；風少色、香、味故，動作勝火。」

〔八〕見大方等大集經卷二三虚空目分中彌勒品。

〔九〕「令」，原作「令」，據維摩經文疏改。

〔一〇〕見大方等大集經卷二三虚空目分中彌勒品。

〔一一〕見智顗撰維摩經文疏卷一〇。

釋曰：夫外計内執我者，皆於地、水、火、風、空、識六大種中及身内識、煖、息三事等起執。今觀六大、三事内，唯是識之一大，世多堅執以爲實我。今只用於内、外、三世中推，自然無我無識。内外推者，只如執識實在身内者，且何者是識？若言身分皮肉、筋骨等是識者，此是地大；若言精血、便利等是識者，此是水大；若言身中煖、觸是識者，此是火大；若言折旋、俯仰、言談、祇對是識者，此是風大。除四大外，唯是空大，何者是識？各各既無，和合豈有？如一砂壓無油，合衆砂而豈有？似一狗非師子，聚群狗而亦無。此四大種，現推無體，即是內空。死後各復外四大，一一歸空，即是外空。內外俱空，識性無寄。

又，內推既無識，應在外者，外屬他身，自無主宰，及同虛空，有何分別？內外既空，中間奚有？以因內外立中間故，但破內外，中間自虛。若識內外空者，應在三〔一〕世。何者？因三世以辯識，因識以立三世。若無有識，誰分三世？若無三世，何以明識？以此三識，若不思過去，即想未來，過、未不緣，即住現在。離三際外，更無有識。故祖師云：「一念不生，前後際斷。」〔二〕今則念念成三世，念念識不住；念念唯是風，念念無主宰。故金剛經云：「過去心不可得，未來心不可得，現在心不可得。」〔三〕以因現在立過去，因過去立未來，現在既不住，過、未亦無生，互檢互無，徹底空寂，但有微毫起處，皆從識生。

校注

〔一〕「三」，原作「心」，據諸校本改。

〔二〕見宗密禪源諸詮集都序卷下之一。按，智顗說妙法蓮華經玄義卷四上：「觀心生滅，前後際斷，破常顛倒，是心念處。」或爲此説所本。又，法藏述華嚴經探玄記卷一：「一念不生，即名爲佛。」亦與此説相類。

〔三〕見鳩摩羅什譯金剛般若波羅蜜經。

今推既無，分別自滅。分別既滅，境界無依。如依水生波，依鏡現像，無水則波不起，無鏡則像不生。故知非關法有法無，但是識生識滅。如金剛三昧經偈云：「法從分別生，還從分別滅，滅是諸分別，是法非生滅。」〔一〕如是洞達，根境豁然，自覺既明，又能利他普照。故經偈云：「究竟離虚妄，無染如虚空，清淨妙法身，湛然應一切。」〔二〕是以世間麁浮，不於自身子細明察，妙觀不習，智眼全盲，執妄迷真，以空作有。若能善觀，即齊諸聖。

校注

〔一〕見金剛三昧經如來藏品。按，「滅是諸分別」，金剛三昧經作「滅諸分別法」，此處所引當據元曉述金剛三昧經論卷下。

〔二〕按，此是對經義的撮述，非經偈。智顗説妙法蓮華經玄義卷五上：「華嚴云：『初發心時，便成正覺。』了達諸法真實之性，所有聞法，不由他悟。是菩薩成就十種智力，究竟離虚妄，無染如虚空，清淨妙法身，湛然應一切。當知即是發真無漏，斷無明初品也。」佛陀跋陀羅譯大方廣佛華嚴經卷八：「初發心時，便成正覺，知一切法真實之性，具足慧身，不由他悟。」卷九偈頌中有云：「菩提心無量，清淨法界等，無著無所依，無染如虛空。」「清淨妙法身，應現種種形，猶如大幻師，所樂無不見。」「諸佛妙色身，種種相莊嚴，究竟離虛妄，清淨真法身。」

如圓覺經云：「尒時，世尊告普眼菩薩：『善男子，汝等乃能爲諸菩薩及末世衆生，問於如來修行漸次、思惟、住持乃至假説〔一〕種種方便，汝今諦聽！當爲汝説。』時普眼菩薩奉教歡喜，及諸大衆默然而聽。『善男子，彼新學菩薩及末世衆生，欲求如來淨圓覺心，應當正念，遠離諸幻，先依如來奢摩他行，堅持禁戒，安處徒衆，宴坐淨室，常作是念：我今此身，四大和合，所謂髮毛、爪齒、皮肉、筋骨、髓腦、垢色，皆歸於地；唾涕、膿血、津液、涎沫、淡淚、精氣、大小便利，皆歸於水；暖氣歸火；動轉歸風。四大各離，今者妄身當在何處？即知此身畢竟無體，和合爲相，實同幻化。四緣假合，妄有六根。六根、四大中外合成，妄有緣氣，於中積聚，似有緣相，假名爲心。善男子，此虛妄心，若無六塵，則不能有。四大分解，無塵可得，於中緣塵，各歸散滅，畢竟無有緣心可見。

「善男子，彼之衆生幻身滅故，幻心亦滅。幻心滅故，幻塵亦滅。幻塵滅故，幻滅亦滅。幻滅滅故，非幻不滅。譬如磨鏡，垢盡明現。善男子，當知身心皆爲幻垢，垢相永滅，十方清淨。善男子，譬如清淨摩尼寶珠，映於五色，隨方各現。諸愚癡者，見彼摩尼，實有五色。

善男子，圓覺浄性，現於身心，隨類各應，彼愚癡者，説浄圓覺實有如是身心自相，亦復如是，由此不能遠於幻化。是故我説身心幻垢，對離幻垢，説名菩薩。垢盡對除，即無對垢及説名者。

「善男子，此菩薩及末世衆生，證得諸幻滅影像故，尒時便得無方清浄，無邊虚空，覺所顯發。覺圓明故，顯心清浄；心清浄故，見塵清浄；見清浄故，眼根清浄；根清浄故，眼識清浄；識清浄故，聞塵清浄；聞清浄故，耳根清浄；根清浄故，耳識清浄；識清浄故，覺塵清浄。如是乃至鼻、舌、身、意，亦復如是。善男子，根清浄故，色塵清浄，色清浄故，聲塵清浄。香、味、觸、法，亦復如是。善男子，六塵清浄故，地大清浄。地清浄故，水大清浄，火大、風大，亦復如是。善男子，四大清浄故，十二處〔一〕、十八界〔三〕、二十五有清浄〔四〕。彼清浄故，十力〔五〕、四無所畏〔六〕、四無礙智〔七〕、佛十八不共法〔八〕、三十七助道品〔九〕清浄，如是乃至八萬四千陁羅尼門〔一〇〕一切清浄。善男子，一切實相性清浄故，一身清浄故，多身清浄。多身清浄故，如是乃至十方衆生圓覺清浄。善男子，一世界清浄故，多世界清浄。多世界清浄故，如是乃至盡於虚空，圓裹三世，一切平等，清浄不動。

「善男子，虚空如是平等不動，當知覺性平等不動。四大不動故，當知覺性平等不動。如是乃至八萬四千陁羅尼門平等不動，當知覺性平等不動。善男子，覺性徧滿，清浄不動，圓無際故，當知六根偏滿法界；根偏滿故，當知六塵偏滿法界；塵偏滿故，當知四大偏滿法界，如是乃至陁羅尼門偏滿法界。善男子，由彼妙覺性偏滿故，根性、塵性無壞無雜。根、塵無壞故，如是乃至陁羅尼門無壞無雜。如百千燈，光照一室，其光偏滿，無壞無雜。善男子，覺成就故，當知菩薩不與法縛，不求法脱，不猒生死，不愛涅槃，不敬持戒，不憎毁禁，不重久習，不輕初學。何以故？一切覺故，譬如眼光曉了前境，其光圓滿，得無憎愛。何以故？光體無二，無憎愛故。

「善男子，此菩薩及末世衆生，修習此心得成就者，於此無修，亦無成就。圓覺普照，寂滅無二，於中百千萬億不可説阿僧祇恒河沙諸佛世界，猶如空華亂起亂滅，不即不離，無縛無脱。始知衆生本來成佛，生死涅槃，猶如昨夢。善男子，如昨夢故，當知生死及與涅槃無起無滅，無來無去。其所證者，無得無失，無取無捨。其能證者，無作、無止、無任、無滅。於此證中，無能無所，畢竟無證，亦無證者，一切法性，平等不壞。善男子，彼諸菩薩如是修行，如是漸次，如是思惟，如是住持，如是方便，如是開悟，求如是法，亦不迷悶。」

校注

〔一〕「説」，原作「設」，據嘉興藏本及圓覺經改。

〔二〕十二處：謂六根、六境。又稱十二入、十二入處等。

〔三〕十八界：謂六根、六境、六識。宗密述大方廣圓覺脩多羅了義經略疏注卷上二：「六根門中，根、識、塵三各有分界故。亦是因義，種族義故。前爲六二，解者息於業因。此是六三，觀之治於我執。」

〔四〕二十五有：三界有情異熟之二十五種果體，四洲（東勝身洲、西牛貨洲、南贍部洲、北俱盧洲），六欲天（四天王天、忉利天、夜摩天、兜率天、化樂天、他化自在天），四惡趣（地獄、餓鬼、畜生、阿修羅），四禪天（初禪天、二禪天、三禪天、四禪天），四空天（空無邊處天、識無邊處天、無所有處天、非想非非想處天），又有一梵王天、一無想天、一浄居天。總名「有」者，皆屬有漏故。二十五有清浄者，因自心清浄故，悉得清浄，故稱「二十五有清浄」。宗密述大方廣圓覺脩多羅了義經略疏注卷上二：「二十五有清浄，四洲、四趣、四禪、四空、無想、浄居、梵王、六欲爲二十五有。此皆是有，各約實報，非正智攝故。然梵王在初禪，無想、浄居在第四禪，四禪位中別舉此者，梵王有見，外道無想，浄居唯聖，異餘天故。」

〔五〕十力：如來所具有的十種智力。詳見本書卷二注。

〔六〕四無所畏：謂佛菩薩説法時具有四種無所懼畏之自信，而勇猛安穩：一切智無所畏、漏盡無所畏、説障道無所畏、説盡苦道無所畏。宗密述大方廣圓覺脩多羅了義經略疏注卷上二：「一、正知一切法，謂佛誠言我是一切正智人等；二、盡諸漏及習，言我漏盡等；三、説一切障道法；四、説出苦道。佛作誠言，説此四法，決定無畏。」

〔七〕四無礙智：又稱四無礙解、四無礙辯等，指四種無礙自在的解智。龍樹造、鳩摩羅什譯大智度論卷二五：「四無礙智者，義無礙智、法無礙智、辭無礙智、樂説無礙智。」詳見本書卷一三「四辯」注。

〔八〕佛十八不共法：唯佛所有，不與世共的十八種功德法。詳見本書卷六注。

〔九〕三十七助道品：是進入涅槃境界的三十七種修行方法。宗密述大方廣圓覺脩多羅了義經略疏注卷上二："「三十七助道品，助謂資助，助正道故；道即是因，所謂止觀；品即是類，正因類故，亦云菩提分，分亦因義。三十七者，謂四念處、四正勤、四神足、五根、五力、七菩提分、八正道分。」

〔一〇〕八萬四千陁羅尼門：即八萬四千法門，是佛陀一代教法的總稱，爲對治衆生八萬四千煩惱所施設的法門。八萬四千，表示法門之多，並非實數。龍樹造、鳩摩羅什譯大智度論卷五："「陀羅尼者，秦言『能持』，或言『能遮』。能持者，集種種善法，能持令不散不失。譬如完器盛水，水不漏散；能遮者，惡不善心生，能遮不令生。若欲作惡罪，持令不作，是名陀羅尼。」宗密述大方廣圓覺脩多羅了義經略疏注卷上二："「然法門廣説，無量無邊。今齊此結數者，對治塵勞故。塵勞即有八萬四千，一一對翻，即皆淨法故，染與淨數無增減故。論云不覺念起，見諸境界，故説無明乃至具有過恒沙等妄染之義。對此義故，心性無動，即有過恒沙等諸淨功德相義示現。」

所以凡夫迷夢，怕怖生、老、病、死；以二乘偏見，猒離成、住、壞、空。若頓悟之時，不猒不怖，全將生死法，度脱於群生。以生死性空故，如釋迦如來不離不著。生則王宫降誕，演獨尊之文；老則壽八十年，示遷壞之法；病則背痛偃卧，警泡幻之身；死則示滅雙林，顯無常之苦。令小根者悟其遷變，俾大器者頓了圓常。故知生、老、病、死之中，盡能發覺；行、住、坐、卧之内，俱可證真，豈同怖猒凡小之見乎？

音義

擔，都濫反。 拭，賞職反。 捩，郎計反。 壓，烏甲反。 漬，前智反。
愈，羊主反。 械，胡介反，杻〔一〕械也。 饒，如招反。

戊申歲分司大藏都監開板

校注

〔一〕「杻」，原作「丑」，據文意改。

宗鏡録卷第六十七

慧日永明寺主智覺禪師延壽集

夫雖説我相起盡根由，皆是外道凡夫麁重情執，如何是内教修行之人，微細法我之見？

答：法執難亡，更是微細。以法執爲本，人執爲末，所以法愛不盡，皆爲頂墮之人；圓證涅槃，猶是我見之者。如圓覺經中，浄諸業障菩薩白佛言：「大悲世尊，爲我等輩廣説如是不思議事，一切如來因地行相，令諸大衆得未曾有，覩見調御歷恒沙劫勤苦境界，一切功用猶如一念，我等菩薩深自慶慰。世尊，若此覺心本性〔一〕清浄，因何染汙，使諸衆生迷悶不入？」乃至〔二〕佛言：「善男子，一切衆生，從無始來，妄想執有我、人、衆生及與壽命，認四顛倒爲實我體，由此便生憎、愛二境。於虚妄體重執虚妄，二妄相依，生妄業道。有妄業故，妄見流轉，猒流轉者，妄見涅槃。由此不能入清浄覺，非覺違拒諸能入者，有諸能入非覺入故。是故動念及與息念，皆歸迷悶。何以故？由有無始本起無明爲己主宰，一切衆生生無慧目，身心等性皆是無明，譬如有人不自斷命。是故當知，有愛我者，我與隨順；非隨順者，便生憎怨。爲憎愛心養無明故，相續求道，皆不成就。

「善男子，云何我相？謂諸衆生心所證者。善男子，譬如有人百骸調適，忽忘我身。四支絃緩〔三〕，攝養乖方，微加針艾，則知有我。是故證取，方現我體。善男子，其心乃至證於如來，畢竟了知清淨涅槃皆是我相。

「善男子，云何人相？謂諸衆生心悟證者。善男子，悟有我者，不復認我，所悟非我。悟亦如是。悟已超過一切證者，悉爲人相。善男子，其心乃至圓悟涅槃俱是我者，心存少悟，備殫證理，皆名人相。

「善男子，云何衆生相？謂諸衆生心自證悟所不及者。善男子，譬如有人作如是言：『我是衆生。』則知彼人説衆生者，非我非彼。云何非我？我是衆生，則非是我。云何非彼？我是衆生，非彼我故。善男子，但諸衆生了證了悟，皆爲我、人。而我、人相所不及者，存有所了，名衆生相。

「善男子，云何壽命〔四〕相？謂諸衆生心照清淨，覺所了者，一切業智所不自見，猶如命根。善男子，若心照見，一切覺者皆爲塵垢，覺、所覺者不離塵故。如湯消冰，無有别〔五〕冰，知冰消者。存我、覺我，亦復如是。善男子，末世衆生不了四相，雖經多劫勤苦修道，但名有爲，終不能成一切聖果。」

校注

〔一〕「性」，原作「恒」，據嘉興藏本及圓覺經改。
〔二〕乃至：表示引文中間有删略。
〔三〕絃緩：喻指肢體不調，手足失度。四十二章經：「有沙門夜誦經，甚悲，意有悔疑，欲生思歸。佛呼沙門問之：『汝處于家，將何修爲？』對曰：『恒彈琴。』佛言：『絃緩何如？』曰：『不鳴矣。』『絃急何如？』曰：『聲絶矣。』『急緩得中，何如？』『諸音普悲。』」
〔四〕「命」，原作「者」，據嘉興藏本及圓覺經改。
〔五〕「有别」，嘉興藏本及圓覺經作「别有」。

此我、法二執，經論偏治，助業潤生，順情發愛。於六、七識上，妄起端由；向根塵法中，强爲主宰。固異生之疆界，爲煩惱之導師；立生死之根原，作衆苦之基址。壞正法之寶藏，違成佛之妙宗。塞涅槃之要津，盲般若之智眼；障菩提之大道，斷解脱之正因。背覺合塵，無先於此。

如上廣引，破斥分明，願斷疑根，頓消冰執，則正修有路，功不唐捐，一念證真，全成覺道。

問：不了唯識之徒，妄執我、法，聖教之内，云何復言有我、法等？

答：對機假設，非同情執。假有二種：一者、無體隨情假。多分世間外道所執，雖無如彼所執我法，隨執心緣，亦名我法，故説爲假。二者、有體施設假。聖教所説雖有法體，而非我法，本體無名，强名我法，不稱法體，隨緣施設，故説爲假〔一〕。

又，凡、聖通論，我有六種：一、執我，謂分别、俱生，在於凡位；二、慢我，謂但俱生，在有學位；三、習氣我，謂二我餘習，在無學位；四、隨世流布我，謂諸佛等，隨世假稱；五、自在我，謂八自在〔二〕等，如來後得智爲性；六、真我，謂真如常、樂、我、淨等，以真如爲性。圓中稱「我」，通後三種〔三〕。

校注

〔一〕「假有二種」至此，見窺基撰成唯識論述記卷一。

〔二〕八自在：即八自在我。詳見本書卷五三注。

〔三〕「我有六種」至此，見法藏撰梵網經菩薩戒本疏。

問：云何是無二我義？

答：人我見，如六陰七情〔一〕，畢竟無體；法我見，猶乾城餤水〔二〕，徹底唯空。如經論明二無我者：一、人無我者，梵云「補特伽羅」，唐言「數取趣」，謂諸有情起惑造業，即爲能取。當來五趣，名之爲趣。雖復數數起惑造業，五趣輪迴，都無主宰實自在用，故名無我。二、法無我者，謂諸法體雖復任〔三〕持，軌生物解，亦無勝性實自在用，故言無我〔四〕。

校注

〔一〕六陰：第六陰。七情：第七情。五陰（五蘊）之外别無第六陰，六情（六根）之外别無第七情（根），故以第六陰、第七情喻指如龜毛、兔角之絶無者。維摩詰所説經卷中觀衆生品：「譬如幻師，見所幻人，菩薩觀衆生爲若此。如智者見水中月，如鏡中見其面像，如熱時焰，如呼聲響，如空中雲，如水聚沫，如水上泡，如芭蕉堅，如電久住，如第五大，如第六陰，如第七情，如十三入，如十九界，菩薩觀衆生爲若此。」

〔二〕乾城：「乾闥婆城」之略，謂幻化而出的城郭。慧苑新譯大方廣佛華嚴經音義卷下：「乾闥婆城，此云『尋香城』也。謂十寶山間有音樂神，名乾闥婆。忉利諸天，意須音樂，此神身有異相，即知天意，往彼娱樂。因此事故，西域名樂人爲乾闥婆。彼樂人多幻作城郭，須臾如故，因即謂龍蜃所現城郭亦爲乾闥婆城。」　燄水：陽燄如水，言其幻也。慧琳一切經音義卷七：「陽焰，熱時遥望地上、屋上陽氣也，似焰非焰，故名陽焰，如幻如化。」

〔三〕「任」，諸校本作「住」。按，大乘百法明門論疏作「任」。

〔四〕「明二無我者」至此，見義忠述大乘百法明門論疏卷下，參見窺基解、普泰增修大乘百法明門論解卷下。

問：執有我見，雖順所緣，是顛倒體。無我之心，成何勝善？

答：了二無我理，證會真如，則成佛之正宗，超凡之妙軌。若論法利，功德難量。古德云：「無我之心，雖不稱境，違於緣故，名非顛倒。如緣真如，作有如解，即是法執。若作無解，雖不稱如，仍因成聖。」〔一〕釋曰：「若作如解，即是法執」者，若起能解之心，即立所證之理。所境既立，迷現量心；知解纔生，便成比量，皆爲法執，失唯識宗。所以華嚴經云：「智外無如，爲智所入；如外無智，能證於如。」〔二〕則心境如如，一道清淨。

廣百門論云：「識能發生諸煩惱業，能牽後有〔三〕。如是識心，緣色等起。無所緣境，識必不生。若能正觀，境爲無我，所緣無故，能緣亦無，能、所既亡，衆苦隨滅，證寂無影，清淨涅槃。至此位時，名自利滿。諸有本願，爲利益他，住此位中，化用無盡，亦令有識住此涅槃。是故欲求自、他勝利真方便者，應正勤修空無我理。」〔四〕

校注

〔一〕見窺基撰成唯識論述記卷一。

〔二〕按，澄觀撰大方廣佛華嚴經疏卷二七：「智外無如，爲智所入；如外無智，而入於如。法性寂然，故名爲如；寂而常照，故名爲智。」言「華嚴經云」者，誤。

〔三〕「識能發生諸煩惱業，能牽後有」，大乘廣百論釋論作「識能發生諸煩惱業，由此三有生死輪迴故，説識心爲諸有種，能牽後有，得識食名」。後有，謂未來的果報、後世的身心。
〔四〕見玄奘譯大乘廣百論釋論卷八破邊執品。

問：涅槃經佛説有真我佛性之理〔一〕，諸菩薩等皆申懺悔：我等無量劫來，常被無我之所漂流。今廣説無我者，莫不違涅槃之教不？

答：今言無我者，謂破凡夫、外道迷唯識理，妄執心外實有我法。如外道所執，略有三等：一、僧佉〔二〕等執我體常周徧，量同虚空，隨處造業，受苦、樂等；二、尼乾子〔三〕執我其體雖常而量不定，隨身大小有卷舒故；三、徧出〔四〕執我體常至細如一極微，潛轉身中作事業故〔五〕。餘九十種所計我等，不異此三故。此等妄執俱無道理，唯成五見〔六〕之邪思，豈同四德之真我？

校注

〔一〕大般涅槃經卷七：「我者，即是如來藏義。一切衆生悉有佛性，即是我義。如是我義，從本已來，常爲無量煩惱所覆，是故衆生不能得見。」「真我佛性」者，即佛性。隋慧遠大般涅槃經義記卷三：「佛性真我名爲我性，此之我性，據佛以論，即是諸佛法身自體，以佛法身共衆生體無二性故。」

〔二〕僧佉：意譯「數」，外道之一。窺基撰成唯識論述記卷一：「梵云『僧佉』，此翻爲『數』，即智慧數。數度諸法，根本立名，從數起論，名爲數論；論能生數，亦名數論。」詳見本書卷三八注。

〔三〕尼乾子：意譯「無繫」「不繫」等，外道之一。慧琳一切經音義卷二五：「尼乾子，此云『無繫』，是裸形外道，不繫衣食，以爲少欲知足者也。」又卷四五：「尼乾子，應云『泥揵連佗』，此云『不繫』，其外道拔髮露形，無所貯畜，以手乞食，隨得即噉者也。」

〔四〕徧出：外道之一。窺基撰成唯識論述記卷一：「復有外道名『波利呾羅拘迦』，翻爲『遍出』，遍能出離諸俗世間，即是出家外道之類。」

〔五〕玄奘譯成唯識論卷一：「云何應知實無外境，唯有内識似外境生？實我、實法不可得故。如何實我不可得耶？諸所執我略有三種：一者、執我體常周遍，量同虚空，隨處造業，受苦樂故；二者、執我其體雖常而量不定，隨身大小有卷舒故；三者、執我體常至細如一極微，潛轉身中作事業故。」

〔六〕五見：身見、邊見、邪見、見取見、戒禁取見。詳見本書卷五七。

如涅槃經云：「外道言：『如瞿曇説，無我、我所，何緣復説常、樂、我、淨？』佛言：『善男子，我亦不説内、外六入及六識意常、樂、我、淨，我乃宣説滅内、外入所生六識，名之爲常。以常故，名之爲我。有常我故，名之爲樂。常我樂故，名之爲淨。』」〔一〕夫真我者，是佛性義，常恒不變，非生因之所生；具足圓成，唯了因之所了。

又如經云：「爾時，世尊讚諸比丘：『善哉，善哉！汝等善能修無我想。』時諸比丘即白佛言：『世尊，我等不但修無我想，亦更修習其餘諸想，所謂苦想、無常、無我想。世尊，譬如人醉，其心愐眩，見諸山河、石壁、草木、宫殿、屋舍、日月、星辰，皆悉迴轉。世尊，若有不修苦、無常想、無我等想，如是之人，不名爲聖，多諸放逸，流轉生死。世尊，以是因緣，我等善修如是諸想。』

「爾時，佛告諸比丘言：『諦聽，諦聽！汝向所引醉人喻者，但知文字，未達其義。何等爲義？如彼醉人，見上日月，實非迴轉，生迴轉想。衆生亦爾，爲諸煩惱無明所覆，生顛倒心，我計無我、常計無常、浄計不浄、樂計爲苦。以爲煩惱之所覆故，雖生此想，不達其義。如彼醉人，於非轉處而生轉想。我者，即是佛義。常者，是法身義。樂者，是涅槃義。浄者，是法義。汝等比丘，云何而言有我想者憍慢、貢高、流轉生死？汝等若言：我亦修集無常、苦、無我等想。是三種修，無有實義。我今當説勝三修法：苦者計樂、樂者計苦，是顛倒法；無常計常、常計無常，是顛倒法；無我計我、我計無我，是顛倒法；不浄計浄、浄計不浄，是顛倒法。有如是等四顛倒法，是人不知正修諸法。汝諸比丘於苦法中生於樂想，於無常中生於常想，於無我中生於我想，於不浄中生於浄想。世間亦有常、樂、我、浄，出世亦有常、樂、我、浄。世間法者，有字無義；出世間者，有字有義。何以故？世間之法，有四顛倒，故不知義。所以者何？有想倒、心倒、見倒。以三倒故，世間之人樂中見苦、常見無常、我見無我、浄見不浄，是名顛倒。以顛倒故，世間知字而不知義。何等爲義？無我者，名爲生死；我者，名爲如來。無常者，聲聞、緣覺；常者，如來法身。苦者，一切外道；樂者，即是涅槃。不浄者，即有爲法；浄者，諸佛、菩薩所有正法。是名不顛倒。以不倒故，知字知義。若欲遠離四顛倒者，應知如是常、樂、我、浄。』」〔二〕

校注

〔一〕見大般涅槃經卷三九，南本見卷三五。

〔二〕見大般涅槃經卷二。

釋曰：夫迷四真實、起八顛倒者，無非人、法二我之見，爲生死之樞穴，作煩惱之基坰〔一〕，成九結〔二〕之樊籠，開十使〔三〕之業道。二乘雖斷人我，常被無我之所漂流；外道謬認識神，恒爲妄我之所〔四〕輪轉。所以上云「無我者，名爲生死」者，以昧一真我之門，無大自在之力；「我者，名爲如來」者，達佛性之妙理，承如實之道來。「無常者，聲聞、緣覺」者，修生滅之妄因，證灰斷〔五〕之小果；「常者，如來法身」者，入不動之真宗，契圓常之妙體。「苦者，一切外道」者，運無益之苦行，墮生滅之邪輪；「樂者，即是涅槃」者，斷二死之妄原，入四德之秘藏。「不浄者，即有爲法」者，積雜染之情塵，成夢幻之虚事；「浄者，諸佛、菩薩所有正法」者，乃究竟之圓詮，履無爲之至道。是以外道執有我見，如蒸砂作飯，認妄爲真；二乘證無我門，似捉石爲珠，以常爲斷：俱不達無我之中而有真我。

又，常、樂、我、浄者，但是一法，以心性不變異故常，常故樂，樂故我，我故浄。以不了心性常住故，心外別求，妄有所作。作故無常，無常故無樂，無樂故無我，無我故無浄。何者？以無常遷變，純受其苦，寧有樂乎？既不得樂，恒俱繫縛，不得自在，豈成我乎？既不見真我佛性，長隨染緣，豈得浄耶？如上剖析，皆屬一期教門，不可於此定執有無，迷於方便。如廣百論云：「爲止邪見，撥無涅槃，故説真有常、樂、我、浄。」〔六〕此方便言，不應定執。既不執有，亦不撥無，如是乃名正智解脱。

校注

〔一〕「坰」，嘉興藏本作「址」。按，坰，郊野。爾雅釋地：「林外謂之坰。」此「坰」或爲「址」之形誤。佛教文獻中，多見「基址」。慧琳一切經音義卷九六：「基址，之耳反。説文云：址，基也。從土止聲。」

〔二〕九結：九種煩惱（愛、恚、慢、無明、見、取、疑、嫉、慳）。結者，煩惱之異名，煩惱能結縛衆生，使不出離生死。

〔三〕十使：十種煩惱。使，驅役，煩惱之異名，謂貪等煩惱能驅役行者心神，令其流轉三界生死。

〔四〕「之所」，原作「所之」，據清藏本改。

〔五〕灰斷：即灰身滅智，是小乘佛教最終目的之無餘涅槃。詳見本書卷一六注。

〔六〕見玄奘譯大乘廣百論釋論卷二破常品第一之餘。

問：外塵無體，唯識理成；正教昭然，妙旨非謬。今凡夫所執，多徇妄情，以見聞之心，熏習之力，多執現見之境，難斷纖疑。前雖廣明，猶慮未信，更希再示，以破執情。

答：法性無量，得之者有邊；真如相空，執之者形礙。如還原觀云：「真空滯於心首，恒爲緣慮之場；實際居在目前，翻爲名相之境。」〔一〕

起信鈔云：「若是唯心，則不合有境，以心無相，不可見故。既有所見，云何唯心？意云：一切法從心起故，所起無體即是一心。」〔二〕何用説見與不見？根本是心故。

又云：「境本非善，但以順己之情，便名爲善；境本非惡，但以違己之情，便名爲惡。」故知妍醜隨情，境無定體。既無自體，曷有境乎？唯心之門，從兹明矣。

校注

〔一〕見法藏述修華嚴奥旨妄盡還源觀。

〔二〕按，此説見起信論疏筆削記卷一一，故此起信鈔者，當即傳奥大乘起信論隨疏記，參見本書卷六注。下一處引文同。

故知佛爲信者説，不爲疑者施。垢重障深，自生疑謗，遮輕根利，頓入玄微。廣百論云：「一切所見，皆識所爲，離識無有一法是實，爲無始來數習諸見，隨所習見，隨所遇緣，隨自種子成熟。若差别變似種種法相而生，猶如夢中所見事等，皆虚妄現，都無一實，一切皆是識心所爲。」〔一〕

校注

〔一〕見玄奘譯大乘廣百論釋論卷五破時品第五之餘。

難：「若爾，大乘應如夢啞，撥一切法皆悉是虚，不能辯説一切世間、出世間法自性差别，是大苦哉！我等不能隨喜如是大乘所立虚假法義，以一切法皆可現見，不可撥無現見法故。」

答：「奇哉可愍！薄福愚人不能信解大乘法義。若有能見，可見所見，能見既無，誰見所見？以諸能見不能自審知自有體，亦不審他，於審察時，能見、所見皆無所有。是故不應執現見法，決定有體，以迴心時，諸所緣境皆虚假故。所以者何？起憶念時，實無見等種種境界，但隨因緣，自心變似見等種種境相而生。以所憶念非真實故，唯有虚假憶念名生，如曾更諸法體相，迴心追憶，故名爲念。當憶念時，曾所更境皆無有故，能念亦無，而名念者，隨順慣習顛倒諸見，假名施設。由此念故，世間有情妄起種種分别諍論，競執諸法自性差别，没惡見泥，不能自出。若無所見，亦無所聞，是則一切都無所有，云何今時編石爲筏？」〔一〕

校注

〔一〕見玄奘譯大乘廣百論釋論卷五破時品第五之餘。

唯識論：問云：依信説有四種：一、現見，二、比知，三、譬喻，四、阿含。此諸信中，現信最勝。若無外境，云何世人言我現見此青等物？偈答：現見如夢中，見所見不俱。見時不分别，云何言現見？諸凡夫人煩惱夢中有所見事，皆如夢中。如現見色，不知色義，以後時意識分别，然後了知。意識分别時，無眼等識，先滅故。以一切法念念不住故，以見色時，無彼意識；意識起時，無彼眼識〔一〕。

校注

〔一〕詳見天親造、菩提流支譯唯識論。

入大乘論：「問云：諸法體相，世間現見，云何無耶？答：凡愚妄見，此非可信。生滅

之法，皆悉是空。生滅輪轉〔一〕，無暫停時。相似相續故，妄見有實，猶如燈燄，念念生滅，凡夫愚人謂爲一燄。」〔二〕

校注

〔一〕「輪轉」，入大乘論作「流速」。

〔二〕見堅意造、道泰等譯入大乘論卷上。

中觀論問：汝雖種種門破去去者、住住者，而眼見有去住。答：肉眼所見不可信。若實有去去者，爲以一法成？爲以二法成？二俱有過〔一〕。夫肉眼者，是過去顛倒業因所成，如牛羊眼，不辯方隅，實不可信。唯佛眼真實，只可從實，不可憑虚。

校注

〔一〕「中觀論問」至此，詳見龍樹造、鳩摩羅什譯中論卷一觀去來品。

又問：現見衆生作業受報，是事云何？答：如化人無有實事，但可眼見。又，化人口業説法、身業布施等，是業雖無實而可眼見。如是生死、作者及業，亦應如是。諸業皆空無性，如幻如夢〔一〕。

校　注

〔一〕「問：現見衆生作業受報」至此，詳見龍樹造、鳩摩羅什譯中論卷三觀業品。

又，「問曰：世間人盡見諸法是有是無，汝何以獨與世間相違，言無所見？答曰〔一〕：若人未得道，不見諸法實相，愛見因緣故，種種戲論。見法生時，謂之爲常，取相言有；見法滅時，謂之爲斷，取相言無。智者見諸法生，即滅無見；見諸法滅，即滅有見。是故於一切法雖有所見，皆如幻如夢，乃至無漏道見尚可滅，何況餘見？是故若不見安隱法〔二〕者，則見有無」〔三〕。

校　注

〔一〕按，引文「答曰」後略頌「淺智見諸法，若有若無相，是則不能見，滅見安隱法」。

〔二〕「安隱法」，中論作「滅見安隱法」。

〔三〕見龍樹造、鳩摩羅什譯中論卷一觀六道品。「見有無」，中論作「見有見無」。

大智度論：「問：若一切諸法空如幻，何以故諸法有可見、可聞、可齅、可嘗、可觸、可識者？若無而妄見者，何不見聲、聞色？若皆一等，空無所有，何以有可見、不可見者？答曰：諸法相雖空，亦有分别可見、不可見。譬如幻化象、馬及種種諸物，雖知無實，然色可見、聲可聞，不相錯亂，與六情對故。諸法亦如是，雖空而可見、可聞，不相錯亂。」〔一〕

校注

〔一〕見龍樹造、鳩摩羅什譯大智度論卷六。

詳斯論意，是約世間凡情所見，以眼根對色塵及中間眼識，三種和合，得稱爲見。此根、塵、識自性俱空，各各不能生見，和合亦不能生見，但虚妄情識，所對見聞不無。故經云：以凡夫見之爲世諦，以聖人見之爲真諦〔一〕。所稱諦者，審實不虚，故稱爲諦。世諦不無，執假爲諦，真諦非有，證實爲諦。

校注

〔一〕大般涅槃經卷一三：「如出世人之所知者，名第一義諦；世人知者，名爲世諦。」

問：一切内外諸法皆有流類，於諸類中約有幾種差别及隨類通、别等義？

答：古釋有五：一、異熟類：一通，即一切草木，皆是初青後黄，豈非異熟？二别，唯善、惡二業，感異熟果。二、長養類：一通，即是一切皆有長養。二别，唯是飲食、睡眠、梵行等持所益故。三、等流類：一通，即一切自類相似，皆是等流。二別，唯同類因之所生。四、實事類：一通，即一切有體諸法。二別，唯是無爲，簡有爲非是實事故。五、刹那類：一通，即一切有生滅法。二別，唯是見道初一刹那也〔一〕。

校　注

〔一〕按，玄奘譯瑜伽師地論卷三：「色聚有三種流轉：一者、長養，二者、等流，三者、異熟生。長養有二種：一、處遍滿長養，二、相增盛長養。等流有四種：一、長養等流，二、異熟等流，三、變異等流，四、自性等流。異熟生有二種：一、異熟體生名異熟生，二、從異熟生名異熟生。又，諸色聚略説依六處轉，謂建立處、覆藏處、資具處、根所依處、根處、三摩地所行處。」卷五四：「復次，色蘊由幾種流而相續轉？謂由三種，一、等流流，二、異熟生流，三、長養流。初等流流，復有四種：一、異熟等流流，二、長養等流流，三、變異等流流，四、本性等流流。異熟流者復有二種：一者、最初，二者、相續，謂業生異熟及異熟所生，謂即從彼業力所引異熟後時轉者。長養流者亦有二種：一、處寬遍長養流，二、相增盛長養流。初長養流，唯色長養，當知由食、睡眠、梵行等至長養諸色。餘長養流，當知亦由食故，彼所依故，修勝作意故，長時淳熟故而得長養。」此三類與「古釋」中之前三類名同。而「古釋」中之「實事類」「刹那類」，不見它處。

問：有情所住，徧三界中，云何維摩經云「七識處爲種」〔二〕？

答：有情通凡至聖，有六十二有情身〔二〕，約依處有四十二居止〔三〕。若通門，由業繫故，樂與不樂，並立居止，不在七識心住之例，爲識心唯樂於七處住故。

校注

〔一〕見維摩詰所説經卷中佛道品。七識處，又稱七識住，是三界有情心識所愛樂、止住的七種住處。詳見後文及注。

〔二〕六十二種有情：指一切有情識者。窺基撰成唯識論掌中樞要卷上本：「六十二種有情，頌曰：五四三三四，三二及三七，十九四四一，故有情名諸。五趣爲五，四姓爲四，男、女、非男非女爲三，劣、中、妙爲三，在家、出家、苦行、非苦行爲四，律儀、不律儀、非律儀非不律儀爲三，離欲、未離欲爲二，邪性定、正性定、不定聚定爲三，出家五衆、近事男、近事女爲七，習斷者、習誦者、浄施人、宿長、中年、小年、軌範師、親教師、共住近住弟子、賓客、營僧事者、貪利養恭敬者、厭捨者、多聞者、大福智者、法隨法行者、持經者、持律者、持論者爲十九，異生、見諦、有學、無學爲四，聲聞、獨覺、菩薩、如來爲四，輪王爲一，合名六十二種有情。」

〔三〕居止：謂三界各類衆生所居住處。四十二居止者，欲界二十，色界十八，無色界四，詳見後文。

四十二居止者，八地獄、傍生、餓鬼、四洲、六欲天、色界十八、無色有四，都成四十二居止。

七識處者，一、種種身種種想。種種身者，欲界人天有尊卑上下也；種種想者，有苦、樂、捨三受想。二、種種身一想。種種身者，初禪梵王爲尊，梵衆爲卑，故有種種身；一想者，有一戒取想也。梵王自謂我能生諸梵，諸梵謂己從梵王生，非因計因，是戒取。三、一身種種想。一身者，二禪地上無尊卑上下也；種種想者，有喜樂想也。四、一身一想。一身者，三禪無尊卑上下也；一想者，唯一樂想也。空識已上無身，唯有一想。五、空處，唯一空想。六、識處，唯一識想。七、無所有處，唯一慧想〔一〕。

校　注

〔一〕玄奘譯阿毗達磨集異門足論卷一七：「七識住者，云何爲七？答：有色有情種種身、種種想，如人及一分天，是名第一識住；有色有情種種身、一種想，如梵衆天劫初起位，是名第二識住；有色有情一種身、種種想，如光音天，是名第三識住；有色有情一種身、一種想，如遍浄天，是名第四識住；無色有情超一切色想、滅有對想，不思惟種種想，入無邊空空無邊處具足住，如空無邊處天，是名第五識住；無色有情超一切空無邊處，入無邊識識無邊處具足住，如識無邊處天，是名第六識住；無色有情超一切識無邊處，入無所有無所有處具足住，如無所有處天，是名第七識住。」

此上七識處，對治衆生計識爲我，樂住七處，以有漏五陰爲體。第四禪有無想定，非想地中有滅盡定，三塗之中能受諸苦，識不樂住，故不説也。又，第四禪及非想地雖復滅，識不滅，假名衆生居，所以不立。三惡趣中，爲苦所逼，衆生不樂居，所以不立。

問：破外境空，立唯識有者，境從何而空？識從何而有？

答：境隨情起，識逐緣生。情唯徧計之心，緣是依他之性。緣法是有，依勝義之門；情執本空，歸世俗之道。識論云：「外境隨情而施設故，非有如識；内識必依因緣生故，非無如境。由此便遮增、減二執。境依内識而假立故，唯世俗有；識是假境所依事故，亦勝義有。」〔一〕

校注

〔一〕見玄奘譯成唯識論卷一。

釋云：外境，是徧計所執心外實境，由隨妄情施設爲假，體實都無，非與依他内識相似。内識，體是依他故，必依種子因緣所生，非體全無，如徧計境，彼實我法，猶如龜毛，識依他有，故非彼類。此中色等相、見二分，内識所變，不離識故，總名内識。由此内識體性非無，心外我法體性非有，便遮外計離心之境實有增執〔二〕。及遮邪見惡取空者，撥識亦無，妄空滅執〔三〕，即離空、有，説唯識教。有心外法，輪迴生死，覺知一心，生死永棄，可謂無上處中道理〔三〕。

校注

〔一〕「增執」，原作「增減執」，據成唯識論述記删。增執，即增益執，執著諸法實有。釋净土群疑論探要記卷一〇：「愛執即生，名有所得。若執有相，是增益執，亦名常見；若執無相，是損減執，亦名斷見。」

〔二〕「妄空減執」，成唯識論述記作「損減空執」。

〔三〕「釋云」至此，詳見窺基撰成唯識論述記卷一。

問：境唯世俗之有，識通勝義之門者，云何爲世俗諦？云何説勝義諦？

答：夫一切諦智皆從無諦而起。無諦者，即絶待真心，非是對有稱無，故云絶待。猶如虚空，非對小空而稱大空。從此無諦，立一實諦。此一實之名，是對三權而名一實，待虚名實，此是對待得名。又，從此一實，對機約教，或分開二諦等。此二諦者，約情智而開。如涅槃經云：「如出世人之所知者，名第一義諦；世間人知者，爲世諦。」〔一〕

校注

〔一〕見大般涅槃經卷一三，南本見卷一二。

仁王經云：「於解常自一，於諦常自二。」〔一〕

校注

〔一〕見仁王般若波羅蜜護國經卷上二諦品。

所以仁王雖分二諦，智照常一；涅槃本唯一諦，解惑分二。斯則二而不二，不二而二，一二自在，爲真二諦。故昔人頌云：「二諦並非雙，恒乖未曾各。」〔一〕即其義也。生公云：「是非相待故，有真俗名生。」〔二〕梁攝論云：「智障甚盲闇，謂真俗別執。」〔三〕然法相務欲分析，法性務在融通，各據一門，勿生偏滯〔四〕。

校注

〔一〕見善慧大士語録卷三。按，隋吉藏中觀論疏卷二引云「東陽傅大士二諦頌云」。

〔二〕生公：竺道生。澄觀述大方廣法華義疏隨疏演義鈔卷九引云：「生公云：是非相待故，有真俗名生。一諦爲真，二言成權矣。即涅槃經意也。」竺道生有關涅槃經的著述較多，此説當出其中。

〔三〕見真諦譯攝大乘論釋卷一釋依止勝相中衆名品。

〔四〕「仁王雖分二諦」至此，見澄觀述大方廣佛華嚴經隨疏演義鈔卷九。

何者？若但分析而不融通，法成差異；若不分析，事成混濫。又，無可融通，則性相歷然而非異，事理融即而非同，非異非同，圓中妙理。

又，境則不礙真而恒俗，智則不礙寂而常照。意以心寂對於境真，心照對於境俗。以照對俗，則心境非一；以寂對真，則心境非異。雖雙融空有二境，寂照二心，終不得言。境則不礙真而恒俗，智則不礙照而恒寂；境則不礙俗而恒真，智則不礙寂而常照。

中觀論偈云：「若人不能知，分別於二諦，則於深佛法，不知真實義。」〔一〕

校注

〔一〕見龍樹造、鳩摩羅什譯中論卷四觀四諦品。

金剛般若不壞假名論云：「佛所説法，咸歸二諦：一者、俗諦，二者、真諦。俗諦者，謂諸凡夫、聲聞、獨覺、菩薩、如來，乃至名義智境，業果相屬；真諦者，謂即於此都無所得。如説第一義，非智之所行，何況文字，乃至無業、無業果，是諸聖種性？是故此般若波羅蜜中，説不住布施，一切法無相，不可取不可説，生法無我，無所得、無能證、無成就、無來無去等，此釋真諦。又説内外世間、出世間一切法相及諸功德，此建立俗諦。」〔一〕

校注

〔一〕見功德施造、地婆訶羅譯金剛般若波羅蜜經破取著不壞假名論卷上。

又，台教約四教、四證、三接〔一〕，立七種二諦及五種三諦。如法華玄義云：「夫經論異説，悉是如來善權方便，知根知欲，種種不同，略有三異：一、謂隨情，二、隨情智，三、隨智。隨情説者，情性不同，説隨情異。如毗婆沙明世第一法有無量種〔二〕。真際尚爾，況復餘耶？如順盲情，種種示乳。盲聞異説而諍，白色豈即乳耶？衆師不達此意，各執一文，自起見諍，互相是非，信一不信一，浩浩亂哉，莫知孰是〔三〕。若二十〔四〕三説〔五〕及能破者，有經文證，皆判是隨情二諦意耳〔六〕。無文證者，悉是邪見，謂同彼外道，非二諦攝也。隨情智者，情謂二諦，二皆是俗。若悟諦理，乃可爲真，真則唯一。如五百比丘各説身因，身因乃多，正理唯一〔七〕。經云：世人心所見，名爲世諦；出世人心所見，名第一義諦〔八〕。如此説者，即隨情智二諦也。隨智者，聖人悟理，非但見真，亦能了俗。如眼除瞙，見色見空。又如入禪者出觀之時，身虚心豁，似輕雲藹空，已不同散心，何況悟真而不了俗？毗曇云：小雲發障，大雲發障，無漏逾深，世智轉浄〔九〕。故經偈云：『凡人行世間，不知世間相，如來行世間，明了世間相。』〔一〇〕此是隨智二諦也。若解此三意，將尋經論，雖説種種，於一一諦皆備三意也。

「二、正明二諦者〔一一〕，取意存略，但點法性爲真諦，無明十二因緣爲俗諦，於義即足。但人庵淺，不覺其深妙，更須開拓，則論七種二諦，一一二諦更開三種，合二十一種二諦。若用初番二諦破一切邪，謂執著皆盡，如劫火燒，不留遺芥。況鋪後諸諦，迥出文外，非復世情啚度。所言七種二諦者：一者、實有爲俗，實有滅爲真；二者、幻有爲俗，即幻有空爲真；三者、幻有爲俗，即幻有空不空共爲真；四者、幻有爲俗，幻有即空不空、一切法趣空不空爲真；五者、幻有幻有即空皆名爲俗，不有不空爲真；六者、幻有幻有即空皆名爲俗，不有不空、一切法趣不有不空爲真；七者、幻有幻有即空皆爲俗，一切法趣有趣空、趣不有不空爲真。

「實有二諦者，陰、入、界等，皆是實法，實法所成，森羅萬品，故名爲俗。方便修道，滅此俗已，乃得會真。大品經云：空色、色空〔一二〕。以滅色故，謂爲『空色』；不滅色故，謂爲『色空』。病中無藥，文字中無菩提，皆此意，是爲實有二諦相也。約此，亦有隨情智等〔一三〕三義，準此可知。

「幻有、空二諦者，斥前意也。何者？實有時無真，滅有時無俗，二諦義不成。若明幻有者，幻有是俗，幻有不可得，即俗而真。大品經云：『即色是空，即空是色。』空、色相即，二諦義成，是名幻有二諦也。約此，亦有隨情、情智、智等三義。隨智小當分別。何者？實有隨智照真，與此不異，隨智照俗不同。何者？通人入觀巧，復局照俗亦巧。如百川會海，其味不別。復局還源，江河則異。俗是事法，照異非疑。真是理法，不可不同。只就通人出假，亦人人不同，可以意得。例三藏出假，亦應如是。

「幻有空、不空二諦者，俗不異前，真則三種不同。一俗隨三真，即成三種二諦。其相云何？如大品明非漏非無漏。初、人謂非漏是非俗，非無漏是遣著。何者？行人緣無漏生著，如緣滅生使，破其心還入無漏，此是一番二諦也；次、人聞非漏非無漏，謂非二邊，別顯中理，中理爲真，又是一番二諦也；又，人聞非有漏非無漏，即知雙非，正顯中道，中道法界，力用廣大，與虛空等，一切法趣非有漏非無漏，又是一番二諦也。大涅槃經云：聲聞之人但見於空，不見不空，智者見空及與不空[一四]。即是此意。二乘謂著此空，破著空故，故言不空。空著若破，但是見空，不見不空也。利人謂不空是妙有，故言不空。利人聞不空，謂是如來藏，一切法趣如來藏，還約空、不空，即有三種二諦也。

「復次，一切法趣非漏非無漏顯三種異者，初、人聞一切法趣非漏非無漏者，諸法不離空，周行十方界，還是瓶處如[一五]；又，人聞趣知此中理須一切行來趣發之；又，一人聞一切趣即非漏非無漏，具一切法也。是故說此一俗隨三真轉：或對單真，或對複真，或對不思議真。無量形勢，婉轉赴機，出没利物，一一皆有隨情、情智、智等三義。若隨智證，俗隨智轉，智證偏真，即成通〔一六〕二諦。智證不空真，即成别入通〔一七〕二諦。智證一切趣不空真，即成圓入通〔一八〕二諦。三人入智不同，復局照俗亦異。何故？三人同聞二諦而取解各異者，此是不共般若與二乘共説〔一九〕，則深淺之殊耳。大品經云：有菩薩初發心，與薩婆若相應；有菩薩初發心，遊戲神通，淨佛國土；有菩薩初發心，即坐道場爲如佛〔二〇〕。即此意也。

「幻有無爲俗、不有不無爲真者，有、無二故爲俗，中道不有、不無、不二爲真。二乘聞此真、俗，俱皆不解，故如啞、如聾。大涅槃經云：我與彌勒共論世諦，五百聲聞謂説真諦〔二一〕。即此意也。約此，亦有隨情、情智、智等三義。

「圓入别〔二二〕二諦者，俗與别同，真諦則異。别人不空〔二三〕，但理而已，欲顯此理，須緣修方便，故言一切法趣不空；圓人聞不空理，即知具一切佛法，無有缺減，故言一切趣不空也。約此，亦有隨情等三義。

「圓教二諦者，直説不思議二諦也。真即是俗，俗即是真，如如意珠，以珠譬真，用以譬俗，即珠是用，即用是珠，不二而二，分真俗耳。約此，亦有隨情、情智等三義。身子偈云：『佛以種種緣，譬喻巧言説，其心安如海，我聞疑網斷。』〔二四〕即其義焉。

「問：真俗應相對，云何不同耶？

「答：此應四句：俗異真同，真異俗同，真俗異相對，真俗不異而異相對。三藏〔二五〕與通，真同而俗異；二入通〔二六〕，真異而俗同。別，真、俗皆異而相對〔二七〕；圓，真、俗不異而異相對，不同而同。若不相入，當分真、俗，即相對。

「七種二諦，廣説如前。略説者，界内相即、不相即，界外相即、不相即，四種二諦也；別接通，五也；圓接通，六也；圓接別，七也。

「問：何不接三藏？

「答：三藏是界内不相即，小乘取證，根敗之士，故不論接。餘六是摩訶衍門，若欲前進，亦可得去，是故被接。

「問：若不接，亦不會？

「答：接義非會義，未會之前，即論被接。

「判麁、妙者，實有二諦，半字法門，引鈍根人蠲除戲論之糞，二諦義不成，此法爲麁。如幻二諦，滿字法門，爲教利根諸法實相，三人共得，比前爲妙〔二八〕；同見但空，方後則麁。以別入通，能見不空，是則爲妙；教談理不融，是故爲麁。以圓入通爲妙；妙不異後帶通方便，是故爲麁。別二諦不帶通方便，故爲妙；教談理不融，是故爲麁。圓入別，理融爲妙；帶别方便爲麁。唯圓二諦正直捨方便，但説無上道，是故爲妙。

「次約隨情智等判麁妙者，且約三藏：初聞隨情二諦，執實語爲虚語，起語見故，生死浩然，無佛法氣分。若能勤修念處，發四善根，是時隨情二諦，皆名爲俗；發得無漏，所照二諦，皆名爲真。從四果人〔二九〕，以無漏智所照真、俗，皆名隨智二諦，隨情則麁，隨智則妙。譬如轉乳，始得成酪，既成酪已。『心相體信，入出無難』〔三〇〕，即得隨情、情智、智等。説通别入通、圓入通，令其耻小慕大，自悲敗種，渴仰上乘，是時如轉酪爲生酥，心漸通泰，即爲隨情、情智、智等，説别、圓入别，明不共般若，命領家業，金銀珍寶，出入取與，皆使令知。既知是已，即如轉生酥爲熟酥。諸佛法久後，要當説真實，即隨情、情智、智等，説圓二諦，如轉熟酥爲醍醐。是則六種二諦，調熟衆生，雖成四味，是故爲麁；醍醐一味，是則爲妙〔三一〕。

「又，束判麁、妙，前二教雖有隨智等，一向是隨情，説他意語故，故名爲麁；别入通去，雖有隨情等，一向束爲情智、智，説自他意語故，亦麁亦妙；圓二諦雖有隨情等，一向是隨智，説佛自智，説佛自意語，故稱爲妙。

「問：前二二諦一向是隨情，應非見諦，亦不得道？

「答：不得中道，故稱隨情。諸佛如來不空説法，雖非中道第一義悉檀，不失三悉檀

益。大概判之，皆屬隨情爲麄耳。」〔三二〕

校注

〔一〕三接：别接通、圓接通、圓接别。詳參後文。

〔二〕詳參阿毗達磨大毗婆沙論卷二、三、四、五等。

〔三〕大般涅槃經卷一四：「如生盲人，不識乳色，便問他言：『乳色何似？』他人答言：『色白如貝。』盲人復問：『是乳色者如貝聲耶？』答言：『不也。』復問：『貝色爲何似耶？』答言：『猶稻米粖。』盲人復問：『乳色柔軟如稻米粖耶？稻米粖者復何所似？』答言：『猶如雨雪。』盲人復言：『彼稻米粖冷如雪耶？雪復何似？』答言：『猶如白鵠。』是生盲人雖聞如是四種譬喻，終不能得識乳真色。」

〔四〕「二十」，原作「世」，當爲「廿」之形誤，據妙法蓮華經玄義卷二下改。參後注。

〔五〕「二十三説」者，古來明二諦義者，有二十三家異説。智顗説摩訶止觀卷三上：「常途解二諦者，二十三家。家家不同，各各異見，皆引經論，莫知孰是。若言併是，理則無量，若言併非，悉有所據，爲此義故，執自非他。」二十三家者，一、梁昭明太子，二、南澗寺慧超，三、蕭綱，四、招提寺慧琰，五、栖玄寺曇宗，六、王規，七、靈根寺僧遷，八、蕭正立，九、蕭恭，十、中興寺僧懷，十一、蕭映，十二、蕭勵，十三、宋熙寺慧令，十四、蕭曄，十五、興皇寺法宣，十六、蕭祇，十七、光宅寺法雲，十八、靈根寺慧令，十九、湘宮寺慧興，二十、莊嚴寺僧旻，二十一、宣武寺法寵，二十二、建業寺僧愍，二十三、光宅寺敬脱。詳見廣弘明集卷二一蕭統解二諦義。

〔六〕「耳」，原作「耶」，據妙法蓮華經玄義卷二下改。

〔七〕大般涅槃經卷三五：「如五百比丘問舍利弗：『大德，佛説身因，何者是耶？』舍利弗言：『諸大德，汝等亦各得正解脱，自應識之，何縁方作如是問耶？』有比丘言：『大德，我未獲得正解脱時，意謂無明即是身因，作是觀時得阿羅漢果。』復有説言：『大德，我未獲得正解脱時，謂愛無明即是身因，作是觀時得阿羅漢果。』或有説言：『行、識、名、色、六入、觸、受、愛、取、有、生，飲食五欲，即是身因。』爾時，五百比丘各各自説已所解已，共往佛所，稽首佛足，右遶三匝，禮拜畢已，卻坐一面，各以如上已所解義向佛説之。舍利弗白佛言：『世尊，如是諸人，誰是正説？誰不正説？』佛告舍利弗：『善哉，善哉！一一比丘，無非正説。』舍利弗言：『世尊，佛意云何？』佛言：『舍利弗，我爲欲界衆生説言，父母即是身因。』」

〔八〕大般涅槃經卷一三：「若隨言説則有二種：一者、世法，二者、出世法。善男子，如出世人之所知者，名第一義諦；世人知者，名爲世諦。」湛然述法華玄義釋籤卷六：「初云『如出世人心所見者，名第一義諦；世人心所見者，名爲世諦。』疏云總冠諸諦，世情多種束爲世諦，聖智多知束爲第一義諦，即是諸教隨情智也。」

〔九〕湛然述法華玄義釋籤卷六：「見惑如『小雲』，思惑如『大雲』。『無漏』謂見真，『世智』謂了俗。」

〔一〇〕思益梵天所問經卷一分別品：「世間行世間，不知是世間，菩薩行世間，明了世間相。」

〔一一〕按，「二、正明二諦者」，據妙法蓮華經玄義，「明二諦，又爲四：一、略述諸意，二、明二諦，三、判麁妙，四、開麁顯妙。」前爲「略述諸意」，此後爲「二、明二諦」也。

〔一二〕摩訶般若波羅蜜經卷四幻學品：「不以空色故色空，色即是空、空即是色。」

〔一三〕「隨情智等」，妙法蓮華經玄義作「隨情情智智等」。隨情智等三義，即隨情、隨情智、隨智。

〔一四〕大般涅槃經卷二七：「所言空者，不見空與不空。智者見空及與不空、常與無常、苦之與樂、我與無我。空者一切生死，不空者謂大涅槃。（中略）聲聞緣覺見一切空，不見不空。」

〔一五〕瓶處如：謂如即空。如瓶是空，十方界空不異瓶空，故十方空皆趣瓶空。

〔一六〕通：指通教，天台所立化法四教之第二，爲聲聞、緣覺、菩薩三乘所共通之大乘初門教。智顗四教義卷一：「通者，同也。三乘同禀，故名爲通。此教明因緣即空，無生四真諦理，是摩訶衍之初門也。」通教之勝根菩薩，能領悟教中所含中道妙理，入別、圓二教。

〔一七〕別入通：又稱別接通，由通教轉進別教者。別教爲天台所立化法四教之第三，指華嚴等諸大乘經中所宣説的不共二乘的教旨。智顗四教義卷一：「別者，不共之名也。此教不共二乘人説，故名別教。」諦觀天台四教儀：「此教明界外獨菩薩法，教、理、智、斷、行、位、因果別前二教，別後圓教，故名別也。」

〔一八〕圓入通：又稱圓接通，由通教轉進圓教者。圓教爲天台所立化法四教之第四，是究竟圓滿的大乘教法。智顗四教義卷一：「圓以不偏爲義。此教明不思議因緣，二諦中道事理具足，不偏不別，但化最上利根之人，故名圓教也。」

〔一九〕湛然述法華玄義釋籤卷六：「『此是不共般若與二乘共説』者，諸部般若以但不但二種中道不共之法與二乘共説，如云『四諦清浄故真如清浄』等，例方等部非無此義，以方等經多順彈訶，共義稍疏，故判在般若。般若於菩薩則成共説，故至下文判麁妙中云方等有説通、別入通、圓入通。」

〔二〇〕詳參摩訶般若波羅蜜經卷二往生品。湛然述法華玄義釋籤卷六：「初人元在通教，乃至乾慧，亦得義云『與薩婆若相應』」；若成別、圓，縱入初地初住，亦得通爲初發心也。以望本人，是初得故，況未入位而非初耶？今文別教爲『遊戲神通』者，以存教道，讓證屬圓故也。若入圓教，借使住前，亦得通名坐道場也，即是相似觀行爲如佛也。」

〔二一〕大般涅槃經卷三六：「我往一時在耆闍崛山，與彌勒菩薩共論世諦。舍利弗等五百聲聞，於是事中都不識知，何況出世第一義諦？」

〔二二〕圓入別：又稱圓接別，由別教轉進圓教者。

〔二三〕「別人不空」，妙法蓮華經玄義作「別人謂不空」。

〔二四〕見妙法蓮華經卷二譬喻品。身子，即舍利弗。

〔二五〕三藏：即三藏教，天台所立化法四教之第一，指小乘教。佛入滅後，大迦葉等結集經、律、論三藏，該收一切小乘教理，故稱。

〔二六〕二入通：指別入通、圓入通。

〔二七〕按，妙法蓮華經玄義此後有「圓入別，俗同真異」。

〔二八〕大般涅槃經卷五：「譬如長者，唯有一子，心常憶念，憐愛無已，將詣師所，欲令受學，懼不速成，尋便將還。以愛念故，晝夜慇懃，教其半字，而不教誨毗伽羅論。何以故？以其幼稚，力未堪故。（中略）彼大長者，謂如來也；所言一子者，謂一切衆生。如來視於一切衆生，猶如一子。教一子者，謂聲聞弟子。半字者，謂九部經。毗伽羅論者，所謂方等大乘經典。以諸聲聞無有慧力，是故如來爲説半字九部經典，而不爲説毗伽羅論方等大乘。」卷八：「半字義，皆是煩惱言説之本，故名半字。滿字者，乃是一切善法言説之根本也。譬如世間，爲惡之者，名爲半人；修善之者，名爲滿人。」

〔二九〕四果：聲聞修行所得的四種果位，即須陀洹果（預流果）、斯陀含果（一來果）、阿那含果（不還果）、阿羅漢果。

〔三〇〕見妙法蓮華經卷二信解品。

〔三一〕大般涅槃經卷一四：「譬如從牛出乳，從乳出酪，從酪出生酥，從生酥出熟酥，從熟酥出醍醐，醍醐最上。若有服者，衆病皆除。所有諸藥，悉入其中。善男子，佛亦如是，從佛出生十二部經，從十二部經出修多羅，從修多羅出方等經，從方等經出般若波羅蜜，從般若波羅蜜出大涅槃，猶如醍醐。言醍醐者，喻於佛性，佛性者即是如來。」

〔三二〕見智顗説妙法蓮華經玄義卷二下。

次明三諦者。「卻〔一〕前兩種二諦，以不明中道故，就五種二諦，得論中道，即有五種三諦。約別入通，點非有漏非無漏，三〔二〕諦義成；有漏是俗，無漏是真，非有漏非無漏是中。當教論中，但異空而已，中無功用，不備諸法。圓入通三諦者，二諦不異前，點非漏非無漏具一切法，與前中異也。別三諦者，彼俗爲兩諦，對真爲中，中，理而已。圓入別三諦者，二諦不異前，點真中道具足佛法也。圓三諦者，非但中道具足佛法，真、俗亦然。三諦圓融，一三三一。

「判麤妙者，別、圓入通，帶通方便故爲麤，別不帶通爲妙。圓入別，帶別方便爲麤，圓不帶方便最妙。

「約五味教〔三〕者，乳教説三種三諦，二麤一妙；酪教但麤無〔四〕妙；生酥、熟酥，皆是五種三諦，四麤一妙；此經唯一種三諦，即相待妙也。

「開麤顯妙者，決前諸麤入一妙，三諦無所可待，是爲絶待妙也。

「又明一諦者，大涅槃經云：所言二諦，其實是一〔五〕，方便説二。如醉未吐，見日月轉，謂有轉日及不轉日〔六〕。醒人但見不轉，不見於轉。轉二爲麤，不轉爲妙。三藏全是轉二，同彼醉人。諸大乘經帶轉二、説不轉一。今經正直捨方便，但説無上道，不轉一實，是故爲妙。

「諸諦不可説者，『諸法從本來，常自寂滅相』〔七〕。那得諸諦紛紜相礙？一諦尚無，諸諦安有？一一皆不可説。可説爲麤，不可説爲妙。不可説亦不可説是妙亦妙，言語道斷故。若通作不可説者，生生不可説，乃至不生不生不可説。前不可説爲麤，不生不生不可説爲妙。若麤異妙，相待不融；麤妙不二，即絶待妙也。

「問：何故大小通論無諦？

「答：釋論云：不破聖人心中所得涅槃，爲未得者執涅槃生戲論，如緣無生使〔八〕，故破〔九〕。言無諦也〔一〇〕。

「問：若爾，小乘得與不得，俱皆被破。大乘得與不得，亦俱應破？

「答：不例。小乘猶有別惑可除，別理可顯故，雖得須破。中道不爾，云何破？

「問：若爾，中道唯應有一實諦，不應言無諦？

「答：爲未得者執中生惑，故須無諦。實得者有，戲論者無。」〔一一〕

校注

〔一〕「卻」上原有「妙」字，據妙法蓮華經玄義卷二下：「今明三諦爲三：一、明三諦，二、判麁妙，三、開麁顯妙。卻前兩種二諦」。顯然，「妙」當屬前，延壽引時不察，故致此誤，今改。

〔二〕「三」，原作「二」，據諸校本及妙法蓮華經玄義改。

〔三〕五味：乳味、酪味、生酥味、熟酥味、醍醐味。參前引大般涅槃經卷一四。智顗因之定如來所説一代聖教之次第，故有五味教之説。乳味，自牛初出，譬佛初説之華嚴經，此時二乘之機未熟；酪味，取自生乳者，譬佛於華嚴之後所説阿含經，聞阿含經，爲小乘之機；生酥味，更自酪製者，以譬於阿含之後説方等經，小機熟而爲大乘通教之機；熟酥味，更精製生酥者，以譬於方等經之後説般若經，通教之機熟而爲大乘別教之機；醍醐味，更煎熟酥者，以譬於般若經之後，説法華、涅槃二經，別教之機熟而爲大乘圓教之機。

〔四〕「無」，原作「爲」，據磧砂藏、嘉興藏本及妙法蓮華經玄義改。

〔五〕大般涅槃經卷一三：「法亦如是，其實是一而有多名。依因父母和合而生，名爲世諦；十二因緣和合生者，名第一義諦。」

〔六〕湛然述法華玄義釋籤卷六：「所言『如醉未吐，見日月轉』等者，第二云：諸比丘白佛言：世尊！譬如醉人，其心眩亂，視諸山川、城郭、宫殿、日月星辰，皆悉迴轉。若有不脩苦、無常想、無我等想，不名爲聖。佛便迴此醉人之譬，反斥比丘云：汝向所引醉人譬者，但知文字而不知義。何等爲義？如彼醉人，見上日月實非迴轉生轉想，衆生亦爾，爲諸煩惱無明所覆生顛倒心，我計無我等，當知比丘！無明未吐謂有二諦，本日如一諦，轉日如世諦。此帶實二諦也。若二乘人，於轉日上復生轉想，故二乘人以菩薩俗謂爲真諦，故下文云：『三藏全是轉二，即二乘二諦』也。」「第二云」者，詳見大般涅槃經卷二。

〔七〕見妙法蓮華經卷一方便品。

〔八〕使：煩惱。

〔九〕龍樹造、鳩摩羅什譯大智度論卷三一：「不得言『涅槃無』。以衆生聞涅槃名，生邪見，著涅槃音聲而作戲論：『若有若無。』以破著故，説涅槃空。若人著有，是著世間；若著無，則著涅槃。破是凡人所著涅槃，不破聖人所得。何以故？聖人於一切法中不取相故。」

〔一〇〕湛然述法華玄義釋籤卷六：「答意者，爲破執理而生戲論，是故云『無』。大小乘教既並有理，是故大小俱論無諦。故引例云，滅本無惑，緣滅生惑，如三界利鈍一十九使，但破能執，不破所緣，今意亦爾。」有嚴述玄籤備撿卷一：「三界利鈍一十九使，見利有十，謂身見等。思鈍有九，謂上上等。且約一九見思，共論十九。」

〔一〕見智顗說妙法蓮華經玄義卷二下。

又，唯識論於真、俗二諦，各開四重，都成八諦。俗諦四者，一、假名無實諦，謂瓶、盆等，但有假名而無實體，從能詮說，故名爲諦；二、隨事差別諦，謂蘊、界等，隨彼彼事，立蘊等法；三、方便安立諦，謂苦、集等，由證得理，而安立故；四、假名非安立諦，謂二空理，依彼空門，説爲真性，由彼真性，內證智境，不可言說，名二空如，但假說故。勝義四者，一、體用顯現諦，謂蘊、界等，有實體性，過初世俗，名勝義，隨事差別，說名蘊等，故名顯現；二、因果差別諦，謂苦、集等，智、斷、證、修，因果差別；三、依門顯實諦，謂二空理，過俗證得，故名勝義，依空能證，以顯於實，故名依門；四、廢詮談旨諦，謂一實真如，體妙離言，已名勝義，又真不自真，待俗故真，即前三真亦說爲俗；俗不自俗，待真故俗，即後三俗亦名爲真。至理沖玄，彌驗於此〔一〕。

又，華嚴經約其圓數，立於十諦〔二〕等，乃至一一法，圓融無盡。

校　注

〔一〕「又，唯識論」至此，詳見窺基撰成唯識論述記卷一。

〔二〕佛陀跋陀羅譯大方廣佛華嚴經卷二五：「是菩薩善知世諦，善知第一義諦，善知相諦，善知差別諦，善知説諦，善知事諦，善知生起諦，善知盡無生諦，善知入道諦，善知一切菩薩次第成就諸地起如來智諦。菩薩隨衆生意令歡喜故，知世諦；究竟一乘故，知第一義諦；分別諸法自相故，知相諦；諸法各異故，知差別諦；分別陰、界、入故，知説諦；以身心苦惱故，知苦諦；諸趣生相續故，知集諦；畢竟滅一切惱故，知滅諦；至不二法故，知道諦；以一切種智，知一切法次第成一切菩薩地故，知如來智諦；以信解力故，知非得無盡諦智。」法藏華嚴經問答卷下：「十諦者，一者、世諦，謂即四諦之法，一切差別義爲世諦也。二者、第一義諦者，即以四諦空理爲第一義。三者、相諦者，前二諦以有無爲二諦，計人即爲二法故，即以非有無之中道自相爲相諦。四者、差別諦者，以非有無中道爲相諦，計人但爲一法故，即以有無差別法不壞爲中道，非謂捨有無二法方爲中道故，不壞有無之差別諦。五者、説成諦者，以有無差別法爲差別諦，又計人不知此有無法緣集義故，以陰、入、界等諸因緣假施設，有非實有以爲説諦。六者、事諦，謂通迷四諦成苦事以爲事諦。七者、生諦，謂通迷四諦作集以爲生諦。八者、無生諦，謂通解四諦入寂滅以爲無生諦，以苦集本不生故。九者、入道諦者，通解四諦，趣入滅諦之行以爲入道諦。此四諦非有，四諦即是事諦也。第十、菩薩地及如來地諦者，即前四諦緣起實相大乘因果，是義以爲第十諦。此十諦，現菩薩自所知法，而自以現難，故依所化緣以顯示。此中前九爲小乘，可化衆生。後一爲大乘，可化衆生。」

音義

緩，胡管反，舒也。　殫，都寒反，盡也。　基，居之反。　址，諸市反。　斥，昌石反。　佉，丘伽反。　愐，弥兖反，思也。　眩，胡涓反，亂也。　坰，古營反。　樊，附袁反。　樞，昌朱反。　編，卑連反，次也。　筏，房越反，乘之渡水也。　瞙，慕各反，目不明。　靄，五蓋反，雲狀。　婉，於阮反。　概，古代反，平斗斛概。　紛，撫文反。　紜，王分反。　拓，他各反，開。

戊申歲分司大藏都監開板

宗鏡録卷第六十八

慧日永明寺主智覺禪師延壽集

夫既云約俗假立，心境雙陳，開之則兩分，合之則一味。今約開義，則互相生，「未有無心境，曾無無境心」〔一〕。凡、聖通論，都有幾境？

答：大約有三境。頌云：「性境不隨心，獨影唯從見，帶質通情、本，性、種等隨應。」〔二〕「性境不隨心」者，「性境」者，「性」是實義，即實根、塵、四大及實定果色等相分境；言「不隨心」者，爲此根、塵等相分皆自有實種生，不隨能緣見分種生故。「獨影唯從見」者，「影」爲影像，是相分異名，爲此假相分無種爲伴，但獨自有，故名「獨影」，即空華、兔角，過去、未來諸假影像法是。此但從能緣見分變生，與見分同種，故名「獨影唯從見」。「帶質通情、本」者，即相分一半與本質同一種生，一半與見分同一種生，故言「通情、本」。「情」即能緣見分，「本」即所緣本質。言「性、種等隨應」者，「隨應」是不定義，謂於三境中，名隨所應，有性、種、界繫〔三〕、三科〔四〕、異熟等，差別不定。

校注

〔一〕出梁朝傅大士頌金剛經離相寂滅分第十四。參見本書卷五七注。

〔二〕見窺基撰成唯識論掌中樞要卷上。

〔三〕界繫：指繫縛於欲界、色界、無色界的煩惱。玄奘譯阿毗達磨大毗婆沙論卷五二：「繫在欲故，名欲界繫。繫在色故，名色界繫。繫在無色故，名無色界繫。如牛馬等，繫在於柱，或在於橛，名柱等繫。復次，爲欲界足所繫縛故，名欲界繫。爲色界足所繫縛故，名色界繫。爲無色界足所繫縛故，名無色界繫。足謂煩惱。」

〔四〕三科：即五蘊、十二處、十八界。

又，廣釋云：「『性境』者，爲有體實相分名性境，即前五識及第八心王并現量第六識所緣諸實色，得境之自相，不帶名言，無籌度心，此境方名性境。及根本智緣真如時，亦是性境，以無分別任運轉故。言『不隨心』者，都有五種不隨：一、性不隨者，其能緣見分通三性，所緣相分境唯無記性，即不隨能緣見分通三性。二、種不隨者，即見分從自見分種生，相分從自相分種生，不隨能緣見分心種生，故名種不隨。三、界繫不隨者，如明了意識緣香、味境時，其香、味二境，唯欲界繫，不隨明了意識通上界繫。又如欲界第八緣種子境時，其能緣第八唯欲界繫，所緣種子便通三界，即六、八二識有界繫不隨。四、三科不隨者，且五蘊不隨者，即如五識見分是識種收，五塵相分即色蘊攝，是蘊科不隨。十二處不隨者，其五識見分是意處收，五塵相分五境處攝，是處科不隨。十八界不隨者，其五識見分是五識界收，五塵相分五境界攝，此是三科不隨。五、異熟不隨者，即如第八見分是異熟性，所緣五塵相分非異熟性，名異熟不隨。

獨影境者，謂相分。與見分同種生，名「獨影唯從見」。即如第六識緣空華、兔角、過、未及變影緣無爲，并緣地界法，或緣假定果，極迥、極略等，皆是假影像。此但從見分變生，自無其種，名爲「從見」。獨影有二種：一者、無質獨影，即第六緣空華、兔角及過、未等所變相分是，其相分與第六見分同種生，無空華等質；二者、有質獨影，即第六識緣五根種現，是皆託質而起故，其相分亦與見分同種而生，亦名獨影境。

三、帶質者，即心緣心是，如第七緣第八見分境時，其相分無别種生，一半與本質同種生，一半與能緣見分同種生。從本質生者，即無覆性；從能緣見分生者，即有覆性。以兩頭攝不定，故名「通情、本」。情〔一〕即第七能緣見分，本即第八所緣見分。

校　注

〔一〕「情」，原作「質」，據文意改。明通潤集解成唯識論集解卷五亦作「情」。

又，四句分別：一、唯別種，非同種，即性境；二、唯同種，非別種，即獨影境；三、俱句，即帶質境；四、俱非，即本智緣如。以真如不從見分種生故，名非同種。又，真如當體是無爲，但因證顯得，非生因所生法故，名非別種。

性、種説隨應者，性即性境，種謂種類，謂於三境中各有種類不同，今皆須隨應而説。

又，約八識分別者，前五轉識，一切時中皆唯性境，不簡互用不互用。二種變〔一〕中，唯因緣變，又與五根同種故。第六意識有四類：一、明了意識，亦通三境，與五同緣實五塵，初率爾心中是性境；若以後念緣五塵上方、圓、長、短等假色，即有質獨影，亦名似帶質境。二、散位獨頭意識，亦通三境，多是獨影，通緣三世有質無質法故；若緣自身現行心、心所時，是帶質境；若緣自身五根及緣他人心、心所，是獨影境，亦名似帶質境。又，獨頭意識，初刹那緣五塵，少分緣實色，亦名性境。三、定中意識，亦通三境，通緣三世有質無質法故，是獨影境；又，能緣自身現行心、心所故，是帶質境；又，七地已前有漏定位，亦能引起五識緣五塵故，即是性境。四、夢中意識，唯是獨影境。第七識唯帶質境。第八識其心王唯性境，因緣變故，相應作意等五心所〔二〕是似帶質、真獨影境。

校　注

〔一〕二種變：因緣變、分別變。詳見本書卷四九。

〔二〕五心所：謂觸、作意、受、想、思。詳見本書卷四七。

問：三境以何爲體？

答：初、性境，用實五塵爲體，具八法成故。八法者，即四大——地、水、火、風，四微——色、香、味、觸等，約有爲説。若能緣有漏位中，除第七識，餘七皆用自心、心所爲體。第二、獨影境，將第六識見分所變假相分爲體，能緣即自心、心所爲體。第三、帶質，即變起中間假相分爲體。若能緣有漏位中，唯六、七二識心、心所爲體。

又，成唯識論樞要誌〔一〕云：真色、真心，俱是所緣，所變相分，俱名性境。或能緣心，而非妄執分別構畫，名爲真心，真心緣彼真色等境所變相分，方名性境。若心緣心所變相分，相分無實，但帶質故。性者，體也，體性是實，名爲性境。獨影者，獨者，單也，單有影像而無本質，故相名獨，如緣龜毛、石女等相。或雖有質相分，不能熏彼質種，望質無能，但有假影，亦名爲獨，如分別心緣無爲相及第八識心所相分。餘準此知。帶質之境者，質者，周易云形體也〔二〕。帶者，説文謂之紳也〔三〕。紳也謂束。又，方言云：帶謂行也〔四〕。今云帶質，義通二也：若依説文，謂即挾帶、逼附之義，如紳束也；若依方言，影仗質生，如因其路，行義方有。然此相分，雖有能熏自及質種，然無實用，如緣心相，相分之心無慮用故。

「通情、本」者，情謂見分，本謂質也。顯所變相，隨見隨質，以判種性，二義不定。又，境有二：一、衆生徧計所執情境，心外見法，名之曰境；二、諸聖自在德用智境，以從心現故，成其妙用智境。又二：一、分劑境，廣大無邊故；二、所知境，唯佛能盡故。又有二種：一、是心境，唯心現故，張心無心外之境，張境無境外之心，常含一味故；二、是境界之境，謂心境無礙，隱顯同時，體用相成，理事齊現。

校注

〔一〕按，日永超集東域傳燈目録著録成唯識論樞要方誌二卷，子注曰：「智周。或一卷，出傳，但云『志』。」智周成唯識論樞要方誌二卷，日藏俊撰注進法相宗章疏亦有著録，日善珠成唯識論述記序釋卷末附支那日域相宗先德所撰成唯識論末章篇目中，亦有智周樞要方誌二卷，子注曰：「或一卷。」成唯識論樞要，即窺基成唯識論掌中樞要。智周成唯識論樞要方誌，即對成唯識論掌中樞要的補充解釋。又，此書又稱成唯識論方誌，現存上卷（見卍新續藏第四九册），首題「成唯識論掌中樞要記上卷」。此處所引，未見上卷，當出已佚之下卷。

〔二〕易繫辭：「原始要終，以爲質也。」王弼注：「質，體也。」

〔三〕説文卷七巾部：「帶，紳也。」

〔四〕方言卷一三：「帶，行也。」郭璞注：「隨人行也。」

問：心外無境，境外無心，云何又説心説境？

答：前已廣明，何須重執？一心四分，理教無差，有境有心，方成唯識。如心緣境時，必有相分故，如鏡照面時，有面影像也。量云：心緣境是有法，心上必帶境之影像，宗。因云：心對外質。同喻：如鏡照面時。

問：智、境各一，何分多種？

答：智因境分，有真、俗之異；境從智立，標凡、聖之殊。約用似多，究體元一。如起信鈔問云：境、智爲一爲異？答云：智體無二，境亦無二。智無二者，只是一智，義用有殊：約知真處，名爲真智；約知俗處，名爲俗智。境無二者，謂色即是空爲真境，空即是色爲俗境，由是證真時必達俗，達俗時必證真。了俗無性，即是真空，豈有前後耶？況無心外之境，何有境外之心？是即心境渾融，爲一法界〔一〕。

校注

〔一〕按，「起信鈔問云」至此，詳見起信論疏筆削記卷四，故此起信鈔者，當即傳奥大乘起信論隨疏記，參見本書卷六注。

問：一心二諦，理、事非虚，證理性而成真，審事實而爲俗，皆具極成之義，不壞二諦之門。大小二乘，同共建立，如何是極成之義？

答：所成決定不可移易，隨真隨俗，各有道理。瑜伽論云：一、有世間極成真實，二、道理極成真實〔一〕。世間極成真實者，「謂一切世間，於彼彼事隨順假立，世俗慣習，悟入覺慧所見同性，謂地唯是地，非是火等。乃至〔二〕苦唯是苦，非是樂等；樂唯是樂，非是苦等。以要言之，此即如此，非不如此；是即如是，非不如是。決定勝解，所行境事，一切世間從其本際展轉傳來，想自分別，共所成立，不由思惟籌量觀察，然後方取，是名世間極成真實」。〔三〕道理極成真實者，「依止現、比及至教〔四〕量，極善思擇，決定智所行所知事，由證成道理所建立、所施設義，是名道理極成真實」。

校注

〔一〕玄奘譯瑜伽師地論卷三五本地分中菩薩地初持瑜伽處真實義品：「云何真實義？謂略有二種：一者、依如所有性諸法真實性，二者、依盡所有性諸法一切性。如是諸法真實性、一切性，應知總名真實義。此真實義，品類差別，復有四種：一者、世間極成真實，二者、道理極成真實，三者、煩惱障淨智所行真實，四者、所知障淨智所行真實。」

〔二〕乃至：表示引文中間有刪略。

〔三〕見玄奘譯瑜伽師地論卷三五本地分中菩薩地初持瑜伽處真實義品。下一處引文同。

〔四〕「教」，原作「校」，據瑜伽師地論改。至教量，又稱聖教量、正教量等，於因明論式中，隨順聖賢所説言教而量知其義。玄奘譯大乘阿毗達磨雜集論卷一六：「聖教量者，謂不違二量之教。此云何？謂所有教，現量、比量皆不相違，決無移轉，定可信受，故名聖教量。」普光述俱舍論記卷五：「至極之教，故名至教，亦名聖教量。」

問：離識有色，文義俱虚；心外無塵，教理同證。其奈名言熏習，世見堅牢，若不微細剖陳，難圓正信。只如外色，若麁若細，云何推檢，知其本空，了了分明，成就唯識？

答：麁細之色，皆從識變。既從識有，外色全空。故經云：「色性自空，非色滅空。」〔一〕爲未了者，更須破析，直至極微，方信空現。

校　注

〔一〕見維摩詰所説經卷中入不二法門品。

識論云：「餘乘所執離識實有色等諸法，如何非有〔二〕？彼所執色、不相應行及諸無爲，理非有故。且所執色，總有二種：一者、有對，極微所成；二者、無對，非極微成。彼有對色定非實有，能成極微非實有故。謂諸極微若有質礙，應如瓶等，是假非實；若無質礙，應如非色，如何可集成瓶、衣等？又諸極微若有方分〔二〕，必可分析，便非實有；若無方分，則如非色。乃至〔三〕雖非無色而是識變，謂識生時，内因緣力變似眼等色等相現，即以此相爲所依緣。然眼等根，非現量得，以能發識，比知是有，此但功能，非外所造。外有對色，理既不成，故應但是内識變現，發眼等識，名眼等根。此爲所依，生眼等識。此眼等識，外所緣緣理非有故，決定應許自識所變爲所緣緣，謂能引生似自識者。乃至由此定知自識所變似色等相爲所緣緣，見託彼生，帶彼相起故。然識變時，隨量大小，頓現一相，非别變作衆多極微，合成一物。爲執麁色有實體者，佛説極微令其除析，非謂諸色實有極微。諸瑜伽師以假想慧，於麁色相漸次除析，至不可析，假説極微，雖此極微猶有方分而不可析，若更析之，便似空現，不名爲色，故説極微是色邊際。由此應知諸有對色皆識變現，非極微成。餘無對色是此類故，亦非實有；或無對故，如心、心所，定非實色。諸有對色，現有色相，以理推究，離識尚無，况無對色現無色相，而可説爲真實色法？」〔四〕

校　注

〔一〕窺基撰成唯識論述記卷二：「即總問也。大乘之餘，即小乘也。若言異識，大乘亦成，色異心故。今言離識，簡違宗過。」

〔二〕方分：指上、下、左、右等方位。

〔三〕乃至：表示引文中間有删略。下同。

〔四〕見玄奘譯成唯識論卷一。

問：表、無表色〔一〕不居身外，内所動作，顯現非虛。如成業論偈云：「由外發身語，表内心所思。譬彼潛淵魚，鼓波而自表。」〔二〕此表、無表色，是實有不？

答：識論云：「且身表色若是實有，以何爲性？若言是形，便非實有，可分析故，長等極微不可得故。若言是動，亦非實有，纔生即滅，無動義故，有爲法滅不待因故。滅若待因，應非滅故。若言有色非顯非形，心所引生，能動手等，名身表業。理亦不然，此若是動，義如前破。若是動因，應即風界，風無表示，不應名表，故身表業定非實有。然心爲因，令識所變手等色相，生滅相續，轉趣餘方，似有動作，表示心故，假名身表。語表亦非實有聲性，一刹那聲無詮表故，多念相續便非實故，外有對色前已破故。然因心故，識變似聲，生滅相續，似有表示，假名語表，於理無違。表既實無，無表寧實？然依思願善惡分限，假立無表，理亦無違。」〔三〕

校注

〔一〕表：顯也，對也。表色謂行、住、坐、卧、取、捨、屈、伸等種種動作形態顯然可表示於外而令人目見者。　無表色：於身中恒轉相續，具有防惡發善或障善發惡功能而又不可見、無障礙之色法。詳見本書卷五三注。

〔二〕見世親造、玄奘譯大乘成業論。

〔三〕見玄奘譯成唯識論卷一。

問：經中説有三業善惡果報，不濫昇沉，云何撥無，豈不違教？

答：不撥爲無，爲顯識故，推其不實，於世俗門，善順成立。識論云：「不撥爲無，但言非色。能動身思，説名身業；能發語思，説名語業；審決二思，意相應故，作動意故，説名意業。起身、語思，有所造作，説名爲業，是審決思所遊履處故，通生苦樂異熟果故，亦名爲道。或身、語表由思〔一〕發故，假説爲業。思所履故，説名業道。由此應知實無外色，唯有内識變似色生。」〔二〕

校　注

〔一〕「思」，磧砂藏本作「異」。按，成唯識論作「思」。

〔二〕見玄奘譯成唯識論卷一。

問：不相應行，是實有不？

答：識論云：「不相應行亦非實有，所以者何？得、非得等非如色、心及諸心所體相可得，非異色、心及諸心所作用可得。由此故知定非實有，但依色等分位假立，此定非異色、心、心所有實體用。」〔一〕

校注

〔一〕見玄奘譯成唯識論卷一。

問：二無心定〔二〕，無想異熟，應異色、心等有實自性。若無實性，應不能遮心、心所法，令不現起？

答：識論云：「若無心位有別實法異色、心等，能遮於心，名無心定，應無色時有別實法異色、心等能礙於色，名無色定。彼既不爾，此云何然？又遮礙心何須實法？如堤塘等，假亦能遮。謂修定時，於定加行猒患麁動心、心所故，發勝期願遮心、心所，令〔二〕心、心所漸細漸微，微微心時熏異熟識，成極增上猒心等種，由此損伏心等種故，麁動等暫不現行，依此分位假立二定，此種善故定亦名善。無想定前求無想果故，所熏成種招彼異熟識，依之麁動想等不行，於此分位假立無想，依異熟立得異熟名。故此三法，亦非實有。」〔三〕

校注

〔一〕二無心定：即無想定、滅盡定。

〔二〕「令」，原作「念」，據清藏本及成唯識論改。

〔三〕見玄奘譯成唯識論卷一。

問：世間依想建立有爲之法皆虛，俗諦從識施爲，無體之門盡僞。且如聖教，文句能詮，乃廣長舌相之所宣，妙觀察智之所演，云何俱稱不實，咸是虛耶？

答：諸聖演教談詮，是依世俗文字，所以佛告三乘學者，只令依義不依語〔一〕，權藉教以明心。是以文字俱無自性，亦從識變。

廣百門論云：「然諸世間，隨自心變，謂有衆字和合爲名，復謂衆名和合爲句。謂此名、句，能有所詮。能詮、所詮，皆自心變。諸心所變，情有理無，聖者於中如實知見。云何知見？謂彼法皆是愚夫虛妄識心分別所作，假而非實，俗有真無，隨順世間，權説爲有。」〔二〕

校注

〔一〕「依義不依語」，諸經多見。大般涅槃經卷六：「如來所説真實不虛，我當頂受。譬如金剛，珍寶異物，如佛所説，是諸比丘當依四法。何等爲四？依法不依人，依義不依語，依智不依識，依了義經不依不了義經。如是四法，應當證知非四種人。」「依義不依語者，義者，名曰覺了；覺了義者，名不羸劣；不羸劣者，名曰滿足；滿足義者，名曰如來常住不變；如來常住不變義者，即是法常；法常義者，即是僧常，是名依義不依語也。」智顗法界次第初門卷下之上四依初門第四十三：「『依義』者，義是中道第一義諦。若依中道第一義諦而修諸波羅蜜萬行功德，則言語道斷，心行處滅，破諸顛倒，心心寂滅，自然流入無量禪定，故云『依義』。『不依語』者，語是世間語，文字章句，虛誑無實，乃至二乘所見真諦涅槃，亦有文字，故法華經以化城喻。若依如是文字言語而修諸波羅蜜萬行功德，則增長諍訟，妄想煩惱，或墮二乘之地，不到大乘大般涅槃，故云『不依語』也。」

〔二〕見玄奘譯大乘廣百論釋論卷八。

問：音聲可聞，色塵有對，可言心變，只如時法無相，應爲實有？

答：有相尚空，無相何有？時亦無體，延促由心，以始從一念，終成於劫。念若不起，時劫本空，但有初、中、後等時量，皆是唯識之時。廣百論破時品云：「復次，是則一切若假若實，皆依世俗假相施設，云何汝等定執諸法皆是實體？

「難：若一切法皆非實有，如何現前分明可見？

「答：鏡像、水月、乾闥婆城、夢境、幻事、第二月等，分明可見，豈實有耶？世間所見，皆無有實，云何以現證法是真，覺時所見一切非真？是識所緣，如夢所見。夢心所見，決定非真。亂識所緣，如第二月。如是雖無真實法體，而能爲境生現見心，因斯展轉發生憶念，前後俱緣，非真有境，是故不可以生憶念證法是真。法既非真，時如何實？

「難：若緣妄境，生於倒見，境可是虛，見應是實？

「答：境既是虛，見云何實？如在夢中，謂眼等識緣色等境，覺時知彼二事俱無。妄境倒心，亦復如是，愚夫謂有，聖者知無。

「難：有倒心境，二種皆虛。無倒境心，俱應是實？

「答：世俗可尔，勝義不然，以勝義中心言絶故。若於勝義心言絶者，云何數説心境是虛？爲破實執故且言虛，實執若除，虛亦不有，若實若虛，皆爲遣執。依世俗説，非就勝義。勝義諦言，亦是假立，爲翻世俗，非有定詮。

「難：現見心境，可言是無。憶念境心，云何非有？

「答：現見尚無，憶念豈有？

「難：若一切法都非實有，如何世間現造善惡？若無善惡，苦樂亦無，是則撥無一切因果。若撥無因果，則爲[二]邪見，豈不怖此邪見罪耶？

「答：奇哉世間，愚癡難悟！唯知怖罪，不識罪因。一切善惡苦樂因果，並世俗有，勝義中無。我依勝義，言不可得，不撥世俗，何成邪見？於世俗中，執勝義有，不稱正理，是爲邪見。今於此中，爲破時執，略説諸法，俗有真無。」〔二〕

校注

〔一〕「爲」，原作「無」，據大乘廣百論釋論改。清藏本作「成」。按，「撥無因果」，即否定因果之道理。撥爲排除之義。此爲五見中之邪見。大乘大集地藏十輪經卷七懺悔品：「撥無因果，斷滅善根。」阿毗達磨俱舍論卷一七：「緣何邪見能斷善根？謂定撥無因果邪見。撥無因者，謂定撥無妙行惡行；撥無果者，謂定撥無彼果異熟。」圓暉述俱舍論頌疏論本卷一九：「撥無者，撥無因果，名爲邪見。」

〔二〕見玄奘譯大乘廣百論釋論卷五。按，以上引文中「難」「答」，大乘廣百論釋論無。

又，古釋云：凡如來三時説法，或云一時、三世、十世等時，皆從能變心生，外無三世之境。離自心外，諸法無體。如世尊説彌勒作佛，即聽者於自心上變作過去相分生起。世尊答云：「從今十二年後，必得往生。」聽者心上又變作未來相分而起，能變心，即現在也〔一〕。此過去時無其實境，盡從心變，但隨心分限，變起長時短時。是以時因心立，無有定性。因現在則有過去、未來，因延有促，因一念有大劫。若無現在心，何處立過、未？

校注

〔一〕「世尊説彌勒作佛」至此，詳見佛説觀彌勒菩薩上生兜率天經。

西域記第七云：昔有隱士，結廬屏跡，博習技藝，究極神理，能使瓦礫成寶，人畜變形，但未能馭風雲，陪仙駕。閲圖考古，更求仙法，遂得求仙方云：「將欲求仙，當築壇場，命一烈士，按長劍，立壇隅，屏息絶言，自昏達曙。求仙者壇中而坐，按長劍，誦神呪，收視返聽，達曙登仙。」既得此方，數年之間，求烈士不得。後遇一人，先爲人傭力，艱辛五載，一旦違失，遂被笞辱，又無所得，悲號巡路。隱士見命〔一〕，數加優贈〔二〕。烈士欲求報效，隱士曰：「我彌歷多年，幸而遇會，奇貌應圖，非有他故，願一旦不語耳。」烈士曰：「死尚不辭，何況不語！」於是隱士立壇受仙，依事行之。日暮之後，各思〔三〕其事，隱者誦呪，烈士按劍。俟將曉矣，烈士忽然大叫。時空中火下，烟燄雲蒸，隱士疾引此人入池避難，問曰：「誡子無聲，何乃驚叫？」烈士曰：「受命之後，至夜昏然若夢，見昔所事主人，躬來至傍，感厚恩而不語。被打震怒，而見致害，遂見託生南印土大婆羅門家，受生乃至出胎，苦厄備受，荷恩不語。洎乎受冠、生子，每念前恩，忍而不語，闔家親戚咸見怪矣。年過六十而有一子，其妻謂曰：『汝若不語，我殺汝子。』我自懷念：『今已隔生，唯有一子，寧忍令殺？』

因止其妻，遂發此言。」隱士曰：「我之過也！被魔所嬈。」烈士感激其事，忿恚而死〔四〕。故知睡夢與覺，所見唯心，延促之時，不離一念，故引夢時以明覺位。

校注

〔一〕「命」，清藏本作「慜」。按，作「命」是，參後注。

〔二〕按，大唐西域記卷七婆羅痆斯國：「隱士覩其相，心甚慶悦，即而慰問：『何至怨傷？』曰：『我以貧窶，傭力自濟。其主見知，特深信用，期滿五歲，當酬重賞。於是忍勤苦，忘艱辛。五年將周，一旦違失，既蒙笞辱，又無所得。以此爲心，悲悼誰恤？』隱士命與同遊，來至草廬，以術力故，化具肴饌，已而令入池浴，服以新衣，又以五百金錢遺之，曰：『盡當來求，幸無外也。』自時厥後，數加重賂。」

〔三〕「思」，清藏本及成唯識論演祕引作「司」。

〔四〕詳見大唐西域記卷七婆羅痆斯國。按，此處所引，或據智周撰成唯識論演祕卷七轉引。

又，法華經安樂行品，夢入銅輪，成道度生，經無量時，唯只一夜夢心〔一〕。所以無性攝論頌云：「處夢謂經年，覺乃須臾頃，故時雖無量，攝在一刹那。」〔二〕

可證聽者心上自變長、短二時，實唯現在心、心所也。故義海云：「如見塵時，是一念心所現。此一念心之時，全是百千大劫成。何以故？百千大劫，本由一念方成大劫。既相由〔三〕成立，俱無體性。乃至〔四〕遠近世界佛及衆生、三世一切事物，莫不於一念中現。何

以故？一切事法，依心而現，念既無礙，法亦隨融，是故一念即見三世事物顯然。」〔五〕

校注

〔一〕妙法蓮華經卷五安樂行品：「譬如强力，轉輪之王，（中略）若於夢中但見妙事：見諸如來，坐師子座，諸比丘衆，圍繞説法。又見龍神、阿修羅等，數如恒沙，恭敬合掌，自見其身而爲説法。又見諸佛，身相金色，放無量光，照於一切，以梵音聲演説諸法。佛爲四衆説無上法，見身處中，合掌讚佛，聞法歡喜而爲供養，得陀羅尼，證不退智。佛知其心深入佛道，即爲授記，成最正覺：汝善男子，當於來世得無量智，佛之大道。國土嚴浄，廣大無比。』亦有四衆合掌聽法。又見自身在山林中，修習善法，證諸實相，深入禪定，見十方佛。諸佛身金色，百福相莊嚴，聞法爲人説，常有是好夢。又夢作國王，捨宫殿眷屬，及上妙五欲，行詣於道場。在菩提樹下，而處師子座，求道過七日，得諸佛之智。成無上道已，起而轉法輪，爲四衆説法，經千萬億劫，説無漏妙法，度無量衆生。後當入涅槃，如烟盡燈滅。」

〔二〕見無性造、玄奘譯攝大乘論釋卷六。

〔三〕「由」，華嚴經義海百門及心賦注引皆無。

〔四〕乃至：表示引文中間有删略。按，省略部分爲：「由一念無體，即通大劫；大劫無體，即該一念。由念劫無體，長短之相自融。」

〔五〕見法藏述華嚴經義海百門鎔融任運門。

所以華嚴經頌云：「一念普觀無量劫，無去無來亦無住，如是了知三世事，超諸方便成十力。」〔一〕又頌云：「始從一念終成劫，悉從衆生心想生，一切刹海劫無邊，以一方便皆清淨。」〔二〕又頌云：「或從心海生，隨心所解住，如幻無處所，一切是分別。」

校注

〔一〕見實叉難陀譯大方廣佛華嚴經卷一三。

〔二〕見實叉難陀譯大方廣佛華嚴經卷七。下一處引文同。

故知横收刹海，豎徹僧祇，皆一念心，前後際斷，既無大小之刹，亦無延促之時，以一方便唯心之門，令衆生界悉皆清淨。何者？以知境唯妄識分別，則不起心。以心不起故，則妄境不現。妄境不現，垢淨之法無依；麁想不生，長短之時自絶。若教中所説劫量延促，皆是善巧逗機方便，或爲怯弱衆生，説成佛只在刹那；或爲懈怠衆生，説須經阿僧祇劫。若成佛之旨，一際無差；延促之詮，盡歸權智。

又，古釋云：「一方便者，即了唯心也。一念與劫，並由想心。心想不生，長短安在？非長非短，是謂清淨。不壞於相，則劫海無邊。」〔一〕

校注

〔一〕見澄觀撰大方廣佛華嚴經疏卷一一。

故知一切諸法，皆無自體，悉不堅牢，唯從想生，若執爲實，但是顛倒。所以廣博嚴淨經云：「文殊師利告阿難言：『愚小之人，以日爲晝想，無黠慧故。所以者何？若令此晝是真實者、是常住者、是堅牢者，應有積聚，不應過去，唯應有晝，不應有夜。』」〔一〕

校注

〔一〕見廣博嚴淨不退轉輪經卷四。

問：此三世時既從心變，於八識内，何識所緣？

答：古釋云：唯意所緣〔一〕。謂時之一法是假，前五、第八俱不能緣，第七又常緣内第八見分爲我，兼無分別故，唯第六能緣。

又，四種意識中，唯明了意識不能緣，時是假故，即定中、夢中、獨散此三俱能緣。若約三境中，是獨影境。

校注

〔一〕窺基撰妙法蓮華經玄贊卷一：「唯識時，説、聽二徒識心之上變作三時相狀而起，實是現在，隨心分限，變作短長，事緒終訖，總名一時。如夢所見，謂有多生，覺位唯心，都無實境。聽者心變，三世亦爾，唯意所緣，是不相應行、蘊、法界、法處所攝。」詳見本書卷九九引。

問：不相應行中諸有爲法，似有作用，應不離識。如六種無爲〔一〕，無有作用，應離色、心等有其實性？

答：有無之法，皆依識變。虚空等五無爲，皆依妄識所變。真如無爲，是浄識之性，亦不離識。乃至有無真假，一切性相，離真唯識性，更無所有。

校注

〔一〕六種無爲：虚空無爲、擇滅無爲、非擇滅無爲、不動無爲、想受滅無爲、真如無爲。詳見本書卷五八。

音義

淵，烏玄反，深也。　堤，都奚反。　塘，徒郎〔一〕反，陂塘也。　廬，力居反。

馭，牛據反，駕也。　閲，弋雪反，簡閲也。　隅，麌俱反。　曙，常恕反，曉也。

笞，丑〔二〕之反，捶擊也。　號，胡到反。　振，職刃反，舉也，裂也。　洎，其冀反。　嬈，奴鳥反，戲弄也。

戊申歲分司大藏都監開板

校注

〔一〕「郎」，原作「即」，據文意改。

〔二〕「丑」，原作「田」，據文意改。

宗鏡録卷第六十九

慧日永明寺主智覺禪師延壽集

夫覺王隨順世法，曲徇機宜，欲顯無相之門，先明有相之理，因方便而開真實，假有作而證無生。非稱本懷，但施密意。於四俗諦〔一〕中，立第二隨事差別諦，説三科法門，謂蘊、處、界等。今欲會有歸空，應當先立後破，須知窟穴，方可傾巢，只如五蘊初科、四大元始，以何爲義？

答：蘊者，藏也，亦云五陰。陰者，覆也，即蘊藏妄種，覆蔽真心。雜集論云：蘊者，積聚義。又，荷雜染擔，故名爲蘊，如肩荷擔〔二〕。此約俗諦所釋。若論真諦，無一法可聚，以各無自體，亦無作用故。

校　注

〔一〕四俗諦：假名無實諦、隨事差別諦、方便安立諦、假名非安立諦。詳見本書卷六七。

〔二〕玄奘譯大乘阿毗達磨雜集論卷二：「諸所有色，若過去、若未來、若現在，若內、若外，若麁、若細，若劣、若勝，若遠、若近，彼一切略説一色藴，積聚義故，如財貨藴。（中略）又，荷雜染擔，故名爲藴，如肩荷擔。荷雜染擔者，謂煩惱等諸雜染法依色等故。譬如世間身之一分能荷於擔，即此一分名肩名藴。色等亦爾，能荷雜染擔故，名之爲藴。」

楞伽經云：佛告大慧：「當善四大造色。云何菩薩善四大造色？大慧，菩薩摩訶薩作是學，彼真諦者，四大不生。於彼四大不生，作如是觀察。觀察已，覺〔一〕名相妄想分劑，自心現分劑。乃至〔二〕大慧，彼四大種，云何生造色？謂津潤妄想大種生内外水界，堪能妄想大種生内外火界，飄動妄想大種生内外風界，斷截色妄想大種生内外地界。」〔三〕

釋云：「堪能妄想」者，即計火大堪能成熟萬物之性；「斷截色妄想」者，即計可斷截性〔四〕爲地大。四大既空，五藴無主，是以先觀色陰從四大所造，展轉相因而生，四大中既無主宰，誰能合集以成色乎？以此觀之，色陰即空。色陰既空，四陰何有？善學真諦第一淨心不住一相，則無四大可生。

校注

〔一〕「覺」，原作「竟」，據楞伽阿跋多羅寶經改。

〔二〕乃至：表示引文中間有删略。

〔三〕見楞伽阿跋多羅寶經卷二。

〔四〕可斷截性：謂地有可分段之形體。澄觀述大方廣佛華嚴經隨疏演義鈔卷三八：「地有形段及體堅住，而可斷截。」

故知一切莫非真覺，則一覺一切覺，統括一心無不覺。故外法本無名相，所見分劑，皆唯心量。以般若照五蘊皆空〔一〕，聚沫之色既虚，水泡之受何有？陽燄之想非實，芭蕉之行唯空，幻識倏爾無依，空大湛然不動。窮四大根本，性相尚無，則六根枝條，影響奚有？身見既不立，妄識〔二〕又無從，唯一真心，神性獨立。恒沙海藏，無量義門，該括指歸，理窮於此，不出一念，人法俱空。

校注

〔一〕玄奘譯般若波羅蜜多心經：「觀自在菩薩行深般若波羅蜜多時，照見五蘊皆空，度一切苦厄。」

〔二〕「識」，諸校本作「境」。

如持地經云：「佛言：諸凡夫於見聞覺知法中，計得識陰，貪著念有，是人貪著見聞覺知法，爲識陰所縛，貴其所知，以心意識合繫故，馳走往來，所謂從此世至彼世，從彼世至此世，皆識陰所縛故，不能如實知識陰。識陰是虚妄不實，顛倒相應，因見聞覺知法起，此中無有實識者。若不能如是實觀，或起善識，或起不善識，或起善不善識，是人常隨識行，不知識所生處，不知識如實相。持世，諸菩薩摩訶薩於此中如是正觀，知識陰從虚妄識起，所謂見聞覺知法中衆因緣生，無法生法想故，貪著識陰。」〔一〕

校注

〔一〕見鳩摩羅什譯持世經卷二五陰品。按，據開元釋教録卷四等，鳩摩羅什譯經中有持地經一卷，闕本。此「持地經云」者，當爲持世經之誤。

故知諸陰不出一念法空之心。所以永嘉集云：「明識一念之中五陰者，謂歷歷分明，即是識陰；領納在心，即是受陰；心緣此理，即是想陰；行用此理，即是行陰；汙穢真性，即是色陰。此五陰者，舉體即是一念；一念者，舉體全〔一〕是五陰。歷歷見此一念之中，無有主宰，即人空慧；見如幻化，即法空慧。」〔二〕

校注

〔一〕「全」，諸校本作「即」。按，禪宗永嘉集作「全」。

〔二〕見玄覺撰禪宗永嘉集奢摩他頌。

故最勝王經云：「佛告善天女：五蘊能現法界，法界即是五蘊。」〔一〕

校注

〔一〕見金光明最勝王經卷五依空滿願品。

問：處以何爲義？

答：論云：識生長門義，當知種子義、攝一切法差別義亦是處義〔一〕。

校注

〔一〕玄奘譯大乘阿毗達磨雜集論卷二：「問：處義云何？答：識生長門義是處義，當知種子義、攝一切法差別義亦是處義。」

問：界以何爲義？

答：是界分建立義，以内、外、中間各對待立故。雜集論云：一切法種子義，謂依阿賴耶識中諸法種子，説名爲界，界是因義。又，能持自相義；又，能持因果性義。又，攝持一切法差別義〔一〕。

校注

〔一〕見玄奘譯大乘阿毗達磨雜集論卷二：「問：界義云何？答：一切法種子義，謂依阿賴耶識中諸法種子，説名爲界，界是因義故。又，能持自相義是界義。又，能持因果性義是界義。能持因果性者，謂於十八界中，根、境諸界及六識界如其次第。又，攝持一切法差別義是界義。攝持一切法差別者，謂諸經説地等諸界及所餘界，隨其所應皆十八界攝。」

問：何因五蘊説唯有五？

答：雜集論云：爲顯五種我事〔一〕故：一、身具〔二〕我事，謂内外色蘊所攝；二、受用我事，即受蘊；三、言説我事，即想蘊；四、造作一切法非法我事，謂行蘊；五、彼所依止我自體事，謂識蘊，是身具等所依我相事義。世間有情，多於識蘊計執爲我，於餘蘊計執我所〔三〕。

問：色蘊何相？

答：變現相是色相，此有二：一〔四〕、觸對變壞，謂由手、足乃至蚊、虻所觸對時，即便變壞；二、方所示現，謂由方所可相示現〔五〕。

問：受蘊何相？

答：領納相是受相，由此受故，領納種種浄、不浄業所得異熟，若清浄業受樂異熟，不清浄業受苦異熟，浄不浄業受不苦不樂異熟。所以者何？由浄不浄業感得異熟阿賴耶識，恒與捨受相應。唯此捨受，是實異熟體，苦、樂兩受從異熟生故，假説名異熟。

問：想蘊何相？

答：構了相是想相，由此想故，構畫種種諸法像類，隨所見聞覺知之義，起諸言説。諸言説者，謂詮辯義〔六〕。

問：行蘊何相？

答：造作相是行相，由此行故，念心造作。謂於善、惡、無記品中，驅役心故。

問：識蘊何相？

答：了別相是識相，由此識故，了別色、聲、香、味、觸、法等種種境界〔七〕。

校　注

〔一〕我事：即自身。玄奘譯阿毗達磨俱舍論卷二二：「我事者，謂自身。」

〔二〕身：謂眼等六根。具：謂色等六境。見本卷後引玄奘譯大乘阿毗達磨雜集論卷一。

〔三〕玄奘譯大乘阿毗達磨雜集論卷一：「於此五中，前四是我所事，第五即我相事。」窺基撰大乘阿毗達磨雜集論述記卷一：「我所有故，名爲我所；我自體故，名即我相。」「謂識蘊是彼所依四蘊之我相，身具及三藴我所，我之用。説識爲所依，識爲我體相。」

〔四〕「二二」，原作「三」，據清藏本及大乘阿毗達磨雜集論改。

〔五〕玄奘譯大乘阿毗達磨雜集論卷一：「方所示現者，謂由方所可相示現如此如此色、如是如是色，或由定心，或由不定，尋思相應種種搆畫。方所者，謂現前處所；如此如此色者，謂骨鎖等所知事同類影像；如是如是色者，謂形顯差別；種種構畫者，謂如相而想。」

〔六〕玄奘譯大乘阿毗達磨雜集論卷一：「見聞覺知義者，眼所受是見義；耳所受是聞義；自然思構應如是，如是是覺義；自内所受是知義。諸言説者，謂詮辯義。」

〔七〕「雜集論云」至此，詳見玄奘譯大乘阿毗達磨雜集論卷一。

問：何因處唯十二？

答：雜集論云：「唯由身及具能與未來六行受用爲生長門故，謂如過、現六行受用相爲眼等所持，未來六行受用相以根及義爲生長門亦爾。唯依根、境立十二處，不依六種受用相識。」〔一〕

「問：處以何爲相？

「答：如界〔二〕應知，隨其所應。謂眼當見色及此種子等，隨義應説。」〔三〕

校注

〔一〕見玄奘譯大乘阿毗達磨雜集論卷一。受用相，謂眼等諸根有增上力故，外諸色塵境界得以産生，遂有苦樂逆順受用之相。

〔二〕按，「如界」者，參後文有關「界」的引述。大乘阿毗達磨雜集論卷一中，「界」在「處」之前，故説「如界」。此處轉引，置「處」在「界」前，「如界」就顯得有點突兀。

〔三〕玄奘譯大乘阿毗達磨雜集論卷一：「問：處何相？答：如界應知，隨其所應。謂眼當見色及此種子等，隨義應説。」眼當見色者，説未來眼。窺基撰大乘阿毗達磨雜集論述記卷二：「内處通二，外處非種。處唯當來，界通過、現。少同故如界，少異故隨應。不説七、八識别爲界、處者，無别根、境可對説故，然意界攝。」

問：何因界唯十八？

答：雜集論云：「由身、具等能持過、現六行受用性故。身者，謂眼等六根；具者，謂色等六境；過、現六行受用者，謂六識；能持者，謂六根、六境能持六識所依、所緣故。過、現六識能持受用者，不捨自相故。當知十八以能持義故説名界。」〔一〕

「問：眼界何相？

「答：謂眼曾、現見色，及此種子積集異熟阿賴耶識是眼界相。眼曾見色者，謂能持過去識受用義，以顯界性；現見色者，謂能持現在識受用義，以顯界性。及此種子積集異熟阿賴耶識者，謂眼種子，或唯積集，爲引當來眼根故；或已成熟，爲生現在眼根故。此二種名眼界者，眼生因故，如眼界相。耳、鼻、舌、身、意界相亦爾。

「問：色界何相？

「答：諸色眼曾、現見及眼界於此增上，是色界相。眼界於此增上者，謂依色根增上力，外境生故，如色界相。聲、香、味、觸、法界相亦爾。

「問：眼識界何相？

「答：謂依眼緣色、似色了別，及此種子積集異熟阿賴耶識，是眼識界相。如眼識界，耳、鼻、舌、身、意、識界相亦爾。」〔二〕

校注

〔一〕見玄奘譯大乘阿毗達磨雜集論卷一。下一處引文同。

〔二〕窺基撰大乘阿毗達磨雜集論述記卷二：「依眼者，所依根；緣色者，所了境；似色了別，謂識行相。」瑜伽師地論略纂卷一：「眼意所取，似本識所變色，故言似色。」

是以真諦不有，世諦非無，迷之則一二情生，悟之則性相無礙。故先德云：「真俗雙

泯，二諦恒存，空有兩亡，一味常現。」〔一〕

如瑜伽論云：「思正法者，乃至〔二〕云何以稱量行相，依正道理思惟諸蘊相應言教？謂依四道理觀察。何等爲四？一、觀待道理，二、作用道理，三、證成道理，四、法爾道理。

「云何名爲觀待道理？謂略説有二種觀待：一、生起觀待，二、施設觀待。生起觀待者，謂由諸因、諸緣勢力生起諸蘊，此蘊生起，要當觀待諸因、諸緣；施設觀待者，謂由名身、句身、文身施設諸蘊，此蘊施設，要當觀待名、句、文身，是名於蘊生起觀待、施設觀待，即此生起觀待、施設觀待生起、施設諸蘊，説名道理瑜伽方便〔三〕，是故説爲觀待道理。

「云何名爲作用道理？謂諸蘊生已，由自緣故，有自作用，各各差別，謂眼能見色，耳能聞聲，鼻能齅香，舌能嘗味，身能覺觸，意能了法。色爲眼境，爲眼所行。乃至法爲意境，爲意所行。或復所餘如是等類，於彼彼法，別別作用，當知亦爾。即此諸法各別作用，所有道理瑜伽方便，皆説名爲作用道理。

「云何名爲證成道理？謂一切蘊皆是無常，衆緣所生，苦、空、無我，由三量故如實觀察，謂由至教量故、由現量故、由比量故，由此三量，證驗道理。諸有智者，心正執受、安置、成立，謂一切蘊皆無常性、衆緣生性、苦性、空性及無我性，如是等，名證成道理。

「云何名爲法爾道理？謂何因緣故，即彼諸蘊如是種類，諸器世間如是安布？何因緣故，地堅爲相、水濕爲相、火煖爲相、風用輕動以爲其相？何因緣故，諸蘊無常、諸法無我、涅槃寂静？何因緣故，色變壞相、受領納相、想等了相、行造作相、識了别相？由彼諸法本性應爾，自性應爾，法性應爾，即此法爾説名道理瑜伽方便。或即如是，或異如是，或非如是，一切皆以法爾爲依，一切皆歸法爾道理，令心安住，令心曉了，如是名爲法爾道理。「如是名爲依四道理，觀察諸蘊相應言教。」〔四〕

故知法性自爾，一切如然，未有一法而爲障礙，了之無過，執之患生，但依觀待、作用、證成、法爾四種道理觀察，則二諦雙通，一心無礙。

校　注

〔一〕見法藏般若波羅蜜多心經略疏。

〔二〕乃至：表示引文中間有删略。按，此處節略過甚，語義不够連貫，省略部分爲：「云何思正法？謂如有一，即如所聞、所信正法，獨處空閑，遠離六種不應思處：謂思議我、思議有情、思議世間、思議有情業果異熟、思議静慮者静慮境界、思議諸佛諸佛境界，但正思惟所有諸法自相、共相。如是思惟，復有二種：一者、以算數行相，善巧方便算計諸法；二者、以稱量行相，依正道理，觀察諸法功德過失。謂若思惟諸蘊相應所有言教，若復思惟如前所説所餘隨一所有言教，皆由如是二種行相方便思惟。此復云何？謂言色者，即十色處及墮法處所攝衆色，是名色蘊。所言受者，即三種受，是名受蘊。所言想者，即六想身，是名想蘊。所言行者，即六思身等，是名行蘊。所言識者，即六識身等，是名識蘊。如是名爲以算數行相思惟諸蘊相應言教。或復由此算數行相，別別思惟，展轉差別，當知即有無量差別。」

〔三〕遁倫集瑜伽論記卷六：「云『說名道理瑜伽方便』者，如此觀待修瑜伽者，方便了知，故立爲觀待道理，名瑜伽方便。」

〔四〕見玄奘譯瑜伽師地論卷二五。

問：萬法唯識，正量可知。又云境滅識亡，心、境俱遣。今觀陰、入、界等，如上分析，性相宛然，云何同境一時俱拂？

答：上約世諦分別，似有非真，但立空名，終無實體。所以首楞嚴經微細推檢陰、入、界、處，一一皆空，非因、非緣、非自然性。非因即是不自生，非緣即是不他生，既無自、他二法，無法和合，即是不共生。非自然性，即是非無因生。四句無生，陰從何有？

又，當觀此一念心，不從根、塵離合而生。若言合生者，譬如鏡面各有像故，合生應有兩像。若各無像，合不應生。若鏡面合爲一而生像者，今實不合，合則無像。若鏡面離故生像者，各在一方，則應有像，今實不爾。根、塵離合，亦復如是。當知即念無念，自、他起處俱空；即生無生，離合推之無體。

破五陰文云：「佛告阿難：『譬如有人取頻伽瓶，塞其兩孔，滿中擎空，千里遠行，用餉他國。識陰當知，亦復如是。阿難，如是虚空，非彼方來，非此方入。如是，阿難，若彼方來，則本瓶中既貯空去，於本瓶地應少虚空。若此方入，開孔倒瓶，應見空出。是故當知識陰虚妄，本非因緣、非自然性。』」〔一〕

釋曰：此破識陰也。瓶喻於身，空喻於識。若執有識隨身往來者，此處識陰滅，往彼處生時，如將此方虚空遠餉他國。若此陰實滅，如於本瓶地應少虚空。若彼陰復生，如開孔倒瓶，應見空出。故知虚空不動，識無去來。一陰既虚，四陰皆爾。

校注

〔一〕見大佛頂如來密因修證了義諸菩薩萬行首楞嚴經卷二。子璿首楞嚴義疏注經卷二：「頻伽，好聲鳥也，瓶形似彼。識陰無形，在有情身，如瓶盛空。遠餉他國者，阿賴耶識爲業所使，隨處受生，此陰若滅，彼陰續生，如人擎空，遠餉千里。死有至時，諸根不通，如塞兩孔。」

大涅槃經云：若人捨命之時〔一〕，「然心意識即生善道。而是心法實無去、來，亦無所至，直是前後相似、相續，相貌不異。如是之言，即是如來秘密之教」〔二〕。

又，佛告阿闍世王：「『如汝所言，先王無辜横加逆害者，何者是父？但於假名衆生五陰，妄生父想。於十二入、十八界中，何者是父？若色是父，四陰應非。若四陰是父，色亦應非。若色非色合爲父者，無有是處。何以故？色與非色性無合故。大王，凡夫衆生於是色陰妄生父想，如是色陰亦不可害。』乃至〔三〕阿闍世王即白佛言：『世尊，我今始知色是無常，乃至識是無常。我本若能如是知者，則不作罪。』」〔四〕

校注

〔一〕「若人捨命之時」，大般涅槃經作「若有善男子、善女人，善能修治身、口、意業，捨命之時，雖有親族取其屍骸，或以火燒，或投大水，或棄塚間，狐、狼、禽獸競共食噉」。

〔二〕見大般涅槃經卷一一，南本見卷一〇。

〔三〕乃至：表示引文中間有删略。

〔四〕見大般涅槃經卷二〇，南本見卷一八。

持世經云：「佛言：『是諸菩薩如實觀時，知識陰虛妄不實，從本已來，常不生相。知非陰是識陰，像陰是識陰，幻陰是識陰。譬如幻所化人，識不在內，亦不在外，不在中間。識性亦如是，如幻性虛妄緣生，從憶想分別起，無有實事，如機關木人。識亦如是，從顛倒起，虛妄因緣和合而有。』」〔一〕幻人豈有心識？木像誰稱覺知？比妄識而況同，從幻緣而似有。

校注

〔一〕見持世經卷二五陰品。

有實，是名乾闥婆城。有人初不見乾闥婆城，晨朝東向見之，意謂實樂，疾行趣之，轉近轉失，日高轉滅。飢渴悶極，見熱氣如野馬，謂之爲水，疾走趣之，轉近轉滅。疲極困厄，至窮山狹谷中，大唤啼哭，聞有響應，謂有居民，求之疲極而無所見。思惟自悟，渴願心息。無智人亦如是，空陰、界、入中，見吾我及諸法，婬瞋心著，四方狂走，求樂自滿，顛倒欺誑，窮極懊惱。若以智慧知無我無實法者，是時顛倒願息。」〔一〕

大智度論云：「日初出時，見城門、樓櫓、宫殿、行人出入，日轉高轉滅，但可眼見而無

校注

〔一〕見龍樹造、鳩摩羅什譯大智度論卷六。

故知色陰如勞目睛，忽現空華之相；受陰如手摩觸，妄生冷熱之緣；想陰如人説酸梅，口中自然水出；行陰如水上波浪，觀之似有奔流；識陰如瓶貯虚空，持之用餉他國。斯則非内非外，不即不離，和合既不成，自然亦非有。若此況是實，則五陰不虚。既並世相

而非真，審知陰入而無體，唯是性空法界，如來藏心，無始無終，平等顯現。

是以首楞嚴經云：「佛告阿難：是故如來與汝發明五陰本因，同是妄想〔一〕。汝體先因父母想生，汝心非想，則不能來想中傳命。如我先言：心想酸味，口中涎生；心想登高，足心酸起。懸崖不有，酸物未來，汝體必非虛妄通倫，口水如何因談酸出？是故當知，汝現色身，名爲堅固第一妄想〔二〕。即此所説，臨高想心，能令汝形真受酸澀。由因受生，能動色體，汝今現前順益、違損二現驅馳，名爲虛明第二妄想〔三〕。由汝念慮，使汝色身，身非念倫，汝身何因隨念所使，種種取像，心生形取，與念相應，寤即想心，寐爲諸夢？則汝想念，搖動妄情，名爲融通第三妄想〔四〕。化理不住，運運密移，甲長髮生，氣消容皺，日夜相代，曾無覺悟。阿難，此若非汝，云何體遷？如必是真，汝何無覺？則汝諸行念念不停，名爲幽隱第四妄想〔五〕。又汝精明湛不搖處名恒常者，於身不出見聞覺知，若實精真，不容習妄，何因汝等曾於昔年覩一奇物，經歷年歲，憶忘俱無，於後忽然覆覩前異，記憶宛然，曾不遺失？則此精了湛不搖中，念念受熏，有何籌算？阿難，當知此湛非真，如急流水，望如恬靜，流急不見，非是無流。若非想元，寧受想習？非汝六根互用合開，此之妄想無時得滅。故汝現在見聞覺知中串習幾，則湛了內罔象虛無，第五顛倒細微精想〔六〕。

阿難，是五受陰，五妄想成，汝今欲知因果淺深，唯色與空是色邊際，唯觸及離是受邊際，唯記與忘是想邊際，唯滅與生是行邊際，湛入合湛歸識邊際。此五陰元，重疊生起，生因識有，滅從色除，理則頓悟，承悟併消，事非頓除，因次第盡。」〔七〕

是以若見五陰有，即衆生世間；若了五陰空，即真諦世間；若達五陰實相，即中道第一義正智世間。離此五陰，三世間外更無一法能建能立、爲俗爲真。一代時教所詮，除此別無方便，悟此成佛，迷此爲凡，唯是一心，開合無異。何者？以一陰名色，四陰名心，從心所生，故稱爲色。心是所依，色是能依，攝能歸所，但是一心。本末元同，體用常合。宗鏡大旨，於此絶言。

校注

〔一〕子璿首楞嚴義疏注經卷一〇：「五陰之因，元妄所結，此即於妄想中立因緣性也。此因緣性，妄中權立，欲令了法元無所有，是故同名一妄想耳。」

〔二〕按，此爲五陰中之色。子璿首楞嚴義疏注經卷一〇：「結歸立名也。以此驗之，如何非想？是故應知妄想凝結，即成色陰，故云『堅固』。」

〔三〕按，此爲五陰中之受。子璿首楞嚴義疏注經卷一〇：「因想梅等，便有受領。若非領納，焉得水生？此受亦是妄想轉變，妄生領納也。」「領此順、違，生苦、樂法，遂成損益。爲彼所使，照境而領，虚通無礙，故曰『虚明』。」

〔四〕按，此爲五陰中之想。子璿首楞嚴義疏注經卷一〇：「凡取前境，先須想像，後身隨之。想若是實，何須形取？形若非想，自不能行。二既相須，豈非虚妄？故云『與念相應』。寤寐雖異，皆是想爲，寐既成夢，夢非有實，應知寤想豈是實耶？」「是知現今想像念慮，正由妄情摇動故爾，豈不是妄？融色質，通心念，變境像，成夢寐，故云『融通妄想』。」

〔五〕按，此爲五陰中之行。子璿首楞嚴義疏注經卷一〇：「示虚妄也，真猶實也。行陰若非汝體，何得相代不停？又若實是汝身，何不知覺生滅？非汝不可，是汝無憑，故知虚妄。則『汝』下結想名，密移難覺，故云『幽隱』。」

〔六〕按，此爲五陰中之識。子璿首楞嚴義疏注經卷一〇：「因細得名也，此是諸識之中串習機要，亦名精明湛不摇處，故云『湛了』，即本識也。有而若無，故云『罔象』。罔，無也；象，似也。非有形質，故曰『虚無』。望前行陰，最爲其細，再三示云微細精也。」仁岳述楞嚴經熏聞記卷五：「串習幾者，串，穿也，亦習也；幾，謂幾微。」戒環解楞嚴經要解卷二〇：「串，常習也。幾，微也。精明湛識，爲六用常習之本，故見覺幾微。斯即湛識罔象潛於見覺之中，故名『中串習幾』。似無曰罔，以有曰象。其體精微，故名罔象虚無，顛倒精想。」

〔七〕見大佛頂如來密因修證了義諸菩薩萬行首楞嚴經卷一〇。

破六入〔一〕文云：佛告阿難：「譬如有人，勞倦則眠，睡熟便寤；覽塵斯憶，失憶爲忘。是其顛倒生、住、異、滅，吸習中歸，不相逾越，稱意知根。兼意與勞，同是菩提瞪發勞相，因于生、滅二種妄塵，集知居中，吸撮内塵，見聞逆流，流不及地，名覺知性。此覺知性，離彼寤寐、生滅二塵，畢竟無體。如是，阿難，當知如是覺知之根，非寤寐來，非生滅有，不於根出，亦非空生。何以故？若從寤來，寐即隨滅，將何爲寐？必生時有，滅即同無，令誰受滅？若從滅有，生即滅無，孰知生者？若從根出，寤寐二相隨身開合，離斯二體，此覺知者同於空華，畢竟無性。若從空生，自是空知，何關汝入？是故當知意入虚妄，本非因緣，非自然性。」〔二〕

釋曰：此破意入也。疏〔三〕云：「覽塵斯憶」者，憶即是生；「失憶爲忘」者，忘即是滅。失憶不離自心，妄謂爲境故。云「是其顛倒生、住、異、滅，吸習中歸，不相逾越」者，吸習生、住、異、滅，歸識心内，故云「中歸」；前念滅，後念生，無雜亂失，故云「不相逾越」。故經云：心性生滅，猶如猿猴〔四〕。當知見境生滅者，即是自心生滅相故，故云「心生種種法生」〔五〕。「吸撮内塵，見聞逆流，流不及地，名覺知性」者，謂眼、耳取外塵境，刹那流入意地，從外入内，名爲逆流。眼、耳唯緣現境，至第二念緣不及故，故云「流不及地」。唯意根獨取，「名覺知性」。此覺知性，因前塵起，畢竟無體。以妄知强覺，成内衆生；因滅想凝空，爲外國土。經云：「想澄成國土，知覺乃衆生。」〔六〕迷湛寂一心，作内六入，更無别體，唯是真空。意入既虚，前眼等五入亦爾。

校注

〔一〕隋慧遠大乘義章卷四十二因緣義八門分别："言六入者，生識之處，名之爲入。入别不同，離分六種，所謂眼、耳、鼻、舌、身、意。"

〔二〕見大佛頂如來密因修證了義諸菩薩萬行首楞嚴經卷三。

〔三〕按，據錢謙益大佛頂首楞嚴經疏解蒙鈔卷三，此疏爲沇疏。沇疏者，即"蜀資中弘沇法師疏。繼崇福而作疏者，資中也。義例則取諸館陶"。

〔四〕增一阿含經卷四："我不見一法疾於心者，無譬可喻，猶如獼猴捨一取一，心不專定。心亦如是，前想、後想所念不同。"大般涅槃經卷二九："云何現喻？如經中説，衆生心性，猶如獼猴，獼猴之性，捨一取一。衆生心性，亦復如是，取著色、聲、香、味、觸、法，無暫住時，是名現喻。"

〔五〕大佛頂如來密因修證了義諸菩薩萬行首楞嚴經卷一："由心生故，種種法生；由法生故，種種心生。"

〔六〕見大佛頂如來密因修證了義諸菩薩萬行首楞嚴經卷六。

破十二處文云：佛告阿難："汝常意中，所緣善、惡、無記三性，生成法則。此法爲復即心所生？爲當離心别有方所？阿難，若即心者，法則非塵，非心所緣，云何成處？若離於心别有方所，則法自性爲知？非知？知則名心，異汝非塵，同他心量，即汝即心，云何汝心更二於汝？若非知者，此塵既非色、聲、香、味，離合冷、煖及虚空相，當知何在？今於色空，都無表示，不應人間更有空外。心非所緣，處從誰立？是故當知法則與心俱無處所，則意與法二俱虛妄，本非因緣、非自然性。」〔一〕

釋曰：此破意、法二處也。夫分能標所，構畫成持，立境立心，皆是意法。先破其分別惑本，則前五根十處自傾。法處是所緣，意處是能緣。只如法處，爲復即心？不即心？若即心者，法則全心，心不見心，云何成處？若離於心別有方所，則法之自性爲有知？無知？若有知，則名心，不成於法；若無知，則不屬自心，同他心量。以知二處俱無自體，則善、惡、無記三性等法、四種意根等心，皆同一性，無有能緣、所緣之異，心、境皆空。故論云：「凡所分別，皆分別自心。心不見心，無相可得。」〔二〕則無相理現，有作情亡，因緣自然，名義俱絶。例十處色心，亦復如是。

校注

〔一〕見大佛頂如來密因修證了義諸菩薩萬行首楞嚴經卷三。

〔二〕見實叉難陀譯大乘起信論卷上。

破十八界文云：佛告阿難：「汝所明意、法爲緣，生於意識。此識爲復因意所生，以意爲界？因法所生，以法爲界？阿難，若因意生，於汝意中必有所思，發明汝意。若無前法，意無所生，離緣無形，識將何用？又汝識心，與諸思量兼了別性，爲同爲異？同意即意，云何所生？異意不同，應無所識。若無所識，云何意生？若有所識，云何識意？唯同與異，二性無成，界云何立？若因法生，世間諸法不離五塵，汝觀色法及諸聲法、香法、味法及與觸法，相狀分明，以對五根，非意所攝。汝識決定依於法生，汝今諦觀，法法何狀？若離色空、動静、通塞、合離、生滅，越此諸相，終無所得。生則色空，諸法等生；滅則色空，諸法等滅。所因既無，因生有識，作何形相？相狀不有，界云何生？是故當知意、法爲緣，生意識界，三處都無，則意與法及意界三，本非因緣，非自然性。」〔一〕

釋曰：此破意識界也。如十八界中，皆因意識建立，根本立處尚空，所生枝末何有？既無處所可得，又無界分可憑，事誑理虚，情危執劣，惡見之根株盡拔，妄識之巢穴齊傾，獨朗真心，圓周法界。安國云：「謂色等五塵界是現量境，五識親證，都無塵相。如來藏中，頓現身器無塵相。六、七妄想，謂有我法，想所現相，是分別變。分別變相，但可爲境，而無實用。如日發燄，帶微塵而共紅，非實紅也；如水澄清，含輕雲而俱緑，非實緑也。若了藏性，則知塵境而爲妄也。」〔二〕

故知諸法但從分別而生，分別既空，名相何有？夫人空易了，法我難除，不達法逐緣生，執有自體。如攝論云：「若執法體是有，名法我執。」〔三〕如二乘人，依麁分別事識修行，但了法中無我，不知法體全空〔四〕。聞諸法空，生大怖畏〔五〕。是知法空是本，人空是末，夜繩未曉，虵想寧除？瞖目猶存，空華豈滅！

校注

〔一〕見大佛頂如來密因修證了義諸菩薩萬行首楞嚴經卷三。

〔二〕「安國云」至此，見澄觀述大方廣佛華嚴經隨疏演義鈔卷二七引。延壽述心賦注引云「古德云」。按，據元普瑞集華嚴懸談會玄記卷二二：「安國法師者，會解云：『即安國寺元康法師。於貞觀中遊學京邑，有彭亨之譽。形擁腫而短，然其性情勇猛，一聞多悟，群輩所推。帝聞之，喜曰：何代無其人！詔入安國寺，講三論。』寂照引廣鈔第二云：『即安國寺利涉法師。』然未知孰是。」元康，傳見宋高僧傳卷四唐京師安國寺元康傳。利涉，傳見宋高僧傳卷一七唐京兆大安國寺利涉傳，其中有云：「開元中，於安國寺講華嚴經，四衆赴堂，遲則無容膝之位矣。」又，澄觀述大方廣佛華嚴經隨疏演義鈔卷八：「論主次前自云：如下不輕品中應知，禮拜讚歎，作如是言：我不敢輕於汝等，汝等皆當作佛者，示諸衆生所有佛性故。此上皆論，而安國法師不許此義。」宗密撰圓覺經大疏釋義鈔卷二之下：「論主次前自引不輕品中示現應知，禮拜讚嘆，作如是言：我不輕於汝等，汝等皆當作佛者，諸衆生所有佛性故。此上皆論，而利涉法師不許此義。」顯然，「安國」者即利涉也。

〔三〕見真諦譯攝大乘論釋卷七。

〔四〕按，「攝論云」至此，見起信論疏筆削記卷一六，故此説當出於傳奥大乘起信論隨疏記，參見本書卷六注。

〔五〕法藏撰梵網經菩薩戒本疏卷三：「淺識者，謂性非深智，恃己戒行將爲出離，陵他乘急戒緩之衆，聞諸法空，便生恐怖。此是佛法怨賊也。」

破七大性〔一〕文云：佛告阿難：「識性無原，因於六種根塵妄出。汝今徧觀此會聖衆，用目循歷，其目周視，但如鏡中，無別分析。汝識於中，次第標指：此是文殊、此富樓那、此目犍連、此須菩提、此舍利弗，此識了知，爲生於見？爲生於相？爲生虛空？爲無所因突然而出？阿難，若汝識性生於見中，如無明暗及與色空，四種必無，元無汝見。見性尚無，從何發識？若汝識性生於相中，不從見生，既不見明，亦不見暗，明暗不矚，即無色空。彼相尚無，識何所發？若生於空，非相非見，非見無辯，自不能知明暗色空，非相滅緣，見聞覺知無處安立。處此二非，空則同無，有非同物，縱發汝識，欲何分別？若無所因突然而出，何不日中別識明月？汝更細詳，微細詳審，見託汝睛，相推前境，可狀成有，不相成無。如是識緣，因何所出？識動見澄，非和非合。聞聽覺知，亦復如是，不應識緣，無從自出。若此識心本無所從，當知了別見聞覺知，圓滿湛然，性非從所，兼彼地、水、火、風，均名七大，性真圓融，皆如來藏，本無生滅。阿難，汝心麁浮，不悟見聞發明了知本如來藏，汝應觀此六處識心，爲同爲異？爲空爲有？爲非同異？爲非空有？汝元不知如來藏中性識明知，覺明真識，妙覺湛然，徧周法界，含吐十虚〔二〕，寧有方所？循業發現。世間無知，或〔三〕爲因緣及自然性〔四〕，皆是識心分别計度，但有言説，都無實義。」〔五〕

釋曰：此破識大性也。諦詳佛旨，本契無生，但以有情唯迷妄識，以昏擾之性，起徧計於覺原；逐雜染之緣，沉圓成於識海。眠三界之夢宅，一覺而塵劫不惺；造四大之幻身，生滅而恒沙莫算。今推此識，決定無體，從緣所起，悉順無生。四句檢之，自含妙理：此識了知爲生於見者，如無明暗色空，「元無見性。見性尚無，從何發識」，此破自生也。爲生於相者，「不從見生，則不見暗明，明暗不矚，即無色空。彼相尚無，識何所發」，此破他生也。既不得自見之性，又不得他相之觀，自、他既虚，即無和合，所以推云：「見託汝睛，相推前境，可狀成有，不相成無。如是識緣，因何所出？識動見澄，非和非合。聞聽覺知，亦復如是。」以動静相乖，事非和合。此破共生也。「爲生虚空？爲無所因突然而出」者，若生於空，非相非見，縱發汝識，欲何分别？若無所因突然而出，何不日中别識明月？日屬朝陽，月含陰魄，時候晷刻，今古不移。各有所因，無因非有。此破無因生也。

校注

〔一〕七大性：謂地、水、火、風、空、覺、識。地性，麤爲大地，細爲微塵，更析鄰虚，即實空性；水性不定，流息無恒；火性無我，寄於諸緣；風性無體，動静不常；空性無形，因色顯發；覺見無知，因色空有；識性無源，因於六種根塵妄出。

〔二〕十虚：十方虚空。

〔三〕「或」，嘉興藏、清藏本及首楞嚴經作「惑」。按，「或」，通「惑」，參後注。

〔四〕思坦楞嚴經集注卷三：「禀權教者，皆名無知。不了實義，故名爲惑。執成名相，故名曰爲。因緣義含自、他、共三性，自然即無因性。」

〔五〕見大佛頂如來密因修證了義諸菩薩萬行首楞嚴經卷三。

四句纔空，百非俱殄，則妄計所執，内因外緣，心和境合，無因自然等妄想情塵，皆無實義。狂華之影跡俱虚，不真何待？戲論之名言頓息，意解全消。虚空之性既融，六大之體何有？以地大無性，四輪所成；水大無性，凝流不定；火大無性，寄於諸緣；風大無性，附物彰〔一〕動；空大無性，對色得名。見性從緣，和合而有，識性無體，如幻即虚。

校注

〔一〕「彰」，磧砂藏、嘉興藏本作「影」。按，作「彰」是。心賦注卷二：「性無動静，以因相彰動，因動對静。」「附物彰動」者，依附於他物而彰顯風之動静也。

且如火大無性者，如首楞嚴經云「性火真空」〔一〕者，古釋云：性是本覺性，火是本覺火，皆是衆生心變。如第六識心熱，偏身即狹。若第八識中變起，即偏同法界，悟法界性，皆是我心中所變之火。如西京崇慧法師，於大曆四年在京與道士鬭，能入火不燒〔二〕。是求觀音之力，何況自證？證得已後，入地獄中，皆不被燒。今世間火，隨處發現，應衆生業力，多少隨意。如龍鬭，亦起火燒林藪〔三〕，乃至雲中霹靂火〔四〕，如人欲心熾盛，火燒天祠，皆從心火起。由心動摇，故有火起，但心不動，即不被燒。「譬如人畏時，非人得其便。」〔五〕

如來得性火，三界火燒不得。如來自起智火，焚得舍利，其火猛盛，諸大弟子將水求〔六〕不得，乃至龍王求亦不得，唯天帝釋云：我本願力始求得，雖有性火而不自燒。如刀能割，不自割；如眼能看，不自看。如火大性唯心，七大性亦如是，隨心俱偏法界。法界本偏，由執心故不能偏。如三界中，三乘天眼俱不能偏，唯如來無執，性合真空，故能周偏。如般若經中，佛自言：我以無執故，得真金身，圓光常現。

火燒天祠者，昔有漁師，河上見公主過，因生染心，思求不得，身漸羸疾。其母遂問病因，與作方便，日送鯉魚一頭。公主怪問，母直陳其事，遂許云：「我因拜天祠，即潛相見。」子知便喜。公主後來，正見漁人睡熟，撼之不覺，便繫帛子在手上。公主去後，漁人睡覺，見手上帛子，知公主來，心生恨憶，心中欲火内燒，自身爛壞，并燒天祠，房室淨盡〔七〕。

所以三界有法，識外無文，皆從四大内外成，盡是一心虚妄變。何者？最初因不覺，故有業識。從業識因動，故有轉識。從轉識起見，故有現識。因見分成相分，能、所纔分，心、境頓現。

校注

〔一〕見大佛頂如來密因修證了義諸菩薩萬行首楞嚴經卷三。

〔二〕宋高僧傳卷一七唐京師章信寺崇惠傳：「釋崇惠，姓章氏，杭州人也。（中略）（大曆）三年戊申歲九月二十三日，太清宫道士史華上奏，請與釋宗當代名流角佛力道法勝負。于時代宗欽尚空門，異道憤其偏重，故有是請也。遂於東明觀壇前架刀成梯，史華登躡如常磴道焉。時緇伍互相顧望推排，且無敢躡者。惠聞之，謁開府魚朝恩，魚奏請於章信寺庭樹梯，横架鋒刃，若霜雪然，增高百尺。東明之梯，極爲低下。時朝廷公貴、市肆居民，駢足摩肩而觀此舉。時惠徒跣登級下層，有如坦路，曾無難色。復蹈烈火，手探油湯，仍餐鐵葉，號爲餺飥，或嚼釘線，聲猶脆飴。史華怯懼慙惶，掩袂而退。時衆彈指歎嗟，聲若雷響。帝遣中官鞏庭玉宣慰再三，便賫賜紫方袍一副焉。詔授鴻臚卿，號曰護國三藏，敕移安國寺居之。」

〔三〕按，此即龍火。仁王護國般若波羅蜜經卷二奉持品：「龍火、鬼火、人火、樹火，大火四起，焚燒萬物。」吉藏撰仁王般若經疏卷下六：「龍火者，龍瞋雨毒火，令人癰腫，即報得神通火也。」四分律卷一六：「爾時，長老娑伽陀即入其室，自敷草蓐，結跏趺坐，繫念在前。時彼毒龍見娑伽陀結加趺坐，即放火烟，娑伽陀亦放火烟。毒龍恚之，復放身火，娑伽陀亦放身火。時彼室然，如似大火，娑伽陀自念言：『我今寧可滅此龍火，令不傷龍身耶？』於是即滅龍火，使不傷害。」

〔四〕方廣大莊嚴經卷五音樂發悟品：「如霹靂火，焚燒大樹。」

〔五〕出維摩詰所説經卷中觀衆生品。

〔六〕「求」，錢謙益鈔大佛頂首楞嚴經疏解蒙鈔卷三引作「救」。下二「求」同。

〔七〕龍樹造、鳩摩羅什譯大智度論卷一四：「國王有女，名曰拘牟頭。有捕魚師，名怵婆伽，隨道而行，遥見王女在高樓上。窗中見面，想像染著，心不暫捨，彌歷日月，不能飲食。母問其故，以情答母：『我見王女，心不能忘。』母諭兒言：『汝是小人，王女尊貴，不可得也。』兒言：『我心願樂，不能暫忘，若不如意，不能活也。』母爲子故，入王宫中，常送肥魚鳥肉，以遺王女而不取價。王女怪而問之：『欲求何願？』母白王女：『願卻左右，當以情告。我唯有一子，敬慕王女，情結成病，命不云遠。願垂愍念，賜其生命！』王女言：『汝去，月十五日，於某甲天祠中，住天像後。』母還語子：『汝願已得。』告之如上。沐浴新衣，在天像後住。王女至時，白其父王：『我有不吉，須至天祠以求吉福。』王言：『大善。』即嚴車五百乘，出至天祠。既到，敕諸從者齊門而止，獨入天祠。天神思惟：『此不應爾。王爲世主，不可令此小人毁辱王女。』即厭此人，令睡不覺。王女既入，見其睡重，推之不悟，即以瓔珞直十萬兩金，遺之而去。去後，此人得覺，見有瓔珞，又問衆人，知王女來。情願不遂，憂恨懊惱，婬火内發，自燒而死。」

古鈔〔一〕釋首楞嚴經云：「明妄非他，覺明爲咎」〔二〕者，六識取塵，由業識發起，後有第七識執第八識中明，變起外四大，四大引起六根塵，六根塵引起六識，六識依六根塵。因外有色，内引眼根等。「明妄非他」者，其妄最初因自心動有風，因執有金，因愛有水，因求有火，皆是自心變起四大，還自分别結業受生，故非他累。「覺明爲咎」者，由强覺了本體明爲咎，則無知覺明，有知明覺。如人見不浄，便生猒心，由分别故。以猪、狗見，便生浄想，皆由强覺無明，但無分别妄見，唯見法性浄土。

校注

〔一〕按，錢謙益鈔楞嚴經疏解蒙鈔卷首古今疏解品目：「（延壽）撰宗鏡録一百卷，折衷法門，會歸心要，多取證於楞嚴。所引古釋，即慤、振、沇三家之説也。」慤，指唐崇福寺惟慤法師疏；振，指唐魏北館陶沙門慧振科判；沇，指唐蜀資中弘沇法師疏。此「古鈔」，不知孰是。

〔二〕見大佛頂如來密因修證了義諸菩薩萬行首楞嚴經卷四。

是知内外四大地、水、火、風，念念發現。所以經云：「或各各發明，若俱發明。」〔一〕「各各發明」者，汝見圓明，知心欲取，失卻本明性空。思想摇動，心生風輪；情愛相續，性感水輪；執心熾盛，金輪則現；求心若起〔二〕，火輪方興。「若俱發明」，初起强覺，四大俱現：如人恨憶瞋則火生，身心動轉以況於風，目中淚盈而表於水，面發赤相則表於地。是以内、外四大，元是我心之性以爲自性。

校注

〔一〕見大佛頂如來密因修證了義諸菩薩萬行首楞嚴經卷四。
〔二〕「起」，磧砂藏本作「欲」。

又，自第八識，變起根、身、器内外四大之相分爲自相。又因妄念而起，强覺而知，所以萬像森羅〔一〕，鬱然顯現。若能窮因體本，皆是自心之性、自心之相。於中妍醜憎愛，全是意識計度分別而成。既識根由，須存正智，但除强覺，一念不生，自然心境俱空，前後際斷。

校注

〔一〕「羅」，原作「蘿」，據嘉興藏本改。

故知七大之性，性真圓融，一一大俱徧法界，皆是一體。如七顆冰，將火鎔爲一水。亦如因陁羅網〔一〕，同而不同。如水與冰，異而不異。乃至五陰、六入、十二處、十八界等，皆滿法界。一一微塵，亦滿法界。一一毛孔，亦徧法界。一一身心亦徧，皆如來藏。如香水海中，常説一切法，爲諸菩薩不見菩薩相，不見邪師相，不見生、住、異、滅相，所以盡合真空，俱徧實際。如説龜毛、兔角、餤水、乾城，但有言説之名，且無實事。例凡夫界中，所有見聞、陰入之根，名、色之境，亦但有其名，都無實事。今將世間共知龜毛易解之虚，破如今現執名色難解之虚，還同龜毛，無所執著。即知從來所執一切境界，皆從識變，盡逐想生。離識無塵，識寂則諸塵並寂；離想無法，想空則諸法皆空。因緣自然，俱成戲論；知解分別，本末無從。但有意言，都無真實。如此明達，頓悟前非，終不更待空裏之華，將期結果；取夢中之物，擬欲牢藏。杌見鬼〔二〕空，繩消虵想。渴鹿罷馳於陽餤，癡猿息弄於月輪。遂乃静慮虚襟，若陵空之逸翮；隨緣養性，猶縱浪之虚舟。畢故不造新，任真而合道。如是五陰、六入、十二處、十八界、七大性等，非是本來自然無因而有，非從今日和合因緣所生，但是識心分别建立。

今破此識性，則七大性乃至一切法皆空，如尋流得源，捕賊獲贓〔三〕，則無明怨對，生死魔軍，應念俱消，如湯沃雪〔四〕。唯如來藏妙湛明心，性真圓融，徧十方界，如波澄秋渚，含虚洞然；雲朗晴空，迥無所有。

校注

〔一〕因陀羅網：帝釋天的寶網。慧苑新譯大方廣佛華嚴經音義卷下：「因陀羅者，此云『帝』也，帝謂帝釋；網謂帝釋大衙殿上結珠之網。其網孔相望，更爲中表，遞相圍繞，互作主伴，同時成就，圍繞相應也。」

〔二〕「鬼」，磧砂藏、清藏本作「思」。按，作「鬼」是。「杌見鬼空」者，當即如本書卷八二所云：「如闇中迷杌爲鬼，至明，杌有鬼無。」

〔三〕「贓」，原作「將」，據嘉興藏、清藏本改。

〔四〕陀羅尼集經卷七金剛商迦羅大呪第三十三：「若欲療病，猶如猛火燒於乾草，若湯沃雪，有如是力。」

所以首楞嚴經云：佛告阿難：「汝猶未明一切浮塵諸幻化相，當處出生，隨處滅盡，幻妄稱相，其性真爲妙覺明體。如是乃至五陰、六入，從十二處至十八界，因緣和合，虛妄有生，因緣別離，虛妄名滅，殊不能知。生滅去來，本如來藏，常住妙明，不動周圓，妙真如性。性真常中，求於去來、迷悟、生死，了無所得。」〔一〕

校注

〔一〕見大佛頂如來密因修證了義諸菩薩萬行首楞嚴經卷二。

是以先令照徹，心境分明，後乃頓融，須亡心境。如華嚴演義云：謂此華嚴經中教人觀察，若心若境。如頌云：「欲知諸佛心，當觀佛智慧，佛智無依處，如空無所依。」〔二〕此令觀佛心也。又頌云：「若有欲知佛境界，當净其意如虚空。」〔二〕此教觀佛境也。次空心境頌云：「法性本空寂，無取亦無見，性空即是佛，不可得思量。」〔三〕無取即無境，無見即無心。又頌云：「若有欲得如來智，應離一切妄分别，有無通達皆平等，疾作人天大導師。」〔四〕即空心境也。菩薩、凡夫所有心境，觀照例知，故經頌云：「知妄本自真，見佛則清净。」〔五〕又云：「心、佛與衆生，是三無差别。」〔六〕

校注

〔一〕見實叉難陀譯大方廣佛華嚴經卷五一。

〔二〕見實叉難陀譯大方廣佛華嚴經卷五〇。

〔三〕見實叉難陀譯大方廣佛華嚴經卷一六。

〔四〕見實叉難陀譯大方廣佛華嚴經卷三九。

〔五〕見實叉難陀譯大方廣佛華嚴經卷一六。

〔六〕見佛陀跋陀羅譯大方廣佛華嚴經卷一〇。又，「如華嚴演義云」至此，詳見澄觀述大方廣佛華嚴經隨疏演義鈔卷一。

音義

巢，鋤交反。　驅，豈俱反。　擎，渠京反。　餉，式亮反。　貯，丁吕反。

櫓，郎古反。　懊，烏皓反。　酸，素官反。　澀，色立反。　皺，側救反。

串，古患反。　吸，許及反。　瞪，丈證反。　倦，渠卷反。　突，陀骨反，欺也。

晷，居洧反，日影也。　刻，苦得反。　翮，下革反，鳥羽也。　捕，薄故反，捉也。

沃，烏酷反。　渚，章與反。

戊申歲分司大藏都監開板